NATALIA DE BARBARO

DIE liebevolle GEFÄHRTIN in dir

Von falschen Erwartungen, verführerischen Stimmen und der Suche nach innerer Freiheit

mvgverlag

Bibliografische Information der Deutschen Nationalbibliothek
Die Deutsche Nationalbibliothek verzeichnet diese Publikation in der Deutschen Nationalbibliografie. Detaillierte bibliografische Daten sind im Internet über https://dnb.de abrufbar.

Für Fragen und Anregungen
info@m-vg.de

Wichtiger Hinweis
Ausschließlich zum Zweck der besseren Lesbarkeit wurde auf eine genderspezifische Schreibweise sowie eine Mehrfachbezeichnung verzichtet. Alle personenbezogenen Bezeichnungen sind somit geschlechtsneutral zu verstehen.

1. Auflage 2024

Türkenstraße 89
80799 München
Tel.: 089 651285-0

Die polnische Originalausgabe erschien 2021 bei Agora SA unter dem Titel *Czuła przewodniczka. Kobieca droga do siebie.*

Übersetzung: Rotkel. Die Textwerkstatt
Redaktion: Susanne von Ahn
Umschlaggestaltung: Maria Verdorfer
Umschlagabbildung: Shutterstock/HstrongART, Nadia Grapes
Satz: feschart print- und webdesign, Michaela Röhler, Leopoldshöhe
Druck: CPI books GmbH, Leck
Printed in the EU

ISBN Print 978-3-7474-0577-2
ISBN E-Book (PDF) 978-3-96121-973-5
ISBN E-Book (EPUB, Mobi) 978-3-96121-974-2

NATALIA DE BARBARO

DIE liebevolle GEFÄHRTIN in dir

INHALT

VORWORT

»Warum fühlt sich alles nicht richtig an?«, fragte sie mich, und die Tränen flossen, verschmierten die Wimperntusche. »Ich habe einen tollen Mann, Kinder, einen Job, eine Wohnung. Warum habe ich morgens keine Lust aufzustehen?« Und gleich darauf fragte sie besorgt: »Bin ich verschmiert?«

Diese Frau, meine Klientin, kam zu dem Schluss, dass sie in einem Zustand chronischer Unterordnung lebte. Sie hat Jura studiert, weil ihre Eltern es wollten. Sie hat in einem großen Unternehmen gearbeitet, weil man dort gutes Geld verdient. Sie hat die Wohnzimmerwände in einer Farbe gestrichen, die Designer als angesagt empfahlen. »Warum fühlt sich alles nicht richtig an?«, fragte sie anfangs. Und zwei Treffen später: »Wie soll ich glücklich sein, wenn ich selbst irgendwie nie anwesend bin?«

In ihren berühmten Vorträgen von 1928 beschreibt Virginia Woolf das »Zimmer für sich allein«, den Rückzugsraum, der Frauen fehlt, um sich entfalten zu können.[1] Bei der Arbeit mit Frauen in den »Zimmer für sich allein«-Workshops und in Einzelsitzungen stelle ich oft fest, dass sich viele von ihnen von sich selbst entfernen. Wie viele strukturieren ihren Tag danach, was (ihrer Meinung nach) andere von ihnen erwarten.

Das ist auch mir passiert. Als ich anfing, darüber nachzudenken, woher das kam, stellte sich heraus, dass es die Angst war. Die Angst flüsterte mir zu, dass ich zurückgewiesen werden könnte, wenn ich das Wort ergreife und meine Meinung sage. Wenn ich aufhöre, von Meeting zu Meeting, von Training zu Training, von Auftrag zu Auftrag zu hetzen, werde ich mein Recht verlieren, auf Mutter Erde zu wandeln. Dass ich mich schämen werde, wenn ich den Heiligabend-Borschtsch in einer Kneipe bestelle, anstatt ihn selbst zu kochen.

Es stellte sich heraus, dass dies alles nicht der Wahrheit entsprach.

Wenn wir etwas angstgetrieben tun, dann entfernen wir uns von uns selbst. Und überlassen die Regie unseres Lebens einem strengen Tribunal, das auf jeden unserer Schritte mit Argusaugen schaut. Was in uns lebendig und warmherzig ist, erstarrt unter ihrem Blick.

Während der Arbeit an mir selbst entdeckte ich, dass in mir noch jemand anderes lebt. Sie, diese innere Figur, die mir, wenn ich sie darum bitte, mit ihrer Weisheit und Reife zur Seite steht. Ich nenne sie die liebevolle Gefährtin. Vielleicht wirst auch du, wenn du die Augen schließt und ein paarmal tief durchatmest, ihr Bild vor deinem inneren Auge sehen. Tue es jetzt, auch wenn du nur in diesem Buch blätterst, während du in einer Buchhandlung stehst. Denke an die liebevolle Gefährtin.

Wie kommt es, dass sie wartet? Warum glaube ich, dass du sie gesehen haben könntest? Für mich ist das ein Rätsel. Aber ich spüre, dass sie auch in dir lebt.

Und ich tue es jetzt gemeinsam mit dir, indem ich meine Augen schließe, um sie zu erblicken. Meine liebevolle Gefährtin zeigt mir ihr Gesicht nicht, aber ich kann von Weitem ihren Mantel sehen und wie sie einen Weg entlanggeht. Ich fühle in meinem Herzen, dass ich ihr folgen muss.

Ich weiß: Wenn ich das tue, wandelt sich meine Angst in Wohlwollen mir selbst gegenüber – etwa so, wie das Eis auf einem Fluss dank der wärmenden Sonne in lebendiges, rauschendes Wasser verwandelt wird. Das ruhige Ein- und Ausatmen dann ersetzt die Atemlosigkeit; in mir wird Platz sein für mein »Ja« und mein »Nein«, für meine eigenen Entscheidungen, für Verspieltheit, für Herzlichkeit gegenüber Menschen, die ich liebe. Und es wird der Glaube vorhanden sein, dass ich selbst von ihnen vorbehaltlos und bedingungslos geliebt werden kann.

Meiner Erfahrung nach ist dieser Schritt – die Verwandlung der Angst in eine Art Selbstliebe – nichts Einmaliges. Es erklingt keine Fanfare, es gibt keine Ziellinie, kein finales Happy End. Dieser Schritt erfordert Übung, Achtsamkeit, die Pflege der Beziehung zu uns selbst – jeden einzelnen Tag. Aber immer wieder bringt er uns – Tag für Tag – uns selbst näher und macht unser Leben mehr zu unserem.

In diesem Buch geht es darum, dass wir, auch wenn wir uns weit von uns selbst entfernt haben, den Weg zurückfinden können. Er führt über Schlaglöcher, Bodenwellen und auch mal in die Irre. Aber dieser Weg liegt vor uns. Und am Ende des Weges warten wir auf uns selbst. Wie jemand, der vor die Tür auf die Veranda hinausgetreten ist und Licht für einen Wanderer eingeschaltet hat.

PROLOG

Ein Traum über verschnürte Frauen

Vor einigen Jahren hatte ich diesen Traum: Tief unter der Erde, in einer Art Salzbergwerk wie in Wieliczka, gibt es einen großen unterirdischen See mit dunkelgrünem Wasser. Ich tauche in dieses dunkle Wasser ein, gekleidet in ein schwarzes, eng geschnürtes Kleid aus dem 19. Jahrhundert, ähnlich dem, das Holly Hunter in dem Film *Das Piano* trug. Neben mir schwimmen noch andere Frauen, die genauso gekleidet sind. Ich kann ihre Gesichter nicht sehen. Wir schwimmen, oder besser gesagt, wir stecken in diesem Gewässer fest, und ich, die Träumende, weiß, dass dies eine Art Spiel ist. Die Grundregel dieses Spiels lautet: nicht auftauchen, nicht durchatmen. Als ich das träume, habe ich das Gefühl, dass mir gerade die Luft ausgeht, dass mein Körper langsam nach oben gleitet, in Richtung der Oberfläche. Ich habe das Gefühl, dass ich scheitern werde und dass dieses Scheitern unmittelbar bevorsteht. Ich schäme mich. Ich weiß, dass am Rand dieses Beckens ein Mann steht – auch er hat, wie die Frauen, die um mich herumschwimmen, kein Gesicht, aber seine Silhouette gleicht in meiner Erinnerung der eines kühlen Geschäftsmannes, ähnlich denen, die uns aus der Werbung für Investmentfonds oder Luxusuhren ansehen. Später habe ich ihn Beckenaufseher genannt. Seine Aufgabe ist es, dafür zu sorgen, dass wir nicht auftauchen. Ich habe den Eindruck, dass er einen Stock in der Hand hält, mit dem er uns zurück ins Wasser stoßen will. Ich weiß, dass es für ihn ein Leichtes ist – eine Bewegung mit dem Stock oder gar mit der Spitze seines Schuhs.

Ich habe mehreren Frauen von diesem Traum erzählt. Eine von ihnen sagte, dass ich auf dreifache Weise darin gefangen sei: unter der Erde, unter Wasser und zudem in einem Korsett. »Eine verschnürte Frau«, dachte ich damals. Es war ein Traum über verschnürte Frauen. Damals, als ich diesen Traum hatte, verstand ich seine Bedeutung nicht ganz. Aber mit meinem ganzen Wesen spürte ich, dass es meine Aufgabe sein würde, seiner Aufforderung zu folgen: die Arbeit zu tun, zu der er mich gerufen hatte. Ohne diesen Traum hätte ich mich vielleicht nicht auf den Weg gemacht, dieses Buch zu schreiben.

Ich beschloss, die verschnürten Frauen in mir selbst aufzuspüren. Wann fahre ich mit dem dunklen Aufzug unter die Erde? Wann steige ich in meinem Alltag in moosgrünes Wasser und trage ein Kleid, in dem sich selbst an Land und bei vollem Sonnenlicht niemand wohlfühlen könnte? Wer sind sie und woher kommen diese verhedderten, eingeschlossenen Teile von mir? Wer ist mein innerer Beckenaufseher?

Und die wichtigste Frage: Wie komme ich da raus, wie kann ich mein Korsett ablegen und in die Sonne treten? Welche Arbeiten werden dafür erforderlich sein? Von mir?

Von dir?

Meine Antwort auf diese Frage wird viele Seiten lang und nicht vollständig sein. Ich weiß jedoch, dass ich diese Aufgabe zu Ende bringen muss. Und ich spüre, wie die Freude bei dem Gedanken an diese Arbeit meinen ganzen Körper durchdringt.

TEIL I

DIE GEFÜGIGE

In meiner Vorstellung ist sie eine erwachsene Frau. Sie hat glattes, dunkles Haar und trägt eine kurze Perlenkette. Ihr Gesicht ist wie mit einem Tuch umwickelt, nur ihre Augen sind zu sehen: Sie sind geweitet; sie schauen mich direkt an – ich kann Angst und erhöhte Wachsamkeit in ihnen erkennen. Für mich ist sie das typische »Good Girl«. Das brave Mädchen hört nicht auf, mich anzuschauen, und ich kann nicht aufhören, es zu betrachten.

Ich habe einmal einen zweitägigen WenDo-Workshop besucht, der eine Kombination aus Selbstverteidigungs- und Selbstbehauptungsübungen sowie Reflexionen darüber war, was als weiblich gilt, womit wir gefüttert wurden. Eine der Übungen bestand darin, dass wir den Satz »Ein Mädchen sollte …« vervollständigen mussten. Du weißt, wovon ich spreche. Ich muss es dir nicht erklären, wir alle haben dieselbe Luft geatmet. Ich hatte das Glück, dass meine Eltern hören wollten, was ich zu sagen hatte. In der Schule galt ich als die mit der frechen Klappe, und die Lehrer sagten mir mit unverständlichem Hohn und Spott, ich würde Anwältin werden, weil ich mich für andere einsetzte. Das war genug, um zu verhindern, dass »die Gefügige« zu meiner inneren Hauptfigur wurde. Aber ich kenne sie. Ich kenne dich, braves Mädchen. Ich weiß, dass du aus Angst gemacht bist.

Die Gefügige kommt in mir zum Vorschein, wenn ich die hochgezogene Augenbraue eines Geschäftsführers bei einer Vorstandsschulung sehe. Wenn die Stimme meines Sohnes oder meines Mannes gereizt ist und ich spüre, wie sich die Anspannung in meiner Magengegend bemerkbar macht. Wenn ich zögere, eine Einladung zu einer Gesprächsveranstaltung anzunehmen, obwohl ich weiß, dass andere, die daran teilnehmen werden, nicht zögern werden. Sie ist in mir, wenn ich im Gespräch automatisch Platz für das Unbehagen eines anderen schaffe, es in mich aufnehme und mich zuständig fühle, das Wohlbefinden meines Gesprächspartners wiederherzustellen, und dabei vergesse zu prüfen, wie es mir selbst dabei geht, ob ich wirklich den Raum dafür habe und was der Preis dafür ist, den ich zahlen werde. Sie zeigt sich in mir, wenn meine Schüchternheit, meine Unterwürfigkeit zum Vorschein kommen, wenn ich frage: »Noch etwas Salat?«, um das Thema zu wechseln, weil ich befürchte, dass es zu einem Streit am Esstisch kommen wird. Die Gefügige war in mir, als ich – wie wahrscheinlich jedes Mädchen – meine Version von #metoo erlebte. Heute, als erwachsene Frau, reagiere ich nicht mehr, wenn mich ein Fremder »Mäuschen« nennt. Wenn ich, anstatt »Verpiss dich« zu sagen, mit leiser Stimme sage: »Es tut mir sehr leid, ich hoffe, es ist kein Problem, aber könnten Sie sich vielleicht zwei Millimeter wegbewegen?« Während ich dies schreibe, beginne ich an mir selbst zu zweifeln. Ich möchte aufhören zu schreiben, weil ich nicht weiß, ob das, was ich schreibe, von irgendjemandem gelesen wird.

Die Gefügige hält die Beine zusammen, legt die Hände auf die Bettdecke, prüft, ob ihre Strumpfhose keine Laufmaschen hat, und trägt für alle Fälle ein zweites Paar mit sich. Sie führt Aufgaben aus, ohne zu murren. Ihre Stimme würde wie Hintergrundrauschen klingen … sei bitte leise, störe andere nicht bei ihren wichtigen Tätigkeiten. Die Gefügige belästigt niemanden mit ihrem Dasein. Sie verschwindet in der Küche, wenn die »Herren« wichtige Dinge besprechen, schleicht sich auf Zehenspitzen in den Konferenzraum, ihre Lippen formen ein lautloses »Entschuldigung«, sie setzt sich weit hinten an die Wand. »Nein, lassen Sie sich nicht stören, lassen Sie sich nicht stören.« – Das ist ihre Antwort, wenn jemand auf ihren Platz am Tisch zeigt.

Wem unterwirft sie sich? Häufig ist dies nicht klar. Im Leben mancher Frauen ist die Figur des »Gebieters« unverkennbar – zum Beispiel, weil sie einen Tyrannen geheiratet haben, der sie beim Anblick eines nicht ordentlich abgestellten Hausschuhs oder eines ungebügelten Hemdkragens mit seinem Blick straft. Unter diesem Blick funktionieren sie wie ein Uhrwerk. Die Tatsache, dass der Gebieter eine klare, konkrete Form angenommen hat, mit einem Vornamen, einem Nachnamen und einer Steueridentifikationsnummer, bringt eine besonders gefährliche Art Ordnung in ihre Köpfe. »Er ist so, man kann nicht anders mit ihm umgehen.« Und dann geht es schon um ihn, nicht um sie, er ist der Stimulus, und sie reagiert auf die einzig mögliche Weise, wie es aus ihrer Sicht scheint. »Der alte Bär schläft tief und fest. Wir haben Angst vor ihm, wir gehen auf Zehenspitzen um ihn herum. Wenn er aufwacht, wird er uns fressen.«

Wenn ich die Gefügige bin, glaube ich an eine hierarchische Welt. Es gibt keine Gleichheit.

Geert Hofstede, ein niederländischer Sozialpsychologe, der sich mit dem Thema National- und Organisationskulturen beschäftigt hat, unternahm den Versuch, Länder und Unternehmen so zu beschreiben, wie man die Persönlichkeit eines Menschen beschreibt – mithilfe verschiedener Dimensionen, die die Intensität der verschiedenen Eigenschaften schildern. Eine Dimension erblickte er in der Funktionsweise der Gemeinschaft, die er als Machtdistanz bezeichnete. Sie beschreibt das Ausmaß, in dem Mitglieder einer bestimmten Gesellschaft oder Beschäftigte eines Unternehmens einer ungleichen Verteilung von Einfluss/Macht zustimmen. In Ländern mit einer großen Machtdistanz empören sich die Menschen nicht darüber, dass einige mehr und andere weniger dürfen. Wie bei George Orwell[2]: »Alle Tiere sind gleich, aber manche sind gleicher.«

In einer Beziehung, in der die Partner (die eigentlich keine Partner mehr sind) nach diesem Paradigma leben, ist es klar und unbestreitbar, dass die eine putzt und der andere prüft, ob gut geputzt wurde; die eine fragt, ob sie nächsten Freitag vielleicht für eine Stunde mit ihren Freundinnen ausgehen kann, und der andere einfach mitteilt: »Ich bin weg«, die Tür hinter sich schließt und dann ist nur das »Piep, Piep« der Autoalarmanlage zu hören; die eine kocht, bedient, räumt auf und der andere beurteilt, ob gut gekocht wurde.

Die Gefügige ist der Teil von uns, der nach der Typologie von Eric Berne, dem Begründer der Transaktionsanalyse[3], der Struktur des unterwürfigen Kindes entspricht. Sie glaubt, dass sie schwächer ist und dass sie die Luft der Unterordnung atmet. Es geschieht automatisch: Die Gefügige stellt die Frage nach der Gleichheit nicht, weil sie ihre Situation nicht von außen betrachten kann. Sie lebt nach einem Paradigma, das davon ausgeht, dass einige oben und andere unten sind – und dass sie immer noch »unten« ist. Für sie ist dies die Norm. Die Frage nach den eigenen Grenzen und deren Überschreitung stellt sich ihr nicht – andere nehmen so viel Raum ein, wie sie beanspruchen, und sie schrumpft so weit, wie es nötig ist, damit die anderen diesen Raum einnehmen können. Das geschieht im Gespräch, in der Straßenbahn und im Bett. Die Gefügige sucht nach Orientierung in der Außenwelt, nach Regeln, die sie befolgen kann, weil sie keinen eigenen inneren Kompass besitzt – und irgendwie muss sie ja durchs Leben navigieren. Sie navigiert also, indem sie sich selbst als GPS benutzt:

So macht man das, so macht man das nicht. Die Gesellschaft, die Kultur, die patriarchalischen Rollenmodelle liefern lange, detaillierte Listen, was angemessen ist und was nicht, wie man sich kleiden darf und wie nicht, was die Pflichten einer Hausfrau, Mutter, Ehefrau usw. sind. Jeden Tag wird es Menschen geben, die ihr »helfen«, weil sie ihr Gefühl der Unterordnung für irgendetwas brauchen. Eine Nachbarin kritisiert ihre zerschlissenen Jeans mit einem strafenden Blick – sie selbst traut sich nicht, ihren Körper zu entblößen, also wird sie den entblößten Körper einer anderen Frau hart aburteilen. Die Managerin will sie nicht zu Wort kommen lassen und schneidet ihr das Wort ab: »Ich verstehe, es gibt keine Fragen.« Ein Onkel wird ihr das Grundkonzept des Films erklären, den sie gesehen hat und er nicht – weil Mansplaining[4] sein Ego nährt.

So konditioniert, führen erwachsene Frauen mit einer beeindruckenden Liste von Errungenschaften ein »geschrumpftes« Leben; ein Leben, das die Erwartungen anderer Menschen widerspiegelt, oder vielmehr ihre Vorstellung von diesen Erwartungen. Wenn ich meine Freundinnen, meine Kolleginnen, mir bekannte oder fremde Frauen betrachte – und auch Teile meines eigenen Lebens –, dann überkommt mich Wehmut darüber, dass man seine Zeit auf diese Weise vergeuden kann. Dieses verdammte Gebot der Höflichkeit, dieser Zwang, sich den Vorstellungen von Menschen anzupassen, mit denen wir nicht einmal befreundet sein wollen, diese Unterwürfigkeit, die durch unsere Adern zu fließen scheint. Wir mögen noch so viele Vorlesungen an Universitäten halten, auf Kundgebungen sprechen oder Millionen in Unternehmen umsetzen, diese Anforderung ist wie eine Klette, die man nicht loswerden kann. Mache dir keine Illusionen darüber, dass Geschäftsführerinnen, Direktorinnen, weibliche Vorstandsvorsitzende oder Prominente nicht mit den gleichen Problemen zu kämpfen haben – die Gefügige lebt auch in ihnen, genau wie in dir und in mir. Sie taucht auch in den Köpfen jener Frauen auf, die Achtsamkeitskurse belegen, Führungsakademien absolvieren und in WenDo-Kursen mit ihren Händen Kieferbretter entzweihauen.

Einmal habe ich eine verzweifelte Frau gesehen. Einige Tage zuvor war ihr bereits erwachsenes Kind gestorben. Trotz ihrer Verzweiflung fühlte sich diese Frau weiterhin verpflichtet, für die Familie zu putzen und zu kochen. Ihre Hände zitterten, als sie den Deckel auf den Topf mit der Gurkensuppe setzte. »Ja, ich stelle das warme Essen in den Kühlschrank«, sagte sie mit der zitternden Stimme eines rebellischen kleinen Mädchens. Und ich spürte, wie mir Tränen in die Augen stiegen. »Warmes in den Kühlschrank stellen« war das Ausmaß ihrer Rebellion. Als diese Frau ein kleines Mädchen war, war meine Mutter noch nicht auf der Welt, und in den meisten europäischen Ländern hatten Frauen kein Wahlrecht. Heute erkenne ich die Gefügige in mir wieder, beobachte sie und schreibe über sie, nicht, weil ich besser bin als diese verzweifelte Frau – ich wurde einfach später geboren, in eine Welt hinein, die die Früchte des Kampfes für unsere Rechte besser kennt.

Wie kann es sein, dass sich unsere Gefügigen so in uns breitgemacht haben? Wo ist der Regisseur? Wer genau verlangt etwas von uns? Diese Nachbarin, dieser Manager, dieser Onkel? Die Kirche? Die Schule? Das Management? Es ist nicht klar. Alle zusammen und keiner allein. Aber solange ich mit dem Finger auf die Welt zeige und ihr die Schuld gebe, wird sich nichts ändern. Meiner persönlichen Erfahrung nach ist die wichtigste Lektion, dass alle Forderungen, Erwartungen, Ermahnungen nur dann einen Sinn haben, wenn ich sie zulasse und – um die Sprache der Psychologie zu verwenden – internalisiere oder verinnerliche. Der Druck entsteht meist von außen, aber er wirkt nur in mir, wenn ich ihm die Tür öffne: »Komm rein, du bist willkommen, nein, du musst deine Schuhe nicht ausziehen!« Je länger ich lebe, desto klarer wird mir, dass ich die Verantwortung dafür trage, dass ich diesem Druck nachgegeben habe. Und dass ich außer in extremen Situationen, die selten auftreten, immer eine Wahl habe.

Anders ist es in der Welt der Gefügigen, die aus Angst gemacht ist. Sie wurde dazu dressiert, höflich zu sein. Sei höflich. Sei nett. Gib nach. Das ist allgemein bekannt, ich will dich nicht langweilen: Wir wissen es beide. Die Gefügige in mir verbeugt sich vor der deinen, und jede verbeugt sich noch tiefer, denn keine von beiden will überheblich wirken. Der Gefügigen geht es (wie allen unseren inneren Charakteren) ums Überleben: Sie ist erstarrt wie ein Tier, das Angst davor hat, angegriffen zu werden, und deshalb so tut, als sei es bereits tot. Und es ist so: Wenn die Gefügige Macht über dich hat, bist du weg: Deine Bedürfnisse sind weg, deine Grenzen sind weg, deine Meinung ist weg, deine Gefühle sind weg. Du selbst weißt nicht, was du brauchst, wer du bist, was du denkst und was du fühlst, denn bisher warst du zu sehr damit beschäftigt, regungslos auf der Stelle zu verharren. Du hast dich bemüht, so wenig Raum wie möglich einzunehmen und fast ohne zu atmen zu überleben. Das ist sehr anstrengend.

Im Laufe der Jahre hat die Gefügige ihren Wirkradius erweitert. Eine beliebte Richtung ist die sogenannte Emotionsarbeit (Emotional Labour). Das Konzept wurde 1983 von Arlie Russell Hochschild in ihrem Buch *Das gekaufte Herz*[5] eingeführt. Sie definierte die Emotionsarbeit als »bewusste Regulierung des Ausdrucks der eigenen emotionalen Zustände, um die Emotionen zu zeigen, die für den Job erwünscht sind«. Hochschild begann ihre Untersuchung mit den Flugbegleiterinnen: strahlendes Lächeln, in jeder Situation höflich. Sie stellte sich die Frage nach dem Prozess, der zu diesem Lächeln führt. »Ich bin früher sehr viel geflogen und sah es immer wieder: die hohen Absätze, das enge Kostüm, der Lippenstift – egal, zu welcher Tages- oder Nachtzeit. Und dann ist da noch dieses Lächeln als Antwort auf die wütende

Frage, warum es keinen schwarzen Johannisbeersaft gibt, auf die anzüglichen Bemerkungen angetrunkener Typen, auf die Beschwerden über den unbequemen Sitzplatz. Was geht in ihnen vor? Darüber habe ich schon oft nachgedacht. Ich wusste: Wenn das Flugzeug landet und wir uns in unsere Wohnungen und Büros zurückziehen, stellen wir fest, dass nicht nur die Flugbegleiterinnen mit einem aufgeklebten Lächeln herumlaufen. Hochschild beobachtete, dass jeder Mensch, der vor den emotionalen Karren gespannt wurde – oder sich selbst vor den Karren gespannt hat –, seine Gefühle verbergen kann. »I smile when I'm angry«[6], sang mein geliebter Leonard Cohen – und Hand hoch, wer von uns das nicht schon mal getan hat. Ich verberge, was ich fühle – und scheinbar ist die Sache erledigt. Du hast deinen Ärger weggelächelt, der »Kunde« – wer auch immer das war – hat sich schon wieder beruhigt und du bist deinen Weg gegangen. Aber, aber – was macht das mit dir?

Ich erinnere mich an einen Selbstbehauptungskurs, den ich vor Jahren für Wissenschaftlerinnen an einer Universität gab. Wir spielten eine Szene nach, in der ein älterer Dozent anrüchige Witze machte und es die Aufgabe einer Doktorandin war, eine Möglichkeit zu finden, um »Genug!« zu sagen. Die Doktorandin war höflich, kultiviert, ruhig; der Dozent spielte so, wie die Gegnerin es erlaubte – nämlich bis zum Ende. Als es darum ging, die Szene zu besprechen, schrie eine der älteren Teilnehmerinnen fast in die Richtung derjenigen, die die Doktorandin spielte: »Wo ist deine Wut?« Diese Frage hat sich für immer in meinem Herzen festgesetzt und taucht immer wieder auf, wenn ich sie brauche. »Wo ist deine Wut?« Dieselbe Wut, die der »Schönheit schadet«, die man uns zu zeigen oder gar zu fühlen abgewöhnt hat? Unausgesprochene Wut – in einem Gespräch mit einem Dozenten oder einer anderen Person, der wir erlaubt haben, uns zu beherrschen – verschwindet nicht. Es ist eine lebendige Energie, die jetzt in unserem lebendigen Körper zirkuliert. Was wird als Nächstes mit ihr geschehen? Wenn ich diese Frage den Menschen stelle, die ich auf Fortbildungsveranstaltungen treffe, kennen alle die Antwort. Die Liste schwerwiegender Folgen unausgesprochener, verborgener Gefühle ist lang. Frauen neigen dazu, diese Wut gegen sich selbst zu richten. Dies erfüllt mich mit großer Traurigkeit: Viele von uns, eine unüberschaubare Zahl von Frauen, glauben, dass das Beste, was man mit seiner Scheißwut machen kann, ist, sie gegen sich selbst zu richten. Glaubst du, du tust das nicht? Schreibe die Gedanken auf, die dir durch den Kopf gehen. »Gott, was bin ich nur für eine Idiotin. Ich habe vergessen, dem Kunden zurückzuschreiben! Ich bin so bescheuert.« Hand hoch, wer von uns noch nie so gedacht hat. Stelle dir nun deine Freundin oder eine Bekannte, die du magst, vor und richte diese Worte an sie: »Gott, was bist du für eine Idiotin. Du hast vergessen, dem Kunden zurückzuschreiben! Du bist so bescheuert.« Würdest du solche Wörter verwenden? Oh … dann würde etwas mit dieser Freundschaft, mit dieser Vertrautheit geschehen, nicht wahr? Und was geschieht mit der Freundschaft zu dir selbst?

»Wir verstecken nicht nur die Gefühle, die wir empfinden«, schrieb Hochschild, »wir zeigen auch Gefühle, die wir nicht empfinden.« Es reicht nämlich nicht aus, dass eine solche Flugbegleiterin ihren Ärger nicht zum Ausdruck bringt, sie muss sich auch zwingen, freundlich zu sein, indem sie lächelt und beruhigend mit einer samtenen Stimme spricht. Auf diese Weise bedient sie Kunden nicht nur auf der praktischen Ebene – wenn sie ein Getränk serviert oder eine Decke bringt –, sondern auch auf emotionaler Ebene. Sie führt sie aus einem Zustand der Unzufriedenheit in einen Zustand der relativen Zufriedenheit.

Das Problem bei der Wiederherstellung des Wohlbefindens eines anderen Menschen ist, dass dies unsere Energie verschlingt und dem Gegenüber beibringt, dass jemand anderes seine Gefühle umarmt.

Der Mechanismus ist derselbe wie beim Erlernen des Schnürsenkelbindens: Solange du deinem Kind die Schnürsenkel bindest, wird es es nicht lernen. So einfach ist das. Ich weiß das genau, denn ich habe mindestens ein paar Dutzend Stunden meines Lebens damit zugebracht, die Schuhe meines Sohnes zu schnüren. Sag es dir einfach am Morgen, wenn du weißt, dass ihr bereits seit zehn Minuten im Auto sitzen solltet, aber du konntest die Autoschlüssel nicht finden (du hast vergessen, dass du die Handtasche gewechselt hast), und jetzt weigert sich dein süßer, liebreizender Sohn, das Haus ohne seinen geliebten Plüschelefanten zu verlassen, den du aber, verdammt noch mal, ebenfalls nicht finden kannst, ebenso wenig wie deine alte oder deine neue Handtasche. Das ist der Moment, in dem du ihm die blöden Schnürsenkel selbst bindest, damit es einfach schneller geht. In dieser konkreten Situation ziehst du es vor, die Entwicklungsperspektive über Bord zu werfen – aber ganz im Ernst: Wer will schon um acht Uhr morgens Vorträge über Entwicklungspsychologie hören? Also bindest du die verdammten Schnürsenkel selbst – und dann auch am Donnerstag, Freitag und am Montag auch noch. Dann kommt der unvermeidliche Moment, wenn die Kindergärtnerin dich zur Seite nimmt und sagt, dass sie fünfzehn Kinder in der Gruppe hat, und wenn sie fünfzehn Paar Schuhe zubinden müsse, verzögere sich der Spaziergang um fünfzehn Minuten, und dass es vielleicht an der Zeit sei, deinem Sohn beizubringen, seine Schnürsenkel selbst zu binden.

Leider wird uns keine Kindergärtnerin dazu motivieren können, wenn wir anderen – diesmal schon (zumindest theoretisch) Erwachsenen – Tätigkeiten abnehmen, weil sie ihre eigenen Emotionen nicht im Griff haben. Und viele Frauen tun dies automatisch, jeden Tag, ihr ganzes Leben lang. Wenn du in einer bestimmten Situation, an diesem Esstisch, bei diesem Treffen, an diesem Schreibtisch, auf diesem Spaziergang, spürst, dass dein Gesprächspartner oder deine Gesprächspartnerin sich einem Punkt nähert, an dem er oder sie sich nicht im Griff hat, dann stürzt du dich auf ihn oder sie und leistest Hilfe – weil das deine Angewohnheit ist, weil das die Aufgabe ist, die du übernommen hast, weil es für dich in diesem besonderen Moment angebracht zu sein scheint. Denn es wird vor allem dir helfen, deine eigene Anspannung abzubauen, deine Angst, dass der alte Bär erwacht und dich frisst.

Der Begriff der Emotionsarbeit wurde von Gemma Hartley, Kolumnistin des Harpers Bazaar, zunächst in einer Kolumne und dann in ihrem Buch *Es reicht* neu definiert: Warum Familien- und Beziehungsarbeit nicht nur Sache der Frau ist[7]. Die Kolumne enthält eine typische Szene aus ihrer Ehe: In der Mitte des Zimmers liegt seit zwei Tagen eine Schachtel mit Geschenkpapier, die ihr Mann aus dem Schrank geholt hat. Nachdem Hartley zwei Tage lang um die Kiste herumgegangen ist, hat sie endlich genug, nimmt einen Stuhl aus der Küche und versucht, die Kiste auf das oberste Regal im Schrank zu schieben (wo sie vorher stand). »Du hättest nur fragen müssen«, sagt Gemmas Ehemann, als er sie mit der Schachtel kämpfen sieht. »Darum geht es ja«, antwortet Gemma unter Tränen, »dass ich nicht fragen muss!« Diese Szene wurde zum Gärteig einer neuen Sichtweise auf die emotionale Arbeit. Hartley definierte sie als »die unbezahlte, unsichtbare Arbeit, die wir leisten, damit sich die Menschen um uns herum wohlfühlen und glücklich sind«. Ein Teil dieses Komforts besteht darin, dass du durch dein Zimmer gehen kannst, ohne über eine Kiste zu stolpern, die seit Tagen auf dem Boden liegt – denn es gibt jemanden, der sie dort liegen sieht und dich entweder daran erinnert, dass sie weggeräumt werden muss, oder es eben selbst tut. Nur eine Schachtel, nichts weiter. Aber wenn die Anzahl der Dinge, die es wahrzunehmen und zu erledigen gilt, ins Unzählbare wächst, dann ist das eine ziemliche Anstrengung.

Wenn du die emotionale Arbeit auf dich nimmst, wirst du dich verpflichtet fühlen, dir den Geburtstag deiner Arbeitskollegin zu merken, andere daran zu erinnern und den Kauf eines Geschenks zu organisieren – denn du weißt ja, was sie gerne hat. Du wirst dir merken, wer seinen Kaffee wie trinkt. Du wirst dir merken, wer wie viele Kinder hat, und fragen, wie es denen geht. Wenn du einen Besprechungsraum betrittst und nicht abgeräumte Tassen auf dem Tisch siehst, bringst du sie weg, weil du nicht möchtest, dass die anderen sich unwohl fühlen. Wenn du, eine halbe Stunde später, in einer Besprechung die Anspannung in der Stimme deines Teamkollegen hörst, machst du einen Witz, um die Stimmung aufzulockern. Zu Hause erklärst du deinem Sohn, warum Papa verärgert ist, und deinem Mann, warum euer Sohn sauer ist. Du fragst, was sie zum Abendessen möchten. Während du online nach Klamotten surfst, hörst du einem langweiligen Vortrag deines Chefs zu, der dich vom Flughafen aus angerufen hat (weil er gerade lange auf seinen Anschlussflug warten muss), um dir seine Meinung zu den Trends im Online-Verkauf mitzuteilen. Du lächelst, obwohl du traurig bist, weil jemand im Vorbeigehen an deinem Schreibtisch zu dir gesagt hat: »Warum so traurig? Lächle doch mal!«

Alle Autorinnen und Autoren, die über die Emotionsarbeit schreiben, heben einen Aspekt besonders hervor: Emotionsarbeit ist etwas, das du unter Anspannung tust (die de facto meistens selbst gemacht ist). Schließlich können die meisten von mir aufgelisteten Tätigkeiten mit Vergnügen und aus vollen Herzen bewältigt werden – und sie können uns nähren, anstatt uns Energie zu entziehen. Vielleicht möchte ich zehn Freunde zum Abendessen einladen, mir merken, was sie gerne essen, für sie kochen, danach aufräumen und sie davor mit Gesprächen unterhalten; später in einen Sessel fallen und denken, dass es großartig war.

Die Motivation scheint mir das zentrale Thema zu sein. Sowohl die Emotionsarbeit als auch die anderen Tätigkeiten, die die Gefügige in Bewegung halten, werden von Angst motiviert, aus dem Denkmuster, das besagt, dass die Aufmerksamkeit der Welt und die Zuneigung, die sie uns schenkt, uns unwiderruflich entzogen werden können, wenn wir aufhören, uns anzustrengen. Meiner Erfahrung nach lässt sich dieses Motiv, wie viele andere wichtige Dinge ebenfalls, an der Körpersprache ablesen: Wenn die Gefügige die Oberhand zu gewinnen beginnt, macht sich Druck in der Bauchgegend bemerkbar, eine Anspannung, die sich irgendwie entladen muss. Auch die Sprache unserer Gedanken kann ein Hinweis sein. Wenn du denkst: »Ich muss, ich kann nicht, ich sollte, es gehört so sich«, dann deuten all diese Wörter darauf hin, dass die Gefügige Macht über dich erlangt hat.

Ein wichtiger Moment in meinem Leben im Zusammenhang mit der Gefügigen, eine Entdeckung, die es mir ermöglichte, die Wahrheit über sie zu erfahren, war die Erkenntnis, dass das, was ich für mein Mitgefühl und meine Sorge um andere Menschen hielt, de facto die Sorge um mich selbst war und dass ich aus Angst handelte. Ein Gespräch mit einem meiner Freunde war ausschlaggebend. Ich erzählte ihm von einem Gespräch mit einem Bekannten und darüber, wie besorgt ich um meinen Gesprächspartner war, wie ich mich mit Kritik zurückhielt, um ihm kein Unbehagen zu bereiten, wie sehr ich mit ihm mitfühlte. Ich habe alle drei Dinge in einem Atemzug gesagt, als ob Empathie, Fürsorge und das Bestreben, jemanden nicht in Verlegenheit zu bringen, dasselbe wären. »Und was denkst du, wie sah die Situation aus seiner Perspektive aus?«, fragte mein Freund. »Nun …« Ich zögerte, suchte hektisch in meinem Hippocampus wie in einem Kleiderschrank nach der zweiten Socke und stellte mit zunehmender Klarheit fest, dass ich es einfach nicht wusste. Ich hatte keine Ahnung, wie die Situation aus der Sicht meines Gesprächspartners aussah, um den ich mir angeblich so große Sorgen gemacht habe. »Du weißt es nicht, oder?«, schlussfolgerte der Freund, dessen ungeschminkte Art mir schon oft geholfen hat. »Du weißt es einfach nicht«, wiederholte er, während ich noch immer meinen Satz erfolglos beenden wollte. »Nun, mit anderen Worten, du warst nicht einfühlsam«, schlussfolgerte er in seiner brutalen Offenheit. Da habe ich es verstanden, und diese Erkenntnis hat mich nicht mehr losgelassen. Dass ich mich um jemanden sorge, ist nicht Empathie; meine Angst, dass sich jemand unwohl fühlen könnte, hat oft nichts mit der Person selbst zu tun. Sobald ich den pseudoempathischen Glitzer abkratze, wird klar, dass sich dahinter meine Angst verbirgt, die Angst meiner gefügigen Seite. Es ist definitiv keine Empathie.

Ich fürchte mich zu sagen, was ich eigentlich sagen möchte, weil ich Angst vor deiner Reaktion habe. Ich fürchte mich vor deiner Reaktion, weil ich Angst habe, dass du mir deine Akzeptanz entziehen wirst. Ich fürchte mich vor dem Entzug der Akzeptanz, weil ich sie nicht für mich selbst habe. Wenn ich sie in mir hätte, würde ich sie nicht in der Außenwelt suchen.

Das gefügige, brave Mädchen hat nicht das Gefühl, dass es sich auf sich selbst stützen kann. Und es wird draußen etwas suchen, was es dort einfach nicht gibt – so wie man auch keine Wimperntusche in einem Technikmarkt kaufen kann.

Manchmal nimmt diese Suche eine dramatische Form an. Eine Frau, die es zugelassen hat, dass die Gefügige in ihrer Psyche die Hauptrolle spielt, leidet unter einem unstillbaren Hunger. Sie muss hungrig sein, weil sie ihre Bedürfnisse nicht befriedigt; sie befriedigt sie nicht, weil sie sie nicht erkennt. Um es mit den Worten von Clarissa Pinkola Estés aus *Die Wolfsfrau*[8] zu sagen: Eine solche Frau verliert den Kontakt zu ihren Urinstinkten und wird zur leichten Beute für diejenigen, die ihr Nahrung versprechen. In *Die Wolfsfrau* taucht mit dem

Märchen vom kleinen Mädchen mit den Schwefelhölzern (ein Märchen von Hans Christian Andersen) eine schmerzhaft klare Metapher auf. Das Mädchen friert auf der Straße, weil es kein ruhiges, warmes Zuhause hat. Da es keinen Zugang zu sich selbst hat, beschließt es, ein Streichholz anzuzünden, um sich wenigstens einen Moment Erleichterung zu verschaffen: »Ihre kalten Hände sind wie versteinert, sie hat keine Kraft mehr, eine Schachtel Schwefelhölzer darin zu halten. Was, wenn sie eines zum Aufwärmen anzündet? Nur ein Schwefelholz. Schon beim Gedanken an die Wärme hat sie nicht mehr die Kraft, der Versuchung zu widerstehen. Nur ein Schwefelholz.«

Wofür steht das Schwefelholz? Nach meiner Erfahrung sind es neben den üblichen Stimulanzien wie Wein, Zigaretten oder der Missbrauch von Beruhigungsmitteln oft Affären. Ich spreche nicht von solchen, die der Beginn einer tiefen Bindung sind, oder von aufregenden One-Night-Stands. Ich spreche von solchen, die mit einem gebrochenen Herzen enden und bei denen im Grunde von Anfang an klar war, dass sie so enden würden. Es gibt Zeiten, in denen eine Frau besonders zerbrechlich ist.

Bei den Anonymen Alkoholikern wurde festgestellt, dass ein nüchterner Alkoholiker auf dem Heimweg von der Arbeit wahrscheinlich in eine Bar geht, die er lange Zeit gemieden hat, insbesondere dann, wenn er hungrig, wütend, einsam und müde ist (HALT: hungry, angry, lonely and tired). Die Gefügige ist immer hungrig, sie ist immer müde, und obwohl sie nicht direkten Zugang zu ihrer Wut hat und oberflächlich betrachtet mit ihrem Leben zufrieden zu sein scheint, müssen sich Wellen dieser Wut in ihr aufstauen, weil sie sich ständig der Gefahr aussetzt, Grenzen zu überschreiten, die sie in sich selbst nicht erkennt. Sie ist einsam, weil sie – geschrumpft, reduziert – nicht in der Lage ist, zu nehmen. Wütend, müde und hungrig – ist sie so geschwächt, dass sie auf der Suche nach Wärme ein Streichholz anzündet. Und häufig wird dies eine Affäre sein, die mit einem gebrochenen Herzen endet. Ich habe meine Theorie über Affären einmal auf der Grundlage von *Das Mädchen mit den Schwefelhölzern* entwickelt. Frauen, mit denen ich sprach, erzählten mir Geschichten, die sich so sehr ähnelten, dass ich begann, wiederkehrende, vorhersehbare Phasen zu erkennen. In der ersten Phase glaubt das erwachsene Mädchen mit den Schwefelhölzern, dass es seine eigene Sanftmut war, die es in die Kälte verbannt hat. Es glaubt aber, dass es nicht so schlimm sei. Diese Phase der Verleugnung ist notwendig, um die Wachsamkeit einzuschränken und um weiterzumachen (ich spreche nicht von einem Angriff einer bestimmten Person; ich spreche von der Natur des Prozesses, der, wie alle anderen Prozesse auch, die Vollendung seiner Dynamik verlangt). So redet sich die hungrige Frau in der ersten Phase der Affäre ein, dass es sich nur um einen »unschuldigen Flirt« handelt – obwohl ihre Freundin, die sich ihre Geschichte bei einem Kaffee anhört, sehen und spüren kann, dass hier etwas beginnt, das weitergehen wird. »Komm schon, es passiert doch nichts, du malst es dir zu bunt aus«, antwortet eine, die am Anfang eines Weges steht, der »tausend Li lang ist«, wie ein chinesisches Sprichwort sagt.[9]

Wenn du eine Frau bist, der eine solche Geschichte widerfahren ist, dann erinnerst du dich vielleicht an ihren Anfang. »The saddest part of a broken heart / Isn't the ending so much as the start«[10], sang Leslie Feist[11]. Aber das wird man erst wissen, wenn der gesamte Prozess abgeschlossen ist. Am Anfang ist es gar nicht traurig, denn die Zeit, bevor das Streichholz angezündet wird, ist wunderschön, voller Leben, von der Hoffnung auf Wärme erfüllt und vom Eros durchdrungen. Der Benachrichtigungston auf dem Handy, eine heimlich gelesene SMS, ein etwas längerer Blick während einer Besprechung in der Firmencafeteria. »Es passiert nichts.« Dann kommt der Moment, wenn das Schwefelholz entzündet wird. Das durchgefrorene Mädchen fühlt die

Wärme, und dann scheint es für einen Moment wie Glück zu sein – es fühlte sich wie Glück an, nicht wahr? Die Gefügige hört, sie sei schön, sie sei prächtig – wer das nicht sieht, ist ein Idiot. Einen Moment lang hat sie das Gefühl, dass es wahr ist, wenn sie ihrem Geliebten in die Augen schaut. Es ist ein Moment des Triumphs, der Vergeltung an all jenen, von denen sie sich hat herabsetzen lassen, an sich selbst, die sich selbst herabgesetzt hat. Es überrascht nicht, dass die Gefügige mit der Hand nach dem nächsten Schwefelholz greift. »Nächsten Samstag habe ich wieder eine Konferenz«, sagt sie ihrem Mann nach dem Abendessen. Gegen Mitternacht greift sie sich ihr blinkendes Handy vom Nachttisch. »Was machst du um diese Zeit mit deinem Telefon?«, fragt der Ehemann. »Nichts, ich stelle den Wecker.«

Das Problem ist, dass das Mädchen nur einige wenige Schwefelhölzer hat, es ist ein begrenzter Vorrat. Diese Geschichte nimmt kein gutes Ende. Es bleiben die letzten beiden Schwefelhölzer. Du lässt das vorletzte verglühen, es ist noch eins übrig. Du nimmst es aus der Schachtel, und es stellt sich heraus, dass es bereits abgebrannt wurde. Die Schachtel ist leer. Der Teilnehmer ist vorübergehend nicht erreichbar. »Nach den Sonntagen kommen die regnerischen Dienstage.« Und so weiter. Und Sie finden sich gerade mitten in einer Sucht wieder. Warum schreibe ich über Affären ohne Happy End als Sucht? Weil ich ahne, dass sie von Hunger und Angst der Gefügigen beherrscht werden. Dass sie, wie jede Sucht, durch Erschöpfung und das Bedürfnis nach einer auch nur vorübergehenden Erleichterung genährt werden – dem Bedürfnis, sich zumindest für einen Moment etwas wert zu sein. Ich glaube auch, dass wir irgendwo tief im Inneren von Anfang an wissen, was als Nächstes passieren wird. Das, was eine besorgte Freundin sagte – »Pass auf dich auf« –, das hätten wir auch selbst zu uns sagen können. Wir hätten sehen können, was sie kommen sah. Wir könnten – wenn die Gefügige nicht unsere Entscheidungen bestimmen würde: wenn wir nicht hungrig, einsam und müde wären. Das, was wir angstgetrieben tun, wird unseren Hunger nicht stillen. Das, was wir schmerzgetrieben tun, wird uns nicht ernähren.

Wir werden uns nicht von dem ernähren, was draußen ist.

Die Gefügige führt uns auf den falschen Weg – nicht, weil sie uns Schlechtes wünscht, sondern weil sie die anderen Wege nicht kennt.

Aber auch für sie gibt es einen Ausweg, ein Portal, eine Verwandlung, die ihre Angst auflösen und in Liebe verwandeln kann.

DIE SCHNEEKÖNIGIN

Hauche mich an, Königin, mit deinem eisigen Atem

Mir gegenüber saß eine perfekte Frau. Kennst du die Situation, wenn du beim Blättern in Modemagazinen über perfekte Frauen spöttelst – »Niemand sieht so aus!«? Aber genau so sah diese Frau aus. Nicht, dass ich dich oder mich selbst quälen möchte, aber von den Stilettos bis zu den Perlen, von der Wimperntusche bis zum lichtreflektierenden Bronzer, vom glänzend geglätteten Haar bis zum feuchtigkeitsspendenden Dior-Lippenstift war sie perfekt. Ich weiß nicht, wie alt sie war, aber wenn sie in einem Film sich selbst spielen würde, in dem es Rückblenden gibt, könnte sie sich leicht zwanzig Jahre jünger spielen.

Wir sprachen über Business, in der Sprache des Business, in einer Business-Angelegenheit, in der es im Wesentlichen um Umsatz, um Gewinn ging, obwohl die Höhe des Gewinns nichts damit zu tun hatte, ob sie glücklich sein würde. Aber wir sprachen genau darüber, über

Ziele, Synergien, und die Worte schwirrten über uns wie eine Fliegenschar in diesem auf Hochglanz polierten Konferenzraum mit einer Wand aus Moos, das die Luft filtern sollte.

Und dann sah ich sie weinen. Nein, sie weinte nicht wirklich – sie saß weiterhin da von ihrer Perfektion umhüllt, aber in meinem Kopf tauchte schemenhaft, an der Grenze der Wahrnehmung, dieses Bild auf: dieselbe Frau, mitten in der Nacht, in der Dunkelheit ihres Zimmers, ungeschminkt, mit zerzaustem Haar, wie sie in ihr Kissen weint. »Glücklicherweise haben wir das Klagen, das uns davor bewahrt, perfekte Maschinen zu werden«, schrieb Marion Woodman, eine Jungianerin, die ich immer wieder zitieren werde und ihr Buch *Addiction to perfection*[12], das zu einem der wichtigsten Bücher in meinem Leben geworden ist.

Dann, Wochen nach unserem Businessgespräch, sah ich die Frau tatsächlich weinen. Nach der Schulung saßen wir zu zweit in einem Saal, und sie erzählte mir unter Tränen, die ihr Make-up verschmierten, aus ihrem Leben.

Keine Wimperntusche ist völlig wasser- und tränenfest. Verborgen hinter der Rolle, verhüllt vom Flair, irgendwo abseits der Rennstrecke, auf der sie sich mit anderen misst, lebt jemand unendlich Zerbrechliches: ein zitterndes Mädchen, ein Küken.

Aber die Schneekönigin, um die es in diesem Kapitel geht, will dieses Kind nicht kennen. Die Schneekönigin hat einen solchen Weg gefunden, um selbst zu überleben: Sie hat ihr Herz eingefroren und ist in den Kampf auf Leben und Tod gezogen. Sich mit anderen messen, gewinnen, immer auf der Überholspur, aufs Siegertreppchen springen, keine Zeit für unnötige Gratulationen vergeuden, runter vom Siegertreppchen springen und weiterfahren, sich keine »Momente der Schwäche« erlauben, sich rüsten, panzern, Korsetts, Push-up-BHs tragen.

Die Schneekönigin wohnt in einem hohen Turm ohne Aufzug. Wenn ich an sie denke, taucht das schöne Gesicht von Claire Underwood aus *House of Cards*, gespielt von Robin Wright, vor mir auf. Claire sitzt auf einem Betonstuhl, einen Ellbogen auf die Rückenlehne gestützt, die erhobene Hand in der Luft, die Finger der anderen Hand gekrümmt und bluttriefend. In einem perfekten indigofarbenen Kostüm mit goldenen Knöpfen, die Füße in schwarzen Stöckelschuhen, übereinandergeschlagene Beine; kühles blondes, glattes Haar reicht ihr bis knapp über den zusammengebissenen Kiefer. Vorstehendes Kinn, sie schaut von oben herab, grimmiger, starrender Blick. *No mercy.*[13]

Wenn ich an die Schneekönigin denke, erscheint in meinem Kopf die Überschrift »DU BIST NICHT HIERHERGEKOMMEN, UM DICH HINZULEGEN«, der Titel eines Textes aus dem polnischen Magazin *Wysokie Obcasy* über schmerzhafte Geburten.

Doch die Schneekönigin bringt kein Leben, sondern nur den Tod.

Es gibt eine schöne Ballade von Suzanne Vega, »The Queen And The Soldier«. Ein Soldat steht vor der Tür der Königin und sagt, er werde nicht mehr für sie kämpfen. Die Königin lässt ihn herein.

Der Soldat fragt sie, wie hungrig und schwach sie sich fühle, da sie so allein und versteckt in ihrem Palast wohne, während er in einem Saal mit rot gestrichenen Wänden steht.[14] Er führt die Königin zu einem Fenster, von dem aus sie das Schlachtfeld sehen können. Die Sonne geht unter. Die Königin wendet ihren Kopf ab. Einen Moment lang weicht etwas in ihr auf, taut auf, doch gleich darauf überkommt sie die Angst – und die Königin befiehlt, den Soldaten zu töten. Auf dem Schlachtfeld tobt der Kampf weiter.

Die Schneekönigin scheint keine Gnade zu kennen, obwohl sie diejenige ist, die am ehesten Barmherzigkeit verdient.

Das Gemach der Königin ist gut versteckt; und manchmal gelangt man rein zufällig dorthin. Beigebracht hat mir dies eine Frau, mit der ich ein sogenanntes Feedbackgespräch geführt habe, oder besser gesagt: der ich vermitteln musste, wie ihre Mitarbeiterinnen und Mitarbeiter sie sahen. Ihre Mitarbeiter füllten anonymisierte Fragebögen aus. Die Selbsteinschätzung der Chefin wurde anschließend mit der Auswertung der Fragebögen verglichen. Meine Aufgabe bestand darin, diese Auswertung der Geschäftsführerin zu vermitteln. In den Fällen, wenn die Mitarbeiterbeurteilungen gut sind, verläuft das Feedbackgespräch ohne Probleme. Doch dieses Mal war es anders. Kaum hatte die Geschäftsführerin den Besprechungsraum betreten – da wusste ich bereits, dass nun die unangenehmsten sechzig (wie sich später herausstellte: einhundertzehn) Minuten meines Lebens vor mir liegen. Ich betrachtete die hohen Säulen auf dem Auswertungsdiagramm, die die Selbsteinschätzung der Geschäftsführerin abbildeten, und dann die winzigen Säulchen, die die Mitarbeiterbeurteilung zeigten.

Sie betrat den Gesprächsraum mit zwanzigminütiger Verspätung und sah mich kaum an. »Ich habe eine halbe Stunde Zeit«, sagte sie gehetzt und ohne ein »Guten Morgen«. Dann begann unser Gespräch. Und bereits bei dem Gedanken daran spüre ich Aufruhr in meinem Herzen. Es war ein mühsames, schichtweises Aufdecken dessen, was im Leben dieser Frau geschehen ist, um den Widerstand, den Schmerz, die Wut, die Verleugnung und die Schuldzuweisungen zu durchbrechen. Ein mühsames Entfernen der Bandagen, unter denen ihr lebendiger Körper verborgen war. Anderthalb Stunden später kam endlich eine andere, eine völlig andere Frau zum Vorschein. »Mein Gott!«, sagte sie völlig erstaunt, als hätte sie etwas zum ersten Mal in ihrem Leben erblickt und traute ihren Augen nicht. »Wer bin ich? Was ist aus mir geworden? Wie ist es dazu gekommen, dass ich genau wie mein Chef geworden bin, den ich nicht ausstehen kann?«

Es braucht keine schicke Firma, um eine Schneekönigin zu werden. Es reicht, etwas zu haben, über das man Peitsche schwingend herrschen kann. Es kann dein Zuhause sein, wo kein Staubkorn auf dem Regal liegen darf. Es kann dein Körper sein, dem du sagst, er solle hungern, weil du dich ab einem BMI von 19 selbst verachtest. Und schließlich – dies scheint mir besonders schmerzhaft zu sein – könnte es dein eigenes Kind sein. Mütter, die in Unternehmen arbeiten, aber auch solche, die »zu Hause sitzen« (jede von uns, die schon einmal »zu Hause saß«, versteht die ungewollte Ironie und den völligen Blödsinn in diesem Satz), können ihre Kinder zu ihrem Projekt machen. Und natürlich soll das ein Projekt sein, mit dem du die Goldene Lorbeere als Mutter des Jahres gewinnen möchtest.

Ich sage es gleich vorneweg: Bei diesem Thema bin ich voreingenommen. Mein 17-jähriger Sohn hat sich in keiner seiner Ausbildungsphasen als Überflieger erwiesen. Mit jeder weiteren Klassenstufe wurde mir klarer, dass ich meine unerfüllten Ambitionen nicht auf meinen Sohn projizieren, dass meine innere Streberin davon nicht befriedigt werden konnte. Mein Kind widersetzte sich genau den Bereichen, auf die sich das sogenannte Bildungssystem besonders konzentriert. Das war eine schwer zu verdauende Lektion für mich. Nach Jahren des Ausprobierens und der Fehltritte kann ich sagen, dass es mir in der Regel gelingt, in mir einen echten Respekt vor dem Wesen meines Sohnes zu finden – in all seiner Einzigartigkeit, mit all seinen Talenten (in den »Fächern«, die nicht auf seinen Schulzeugnissen aufgelistet sind), mit all seiner inneren Zerrissenheit und seiner wütenden Entschlossenheit, die Dinge auf seine eigene Weise zu machen. Als ich in einem Moment der Verzweiflung zu Jesper Juuls Buch *Pubertät. Wenn Erziehen nicht mehr geht*[15] griff, fand ich darin eine – für mich als Mutter – wichtige Definition des Begriffs Vertrauen in ein Kind im Teenageralter. Juul schreibt, dass es bei diesem Vertrauen nicht darum geht, dass dein Kind in der Zukunft so wird, wie du es dir wünschst; es geht darum, dass es so wird, wie es selbst eines Tages sein möchte.

Die Schneekönigin-Mütter gehen einen anderen Weg. Vom Kind wird erwartet, dass es die Wünsche der Eltern erfüllt. Vom Morgengrauen bis spät in die Nacht: keine vergeudete Zeit, Hausaufgaben im Auto, wenn sie vom Geigenunterricht zum Ballett gefahren werden. Von den Müttern dieser Kinder höre ich oft, dass das Kind doch selbst vierzehn Stunden am Tag arbeiten »will«. Jedes Mal, wenn ich das höre, verspüre ich eine tiefe Traurigkeit. Frauen, deren innere Struktur von der Schneekönigin beherrscht wird, lieben zwar ihre Kinder. Natürlich. Aber sie lieben sich selbst nicht, deshalb können sie nicht zur Ruhe kommen. Und daher können sie nicht erlauben, dass ihre Kinder zur Ruhe kommen – in Langeweile, im Spiel, in Faulheit, im Nichtstun.

Marion Woodman hat mir alles über die Schneeköniginnen beigebracht. Und nicht nur über sie; als ich Woodmans Buch *Addiction to perfection* beendet hatte, verkündete ich es meinem Mann: »Hör zu, nach diesem Buch verstehe ich ALLES. Wenn du etwas wissen willst, frag mich einfach.«

Woodman war, wie ich bereits erwähnt habe, eine Jungianerin. C. G. Jung, ein Schweizer Psychiater, führte das Konzept der männlichen und weiblichen Archetypen in die westliche Kultur ein. Er stützte sich auf die alte chinesische Philosophie, der zufolge zwei Arten von Energie in der Welt miteinander verwoben sind: Yin (von Jung später als weiblich bezeichnet) und Yang (später von ihm als männlich bezeichnet). Beide Energien werden von der Welt benötigt und sollten zu unserem gemeinsamen Wohl im Gleichgewicht bleiben; ein Gleichgewicht ist sowohl für die Welt als Ganzes als auch für jeden Einzelnen und jede Einzelne von uns erforderlich. Im Hinduismus werden diese beiden Energien als Shiva und Shakti bezeichnet.

Es fällt mir schwer, die Begriffe »männliche« und »weibliche« Energie zu verwenden, weil ich befürchte, dass eine solche Übersetzung von

Yin und Yang unsere stereotype Auffassung von dem, was männlich und was weiblich ist, nur noch weiter zementiert. Da ich jedoch seit einigen Jahren nicht mehr in der Lage bin, dauerhaft zu unterscheiden, welche Energie Yin und welche Yang ist (das Gleiche gilt für die Monate Juni und Juli), möchte ich dennoch Jungs Begriffe verwenden und sie aus Protest gegen das Patriarchat in Anführungszeichen setzen.

Der »männliche« Archetyp, die »männliche« Energie ist für Jungianer die Energie des Handelns, der Aktion, der Zielstrebigkeit, des Vorwärtsdrängens, der Leistung, der Ausführung, des Sichmessens. Es ist auch die Energie des Verstandes, der Analyse, der Differenzierung – die Energie des Entweder-oder. »Schwarz oder weiß?« Es ist auch die Energie der Prinzipien, der Grundsätze, des Abstrakten, des willkürlich Festgelegten und damit eine hierarchische, dichotome Energie, die die Welt in Gut und Böse, Richtig und Falsch, Prinzipiengerecht und Prinzipienwidrig einteilt. Woodman schreibt auch, dass es die Energie des Geistes ist – in dem Sinne, dass das Prinzip etwas ist, das dem individuellen Leben und dem individuellen Körper übergeordnet ist.

Die »weibliche« Energie ist die Energie des Erkennens, des Annehmens und des Erlebens dessen, was ist. Es ist die Energie eines Steinhauses, das an einer Klippe am Meer gebaut wurde, und nicht die eines zehnstöckigen Hotels am Strand. Die »weibliche« Energie ist die Energie des Seins, nicht die des Handelns; es ist eine ganzheitliche Energie – nicht entweder dies oder das, sondern beides. Es ist die Energie des Körpers, eines einzelnen Lebens, die Verkörperung des Geistes in der verworrenen Alltagserfahrung des Lebens in einem menschlichen Körper. Es ist die Energie der kurzen Distanz, des Mangels an Distanz, der Nähe, der Verwundbarkeit. Die Energie der Gleichheit: in einem Kreis sitzen, in dem niemand herrscht.

Ein Mann benötigt die reife »männliche« Energie und die reife »weibliche« Energie. Eine Frau benötigt die reife »weibliche« Energie und die reife »männliche« Energie. Sollte bei einer Frau die »weibliche« Energie dominieren und bei einem Mann die »männliche« Energie? Die meisten Frauen, die ich getroffen habe, waren eher der weiblichen Energie zuzuordnen, die meisten Männer der männlichen. Heißt das aber, dass es so sein muss? Das glaube ich nicht. Ich glaube vielmehr an die Freiheit zu wählen, woraus wir schöpfen möchten. Und daran, dass wir uns mit der Beschränkung auf eine dieser Energien selbst hindern, das Leben in vollen Zügen zu leben und tiefe Freude zu empfinden. Ein Mann, der von der Intimität, vom Hier und Jetzt, von der Wahrnehmung seines eigenen Körpers, von der Energie des Gleichgewichts abgeschnitten ist, wird unvollständig und verstümmelt sein, ebenso wie eine Frau, die keinen Zugang zu ihrem Ehrgeiz, ihrem Mut und ihrer Fähigkeit, Dingen auf den Grund zu gehen, hat.

Das Patriarchat tut genau das: Es trennt alles in männlich und weiblich, Damen rechts, Herren links, Frau Lehrerin und Herr Ingenieur, der Herr verdient und die Dame putzt, denn das ist es, was die natürliche Ordnung der Dinge vorschreibt. Ich werde mir nicht einmal den Nagellack zerkratzen, während ich auf die Tastatur hämmere, um darüber zu diskutieren. Mir ist der Nagellack zu schade und es wäre Zeitverschwendung.

Die Alternative ist der Tanz der beiden Energien, ihre Verflechtung, mal die eine, mal die andere, wie bei einem Waldspaziergang, wenn man einen schmalen Pfad entlanggeht. Beide tanzen in allen von uns – wenn wir es zulassen.

Warum schreibe ich darüber im Kontext der Schneekönigin? Weil ich diese Begrifflichkeiten brauche, um über das Ausmaß des Verbrechens zu sprechen, das wir an uns selbst begehen, wenn wir die Schneekönigin über unser Leben bestimmen lassen. Woodman[16] schreibt, wie manche Frauen Ziele verfolgen, die nicht ihre eigenen sind, ihr ganzes Leben dem nächsten Erfolg unterordnen und sich auf die Seite der

Hierarchie stellen. Die Energie der Grundsätze (Principle), die nicht durch die Energie des eigenen Körpers, die Harmonie mit dem eigenen Körper, ins Gleichgewicht gebracht wird, bringt sie dazu, nach Vollkommenheit zu streben; das ist es, wofür sie angeblich kämpfen. Dieser Kampf, sagt Woodman, bringt sie schon zu Lebzeiten um, denn wer nur nach Vollkommenheit strebt, verliert nicht nur seine Lebendigkeit, sondern, mehr noch, ist nie wirklich lebendig gewesen. Wer sich stets nach Grundsätzen richte, der verpasse es, sein eigenes Leben zu leben. Letztlich sei es einfacher, ein Ideal anzustreben, als man selbst zu sein, doch das bedeutet zugleich, mit einem »Gefühl der Unwirklichkeit« zu leben. Wer sich immer nur nach dem Müssen und Sollen richtet, laufe Gefahr, sich selbst zu verlieren.

Meine Gesprächspartnerin, der ich die negativen Bewertungen ihrer Angestellten vermitteln musste, hatte den Mut, genau das zu erkennen, und fragte mit Tränen in den Augen: »Was ist aus mir geworden?« Die Frau, die vor mir weinte, die mir eben noch perfekt geschminkt gegenübersaß, hat offensichtlich etwas Wichtiges gespürt: Die Welt, in der sie bis Mitternacht Tippfehler in ihrer Präsentation korrigiert, um sie am nächsten Tag vorzuführen, ist nicht wirklich ihre Welt. Sie hat sich in eine ihr im Grunde völlig gleichgültige Sache gestürzt. Und wenn sie das nicht ändert, wird sie in gewisser Weise tot bleiben.

Die Schneekönigin »verträgt« sich gut mit der Gefügigen. Beide verstehen sich nämlich auf eine perverse Art und Weise blendend. Dieses Miteinander wird durch das vom Psychotherapeuten Stephen Karpman eingeführte Konzept des Dramadreiecks[17] gut veranschaulicht. Karpman schreibt, dass Menschen, die in ihrer Kindheit keine sicheren und stabilen Beziehungen erlebt haben, dazu neigen, sich schnell auf das Dreiecksspiel einzulassen. Auf der einen Spitze des Dreiecks steht das Opfer – häufig ist es die Gefügige: geschrumpft, den Umständen unterworfen, eine, die abseits sitzt und Verletzungen über sich ergehen lässt, jedoch nicht den Mund aufmacht, nicht für sich selbst kämpft – weil sie keine andere Welt kennt als die, die sie herabsetzt. Das Opfer stolpert über die Türschwelle und verschüttet den Kaffee, den es der Königin bringen sollte: »Ich bin so ungeschickt, tut mir leid!« Außerdem hat es den Zimt vergessen: »Meine Güte, ich habe schon wieder den Zimt vergessen. Warum kann ich mir nie etwas merken?« Für ihren Tanz braucht die Gefügige einen Tanzpartner, jemanden, dem sie sich hingeben kann und der ihr Material für ihr Gefühl der Verletzung liefert. Jetzt springen wir zur zweiten Spitze des Dramadreiecks: Hier sitzt der Verfolger. In der weiblichen Version wird es oft die Schneekönigin sein.

Es gibt noch eine dritte Figur in diesem dramatischen Dreieck: den Retter, am häufigsten jedoch ist es die Retterin. Auch diese Rolle wird manchmal von der Gefügigen übernommen, weil sie sich auf die emotionale Arbeit einlässt, dem Opfer zuhört und ihm erlaubt, das ihm zugefügte Unrecht zu beklagen. Aber ohne die Schneekönigin würden sie beide nicht existieren.

Als Miranda Priestly, die Chefin eines Modemagazins, gespielt von Meryl Streep, die Hauptfigur in *Der Teufel trägt Prada*, sich dem Büro nähert, sagt die Sekretärin mit zitternder Stimme in den Hörer: »Sie kommt gleich! Sag es allen!« Die Angestellten, die sich bisher entspannt durch das Büro bewegt haben, fangen plötzlich an, hektisch zu werden. Die Assistentin beeilt sich, frisches Wasser in das Kristallglas auf Mirandas Schreibtisch einzugießen. Jemand streift seine Crocs ab und zieht Stilettos an. Hektisch werden Schreibtische aufgeräumt, Lippenstift aufgetragen, Türen geöffnet, damit die Schneekönigin sich die Hände an Türgriffen, die andere angefasst haben, nicht schmutzig machen muss. Die Fahrstuhltüren öffnen sich, Miranda nimmt ihre schwarze Brille ab. »Ich verstehe nicht, warum Sie so große Schwierigkeiten haben, Ihren Termin zu bestätigen«, sagt sie anstatt eines »Guten Morgen!« zu ihrer Assistentin, die auf sie zuläuft. Wenn du die Schneekönigin sehen möchtest, dann schaue dir Miranda an.

Ich habe lange gedacht, dass die Schneekönigin nicht häufig am Kopf meines Tisches sitzt. Wenn man von ein paar kleineren Szenen in Hotels absieht, als ich mich vor lauter Erschöpfung nicht mehr unter Kontrolle hatte (eine schlechte Ausrede), und von Situationen, in denen ich vor meinen Nächsten manchmal ausraste (der nationale Durchschnitt), bin ich viel häufiger die Gefügige. Zumindest kam es mir so vor.

Aber ich beobachtete meine Gedanken aufmerksam. Ich erinnere mich an den Moment, als ich meinen inneren Seismografen einschaltete. Ich saß im Wartezimmer eines Hospizes in Krakau, um einen Freund, der infolge einer Lungenkrebserkrankung langsam starb, sehen zu können. Ein Arzt war gerade bei ihm. Plötzlich spürte ich eine Welle der Angst sich in mir auftürmen. Die Angst – wie Angst nun einmal ist – bezog sich nicht auf etwas Konkretes, sondern war eine Welle, die mich durchlief und lose mit dem Thema Tod, seiner Unausweichlichkeit, dem bevorstehenden Tod meines Freundes und – auf lange Sicht – meinem eigenen Tod zusammenhing. Die Welle rollte über mich hinweg, ich war schon unter Wasser, ich konnte nicht mehr atmen. Und dann hörte ich deutlich eine kalte Stimme zu mir sagen: »Werde jetzt nicht hysterisch.« Und gleich danach – und das war neu, denn diese kalte Stimme war mir nicht unbekannt – fragte ich mich, »wessen« Stimme das war. Wer sagt das? Hallo? Wer sagt: »Werde jetzt nicht hysterisch« zu einer Frau, die an der Tür eines sterbenden Freundes sitzt und Angst empfindet?

Obwohl ich mir den inneren Kritiker oft als männliche Stimme vorstelle, habe ich heute das Gefühl, dass diese Stimme – nicht zum ersten und nicht zum letzten Mal – die Stimme der Schneekönigin in mir war. Sie ist es, die zu dir sagt: »Werde jetzt nicht hysterisch«, wenn dein einziger Fehler lediglich das Gefühl ist, das du gerade empfindest. Sie kidnappt dieses Gefühl, als würde sie dem Entführten einen Sack über den Kopf stülpen. Sie blockiert die Energie der Angst, presst einen Knebel in deinen Mund.

Das ist es, was die Königin in deiner Innenwelt tut. Und sie tut dies mit jemandem, der zerbrechlich, zart und empfindlich ist. Es ist, als würde sie ein Kind anschreien, als würde sie ein bereits verängstigtes Küken erschrecken. »Warum heulst du immer?«, fährt dich deine innere Schneekönigin an, wenn du abends im Bad weinst, weil dein Namenstag ist und niemand daran gedacht hat. Diese Königin ist grausam, weil sie die Wärme nicht kennt. Oder besser gesagt: Sie hat die Hoffnung auf Wärme schon vor langer Zeit verloren, gleich zu Beginn ihrer eisigen Reise. Heute faucht sie jeden Tag aufs Neue Kinder an, knurrt ihre Mitarbeiter an … und macht sich selbst Vorwürfe. Denn obwohl sie stark und selbstbewusst wirkt, ist sie in Wirklichkeit nicht weniger verzweifelt als die Gefügige.

Wahrscheinlich hast du schon einmal eine wütende Mutter auf dem Spielplatz oder an der Bushaltestelle gesehen, die ihr Kind anschreit oder es eiskalt zurechtweist. Vielleicht hast du es selbst schon einmal getan (mir ist es jedenfalls passiert). Von der Seite betrachtet ist dieser Anblick schmerzhaft, manchmal sogar quälend. Wie sieht es aber aus, wenn sich die gleiche Szene nicht auf dem Spielplatz, sondern in uns selbst abspielt? Wenn wir uns selbst abkanzeln und verletzen? Dann kommen wir damit durch, als ob wir uns nicht wenigstens eine Gefälligkeit schuldig wären.

Ich habe aufgehört, Groll gegen die Königin zu hegen, als ich ihre Verfassung und ihre Beweggründe verstanden habe. Die Schneekönigin ist im Grunde wie die Gefügige – sie ist aus Angst und Scham entstanden. Scham, die die wunderbare amerikanische Forscherin, Autorin großartiger Bücher und Reden Brené Brown[18] als »das Gefühl, dass wir der Liebe und Zugehörigkeit nicht würdig sind«, definiert.

Wenn Miranda ins Büro stürmt und ihre wütenden Befehle zischt, sieht sie nicht aus wie jemand, der sich schämt und Angst hat; und doch waren es die Scham und die Angst, aus der die Schneekönigin einst, vor langer, langer Zeit, entsprang, bevor ihr eine Maske aufgesetzt wurde. »In der Grausamkeit liegt niemals Mut«, schreibt Brown[19]. Wenn die Schneekönigin das Gefühl hätte, dass das, was sie ist, ausreicht, wäre sie keine Schneekönigin mehr; sie wäre einfach eine starke, fähige erwachsene Frau. Aber einmal, zu Beginn ihrer Reise, spürte sie, dass sie nur so überleben kann, weil sie sonst stirbt, wenn sie nicht grausam zu sich und der Welt ist; dass nur ein rücksichtsloser Kampf sie retten kann. Wenn sie einfach nur existiert, wird sie nicht überleben. Deshalb steht sie jeden Tag strafend vor den Toren des Arbeitslagers und schuftet unermüdlich bei Brot und Wasser, sie ist Wächterin und Gefangene zugleich. Und es ist unerheblich, dass sie Sushi de luxe oder Heilbutt mit Meeressalat und Kapuzinerkresse isst – ihre Seele ist am Verhungern. Wie die Gefügige, die aus Angst und Scham entstanden ist, kann sie keine Liebe erfahren, obwohl sie jeden Tag mit unerschütterlicher Entschlossenheit darum kämpft.

DIE MÄRTYRERIN

Meine Freundin konnte ihren Personalausweis nicht finden. Sie meldete ihn als verloren, ließ sich einen neuen ausstellen und es schien ihr, als sei die Angelegenheit abgeschlossen. Leider stellte sich einige Monate später heraus, dass sie den Ausweis nicht verloren hatte, sondern er ihr gestohlen worden war. Die Betrüger nahmen mit ihrem Ausweis einen Kredit über mehrere Tausend Euro auf. Die Sache ging zwar gut aus, zog sich aber lange hin und kostete meine Freundin viele Nerven, viele Zigaretten, viel Wein und viel Ärger.

Ich denke an die Monate, als sie mit ihrem neuen Ausweis herumlief, ohne zu wissen, dass sie sich für etwas verschuldet hatte, das sie nie kaufen wollte.

Ich glaube, dass das Gleiche auch dir und mir einst passiert ist: Jemand hat uns Schulden aufgebürdet, ohne es uns zu sagen. Es wirkte aber nicht wie Betrug, sondern wie Liebe. Zumindest wurde es dafür ausgegeben. Wir haben uns sicherlich auch, zumindest einen Moment lang, auf der anderen Seite wiedergefunden: Wir waren die Betrüger.

So funktioniert die sogenannte Selbstaufopferung. Keiner fragt ein Kleinkind: »Entschuldige, Schatz, möchtest du, dass Mutti ihr Studium kurz vor dem Master abbricht, um sich um dich zu kümmern, dich zu füttern, zu wickeln, mit dir zu kuscheln und nachts deinetwegen aufzustehen, während sie ein wachsendes Gefühl der Trauer und Sehnsucht nach dem, was sie für dich aufgibt, verspürt, oder würdest du es lieber haben, dass Mutti ihr Studium beendet und sich abwechselnd mit Papi und Oma um dich kümmert?« Du liegst im Säuglingsalter herum, plapperst oder weinst, in siebzehn Jahren und elf Monaten bekommst du deinen Personalausweis und, seien wir ehrlich, die Dinge spielen sich eher außerhalb von dir ab. Ein paar Jahre später wirst du auch nicht mehr gefragt werden: »Entschuldige, Kleines, möchtest du ein selbst gekochtes Abendessen haben, das eine von der Arbeit ziemlich geschaffte Mama zubereitet hat, oder möchtest du lieber Borschtsch aus der Packung und Kroketten aus dem Eisfach, aber dafür wird Mama sich ausruhen und fröhlicher sein und nicht jeden Tag irgendeinen Ärger an dir auslassen, den du ihr dann mit einem Schuldgefühl zurückzahlen wirst?«

Die Märtyrerin fragt nicht, ob du einen Kredit aufnehmen möchtest. Oft sieht sie harmlos aus: geschundene Hände, leise Stimme, Tränensäcke unter den Augen, nachgewachsene Haaransätze (»Wer hat schon Zeit, beim Friseur zu sitzen! Wer hat Geld für so etwas!«). Wenn wir jedoch die psychologischen Hintergründe dieses Geschehens betrachten, sehen wir die Aggression in ihrer heimtückischsten und daher giftigsten Form; Psychologen bezeichnen dies als passive Aggression.

Das Wesen der Aggression besteht darin, eine Grenze zu überschreiten und die andere Person zu missachten. Wenn du auf der Autobahn einen Lkw überholst und nach einer Sekunde feststellst, dass sehr nahe, zu nahe an deiner hinteren Stoßstange ein anderes Auto klebt und wild Lichthupe gibt, weil der Fahrer diese paar Sekunden nicht warten kann, damit du in Ruhe wieder auf die rechte Spur wechseln kannst – das ist Aggression. Der Fahrer dieses Wagens stellt sein Bedürfnis, 220 Stundenkilometer zu fahren, über deinen Komfort, ein Überholmanöver in aller Ruhe zu Ende zu führen. Wenn jemand dich anschreit oder dich deinen Satz nicht zu Ende sprechen lässt, sondern dich unterbricht – das ist Aggression. Wenn du sagst, dass du keinen Hunger hast, und jemand dir ein »Kotelett« auf den Teller wirft – auch das ist Aggression. Der Kern ist, dass du bestimmte Grenzen hast und dass diese Grenzen missachtet werden. Nur dass diese zitternden, klammen Hände, die das dritte Kotelett auf deinen Teller legen, so schlaff und unschuldig wirken, dass es schwer ist, sich einen Reim darauf zu machen.

Passive Aggression nährt sich von Schuldgefühlen. Zum Beispiel in dieser Situation: Ich fahre vor meinem Haus vor, mein Teenager-Sohn sitzt auf der Terrasse und spielt mit seinem Handy. Ich bitte ihn, mir zu helfen, die Einkäufe ins Haus zu tragen, er wirft mir sein übliches »gleich« vor die Füße, und dann hebe ich wütend zwei oder drei der schwersten Tüten hoch und keuche und stöhne dabei, und wenn ich noch etwas Dramatik reinbringen will, gelingt es mir vielleicht sogar, zu stolpern und hinzufallen, und die Mandarinen, die ich »extra für ihn« gekauft habe, rollen direkt vor seine »Markenschuhe«, die auch die Früchte meiner harten Arbeit sind. Ich werde mit diesen Einkaufstüten vor seiner Nase stolzieren – und es geht nicht darum, meine Meinung darüber zu ändern, ob er mir helfen soll oder nicht. Die Idee ist: Wenn ich von ihm nicht das bekomme, was ich von ihm verlangt habe, dann werde ich mich revanchieren – dafür wirst du bezahlen, verdammt noch mal, und zwar in einer Währung, die keiner mag: indem ich Schuldgefühle in dir wecke. Du wirst mir erzählen, dass du gerade dabei warst, eine SMS zu beantworten, du wirst das Telefon weglegen und versuchen, mir die Tüten zu entreißen, aber nein, scheiß drauf, es ist zu spät, ich werde es selbst schaffen, ich werde es bis in die

Küche schaffen. Ich werde die Tüten direkt neben der Chipspackung abstellen, die du offensichtlich nicht weggeworfen hast, und wenn ich eine dritte Hand hätte, würde ich mir den Rücken massieren, der vom vielen Tragen schmerzt, wegen dir, wegen dir, der du mir nicht mal den blöden Einkauf bringst, obwohl ich das Geld dafür verdient, ihn erledigt, bezahlt und in den Kofferraum gepackt habe. Sitz du einfach da mit deiner Nase in deinem Smartphone und rede mit deinen Freunden über dumme Dinge, während ich hier leide. Aber du wirst nicht mehr so viel Spaß mit diesem Typen bei diesem Chat haben, weil du spüren sollst, was ich will, das du fühlst – dass du ein kleiner undankbarer, uncooler Kerl bist, der seiner eigenen kranken Mutter nicht helfen will. Ich werde ein Löffel Rotz in deinem Honigfass sein, und du kannst dir gern einreden, dass du mich nicht gehört hast, als ich dich gefragt habe.

Puh.

Dies alles geschieht fast im Stillen. Ich habe nichts von dem, was ich hier geschrieben habe, laut ausgesprochen. Alles, was zu hören war, war mein Keuchen und Stöhnen, vielleicht auch ein – mit einer großzügigen Portion Unmut garniertes: »Vielen Dank, ich habe es schon selbst geschafft.« Aber er weiß es und fühlt es. Da er es jedoch nicht zu fassen kriegt, weil ich so tue, als würde es mir nichts bedeuten, bleibt ihm die verworrene, giftige Energie meiner passiven Wut.

Eine solche Szene wird niemanden umbringen, und ich bin ziemlich zuversichtlich, dass ich eine ähnliche Aktion mehr als einmal durchziehen werde – obwohl ich sehr gut weiß, dass dies eher die Ausnahme als die Regel sein sollte. Und zwar aus dem einfachen Grund, dass die Märtyrerin, wenn sie zu unserer inneren Grundstruktur wird, in uns selbst und in unserem Umfeld Verwüstung anrichtet.

Ich möchte gleich klarstellen, dass ich niemanden dazu auffordere, seine elterlichen Pflichten aufzugeben. Es ist allgemein bekannt, dass

Mutter- oder Vater-Sein sehr kräftezehrend ist und dass diese Arbeit oft bedeutet, dass man weniger Zeit für sich selbst hat. Aber solange ich das Gefühl habe, dass ich es tue, weil ich es will (auch wenn ich lieber die Nacht durchschlafen würde, stehe ich auf, weil ich gut für mein Kind sorgen möchte), dann ist das großartig. Das Problem fängt dann an, wenn ich aus dem Leeren schöpfe. Ich habe nichts, gebe aber trotzdem, und dieses Geben wandelt sich mit der Zeit zu einer Art Manifestation und Manipulation.

Die Märtyrerin hat sich geopfert. Sie kann also nicht glücklich sein. Denn sich selbst zu opfern bedeutet, sich selbst aufzugeben, auf sich selbst zu verzichten, sich selbst zu entwerten. Wie soll jemand, der aus freien Stücken verschwunden ist, glücklich sein? Wenn man da ist, aber dennoch abwesend ist?

In einem Synonymwörterbuch finde ich unter dem Stichwort »Märtyrerin« den Begriff Passiflora, die Passionsfrucht. Es ist nämlich auch ein Begriff aus der Botanik, der eine Pflanzengattung mit zahlreichen Arten bezeichnet, die wegen ihrer süßen Früchte gezüchtet wird. Die spanischen Missionare, die sie in Südamerika entdeckten, meinten in ihren Kronblättern eine Dornenkrone zu sehen, in ihren fünf Staubblättern die fünf Wunden Christi, als er ans Kreuz geschlagen wurde. Blut, Schweiß und Tränen – das ist der Alltag einer Märtyrerin. Nur wenige hingegen wissen, dass einige Passionsblumenarten hohe Konzentrationen von cyanogenen Glykosiden enthalten, einem natürlichen Gift, das in kleinen Dosen beruhigend wirkt, in größeren jedoch tödlich sein kann.

Die Märtyrerin, die sich aufopfert, gibt alles, was sie hat, und noch mehr, denn zu dieser Figur gehört es, über ihre Kräfte hinaus zu arbeiten. Gleichzeitig wird die Stimme der Seele, die täglich übertönt wird (und die, davon bin ich überzeugt, jeden Tag in jeder von uns widerhallt), immer deutlicher zu hören sein: »Du verschwendest dein

Leben.« Um diese Stimme nicht zu hören, muss man immer mehr eingelegte Pilze zubereiten, die Böden immer härter schrubben, immer geschickter verlangen, dass jemand isst, obwohl er oder sie schon längst satt ist. Man muss der Person, für die man sich aufopfert und die, wie wir uns erinnern, gar nicht darum gebeten hat, immer wieder sagen, dass sie »Mamas einziger Schatz, ihre ganze Welt« ist. Und das ist, meiner Meinung nach, bereits das *Texas Chainsaw Massacre*. Sei die ganze Welt für jemanden! Was für ein Albtraum, was für eine schreckliche Last! Und es ist eine Last, die jemand weder auf sich genommen hat noch abwerfen kann. Von hier aus ist es nur noch ein Schritt zu »Du hast mein ganzes Leben verschwendet«. Und eigentlich ist es unvermeidlich, denn wenn mein »Schatz mein ganzes Leben« ist, wie kann er sich dann um sich selbst kümmern? Damit er das lernen kann, muss er sich zurückziehen und seine eigenen Entscheidungen treffen, von denen einige im Widerspruch zu dem stehen, was die Märtyrerin sich für ihn wünscht. »Keine Mutter wird zugeben, dass sie sich vom Machtprinzip leiten lässt, wenn sie ihrem Kind die Brust gibt«, sagt Marion Woodman in einem Interview mit Lorraine Kisly[20], was durchaus richtig sei, da sie das Kind füttere. Zu einem späteren Zeitpunkt in seiner Entwicklung jedoch, wenn das Kind nicht mehr gestillt wird und beispielsweise einen Orangensaft zurückweist, entstehe ein Bedürfnis nach Kontrolle und Macht, das die Beziehung zwischen Mutter und Kind störe, weil das Kind Schuldgefühle empfinde. Wenn das Kind »Ich will nicht« sagt, wird die Märtyrerin enttäuscht sein, und wenn die Frau zulässt, dass dies ihre wichtigste, konstitutive Identität ist, wird sie den »Schatz« in die Zelle ihrer Pseudoliebe sperren wollen. Sorry. So ist das nun mal. Und da ich sowieso schon schonungslos bin, sage ich es noch einmal: Die Märtyrerin hat sich geopfert, weil es einfacher war. In dem dramatischen Dreieck, über das ich bereits geschrieben habe, gibt es neben dem Opfer und dem Verfolger auch noch den Retter. Die Schöpfer dieses Modells sagen, dass der Retter rettet, um sich nicht um sich selbst sorgen zu müssen. Vielleicht, möchte ich hinzufügen, rettet er andere, weil andere leichter zu retten sind als er selbst? Die Märtyrerin agiert auf dieselbe Weise. Vielleicht gab es bei ihr zu Hause, in ihrer Schule, in ihrer Kirchengemeinde mehr Zustimmung für Frauen, die andere retten, als für solche, die für sich selbst einstehen? Vielleicht war diese Entscheidung eine Pseudoentscheidung, weil sie unter dem Druck von fünfzehn Generationen von Frauen getroffen wurde, die genau das Gleiche taten?

Und dann, wie man so schön sagt, verlassen die Kinder das Nest. Und das ist schon schwierig für die Märtyrerin: Ihr wird der Boden unter den Füßen weggezogen. »Wer bist du jetzt?«, höhnt eine Stimme in ihr, die sie nicht hören will. Wenn eine Frau mit ihrem ganzen Wesen die Rolle der Märtyrerin verkörpert, wird sie nun mit aller Kraft daran festhalten, weil sie sich außerhalb dieses Schemas nicht kennt. Nach außen hin wird es zunehmend unangemessener wirken: ihren Sohn, der inzwischen an der Fakultät für Physik, Astronomie und angewandte Informatik an der Jagiellonen-Universität als Doktorand arbeitet, wegen seines ungebügelten Hemdkragens zu ermahnen, ihre Tochter, die ihr Studium an der Akademie der Bildenden Künste beendet hat, zu belehren, dass keine Frau, die etwas auf sich hält, in abgetragenen Jeans herumläuft, Hunderte von ungebetenen Ratschlägen, tonnenweise »hausgemachte« Knödel, Kuchen, geriebene Rote Beete und kleine gesalzene Gürkchen, die nach jedem Mittagessen eingepackt werden, weil man immer noch zu »Mutters Mittagessen« und nicht einfach zum Mittagessen kommt. Und wenn das »Töchterchen« protestiert, weil es satt ist und keinen sechzehnten Knödel mehr möchte oder nicht den Ehrgeiz hat, die strengen Kriterien einer »sich selbst achtenden Frau« zu erfüllen, werden die schweren Geschütze aufgefahren: »Ich habe mein Leben für dich geopfert, und jetzt willst du keinen einzigen Knödel essen.« Und beide Teile dieses Satzes sind irgendwie wahr: Das »Töchterchen« will wirklich keinen Knödel mehr essen, und die Mutter hat tatsächlich im Laufe der Jahre aufgegeben, das zu suchen, was ihre Seele brauchte, um gefüttert, getränkt, gekleidet und gewärmt zu werden. Die dramatische Wahrheit ist jedoch, dass sie dies ohne Not und sogar zu ihrem eigenen Verderben getan hat. Denn während ohne Frage jedem Kind Essen, Trinken, Kleidung und Liebe zustehen, bringt es nichts als Elend, sich dabei selbst zu opfern.

Ich erinnere mich, dass ich einmal in einem »Zimmer für sich allein«-Workshop für Frauen, den ich geleitet habe, Folgendes über meinen Mann und meinen Sohn gesagt habe: »Ich will nicht, dass sie mich brauchen, sondern dass sie mich lieben.« Als ich diesen Satz sagte, sahen mich die Teilnehmerinnen überrascht an, und ich selbst war auch überrascht. Als ich diesen Satz jedoch wiederholte, um ihn genauer zu betrachten, spürte ich, dass es genau so ist: Es ist schön, manchmal gebraucht zu werden, aber es ist viel wichtiger für mich, einfach geliebt zu werden.

Es schmerzt mich, wenn Frauen bei Coachings oder in Workshops von ihrer wahren Leidenschaft sprechen und dann sagen: »Tja, aber dann kamen die Kinder. Du weißt, wie das ist.« Dieses »Du weißt, wie das ist« soll bedeuten, dass es keinen anderen Weg gibt, als die eigene Leidenschaft aufzugeben, diesen Teil von sich selbst zu opfern. »Ich liebe es, zu reiten, aber ich reite nicht mehr – Kinder, du weißt, wie das ist. Früher habe ich gemalt, ich habe es geliebt, aber jetzt – du weißt, wie das ist – male ich nicht mehr. Ich bin eine leidenschaftliche Seglerin, ich meine, jetzt bin ich es nicht mehr, weil, du weißt, wie das ist.«

Wenn dieses »Du weißt, wie das ist« nicht lange anhält – wenn eine Frau zum Reiten, zur Staffelei oder zum Segeln zurückfindet –, wird es ihr wahrscheinlich gelingen, die Erfahrung irgendwie zu verarbeiten.

Aber wenn sie gänzlich das aufgibt, wofür sie brannte, was sie genährt hat, wenn sie mit der Rolle der Mutter in ihrer konservativsten Form verschmilzt, die so eng ist wie die Korsetts unserer Urgroßmütter, dann wird die Märtyrerin ihren Platz am Kopf des Tisches einnehmen. Und damit ist niemandem gedient. Es sei denn, die Mutterschaft wird zu ihrer wahren, aufrichtigen und einzigen Leidenschaft; eine solche Frau kenne ich zwar nicht, aber warum soll es sie nicht geben? Aber dann, nach einigen Jahren, müssen diese Frauen etwas finden, womit sie diese Leidenschaft ersetzen können.

Wenn du mehr gibst, als du hast, machst du jemanden zu deinem Schuldner. Dein Baby, dein süßer Knirps, steht dann in deiner Schuld, und ehe du dichs versiehst, wirst du wütend auf dein Kind sein. Und wenn das Kind beginnt, sich abzunabeln (was zu wünschen ist), wirst du dich von den Entscheidungen deines erwachsenen »Schätzchens« »im Stich gelassen« und »enttäuscht« fühlen. Und an die Stelle dessen, was du früher »mütterliche Liebe« nanntest, wird ein Gefühl der Verletzung treten; sie wird nämlich zu deiner Währung werden; und damit wirst du nun zahlen. Kennst du solche Frauen? Frauen, die meinen, ständig ihr Unglück vorführen zu müssen, um wenigstens etwas Aufmerksamkeit zu erhalten?

Am hinterhältigsten erscheint der Kontrast zwischen der vermeintlichen Hilflosigkeit, Schwäche und Laschheit der Märtyrerin und dem, was ihren wahren Kern ausmacht. Im Grunde besteht die Märtyrerin aus Angepisst-Sein. Vielleicht ist sie in Wahrheit die Gefügige, nur Jahre später. Nach Jahren des Nachgebens, der Herabsetzung, des Sich-selbst-Reduzierens haben sich in ihr Ablagerungen von Wut angehäuft, einer Wut, die ein Ventil sucht. Aber weil das Verbot, die Wut rauszulassen, immer noch gilt und weil die Wut sich derart angehäuft hat, dass sie nicht mehr durch Selbstaggression im Zaum gehalten werden kann, kocht die Märtyrerin vor Wut, aber man kann sie nicht auf frischer Tat ertappen, weil sie nach einem selbst auferlegten Lebensrezept handelt – so, dass sie immer sagen kann: »Wieso, ist doch alles in Ordnung!«

Was will sie? Was alle übrigen Figuren in ihrem Kern möchten: Liebe. Ich erinnere mich an eine Szene aus einer Komödie, die mich sehr zum Lachen gebracht hat: Der Sohn spielt Fußball auf dem Platz, und der Vater feuert ihn völlig euphorisch von der Tribüne aus an und brüllt: »Komm schon, mein Sohn, komm schon! Schieß! Schieß doch! Denk daran, dass du dir meine Liebe verdienen musst!« Dieselbe Botschaft hat – in einem ganz anderen Filmgenre – die Märtyrerin erhalten. Denn wäre es anders, könnte sie das geben, was sie geben möchte, und nicht das, was sie nicht geben will, und ganz offen darüber sprechen. Doch sie hat die Erfahrung gemacht, dass sie, um wahrgenommen zu werden, unterwürfig und gleichzeitig sichtbar unglücklich sein muss, denn sonst beachtet sie niemand.

Auf der anderen Seite dieser traurigen Gleichung stehen die Kinder, die Ehepartner, die Freunde. Sie versuchen, irgendwie Abhilfe zu schaffen, zu trösten, zuzuhören; sie fahren durch den Schnee, kaufen Medizin, hören sich die klagenden Litaneien über neue Unglücke an – doch alles vergeblich. Die Märtyrerin wird nicht zulassen, dass man ihr ihre Waffe aus der Hand schlägt. Wenn sie sich helfen ließe, würde sie – so das Kalkül ihres Unterbewusstseins – die Aufmerksamkeit ihrer Lieben verlieren. Sie glaubt nicht, dass es möglich ist, sie einfach nur zu lieben, auch wenn ihr kein Unglück widerfahren ist und sie nichts verbrochen hat. Daher wird bei ihr niemals alles einfach nur in Ordnung sein. Sie glaubt, dass sonst keiner sie jemals wieder anrufen würde. Deshalb können wir sicher sein, dass es nichts nützt, wenn wir ihr die wirksamste Salbe gegen ihre Gelenkschmerzen bringen, einen Termin beim besten Arzt der Stadt besorgen, ihr den wärmsten Schal für den Winter kaufen oder sogar jeden Sonntag zum Abendessen kommen und jeden einzelnen ihrer Knödel aufessen. Es bringt nichts.

»Sie haben Freude an Niederlagen, Schmerzen und Leiden, weil sie allein zum Universum des Unheils gehören«, schrieb Andrzej Leder in seinem Buch Prześniona rewolucja[21] [dt. etwa: *Die verschlafene Revolution*] über Menschen, auf denen das Gefühl des Unheils lastet. Es schmerzt mich, dass er das Wort »Freude« benutzt, weil ich weiß, dass es der Märtyrerin im Leben wirklich schlecht geht und sie sich danach sehnt, wie jeder andere auch, glücklich zu sein. Einfach nur Liebe empfangen, ohne das ganze Theater drum herum. Aber eine Frau, die mit dieser Rolle förmlich verwachsen ist, wird kein gewöhnliches Glück finden.

Das grausame Paradox dieser inneren Figur besteht darin, dass die Märtyrerin entgegen der Erwartung sich selbst in den Mittelpunkt stellt. Sie sieht weder dich noch mich. Sie sieht ihr Leid, das von heute, das von gestern und das ihres ganzen Lebens. Und so wird es weiterhin sein. Für die Frau, die die Märtyrerin ans Ruder gelassen hat, wird es kein Happy End geben.

TANZ DER KOBOLDE

Diese drei Figuren, die Gefügige, die Schneekönigin und die Märtyrerin, sind alle voneinander abhängig; sie interagieren bei einem Tanz der Kobolde. Es gibt Frauen (ich weiß nicht, wie viele es sind, aber ich fürchte, wenn irgendwann eine Studie zu diesem Thema durchgeführt wird, werden mir die Ergebnisse nicht gefallen), die aus diesem Koboldtanz nicht hinaustreten können. Sie werden in diese Rollen hineingeboren und sterben in ihnen. Dieser Gedanke erfüllt mich mit Schmerz; ich spüre ihn in meinem ganzen Körper.

Ihr Leben mag materiell sorglos sein und erfolgreich verlaufen, aber es ist nicht ihr eigenes Leben. Ich stelle mir das so vor: Man wacht morgens ohne Freude auf, springt beim ersten Klingeln des Weckers aus dem Bett, ohne sich »Guten Morgen« zu sagen, man startet abrupt in den Tag, als wäre man bereits hinterm Steuer aufgewacht und könne sich keinen einzigen Moment der Entspannung gönnen. Wie ein Soldat in der Kaserne führst du mechanische Bewegungen aus, putzt dir die Zähne, cremst dich ein und trägst Make-up auf, weckst die Kinder, die nicht aufstehen wollen. Es ist erst kurz nach sieben Uhr, und du bist schon müde, bereitest das Frühstück für die anderen vor und isst selbst höchstens noch ein Sandwich im Auto. Alles geschieht automatisch, als ob du mit geschlossenen Augen laufen würdest: Du weißt nicht, wie der Himmel heute aussieht oder ob der Baum vor deinem Fenster bereits seine Blätter abgeworfen hat. »Beeilt euch, wir kommen zu spät«, zischt die Königin den Kindern zu und treibt sie an, die Gefügige gehorcht atemlos, die Märtyrerin faltet die Hände gebetsartig beim Anblick des nicht aufgegessenen Müslis: »Schmeckt dir nicht, was Mama zubereitet hat?« Als du es schaffst, die Kinder zur Schule zu bringen, bleiben dir noch zwanzig Minuten hinterm Steuer. »Willst du deine Zeit verschwenden?«, fragt die Königin rhetorisch und starrt dich an. Die Gefügige schaltet daraufhin den Audiotrack mit dem Spanischkurs ein: »buena chica«, und du wiederholst: »Soy una buena chica.«[22] Du steigst aus. »Was für ein Durcheinander in diesem Auto!«, beschwert sich die Königin. »Was hast du angestellt?«, ergänzt die Märtyrerin. Und dann ist da noch die Arbeit. Targets, Synergien, Meetings, Calls. Du bist versunken in eine Sprache, die nicht deine ist, und da du ohnehin ein Kostüm trägst und auf die Bühne getreten bist, spielst du halt deine Rolle. »Der Kredit zahlt sich nicht von selbst ab«, ruft die Königin jedes Mal, wenn deine Augenlider bei der nächsten unnötigen Besprechung langsam zufallen. Du bemühst dich, die Prozesse zu optimieren und den Gewinn zu maximieren. »Ich verstehe nicht, warum das noch nicht gemacht wurde«, sagt deine Königin zur Junior-Spezialistin, und es ist keineswegs so, dass sie etwas nicht versteht. Später hörst du exakt den gleichen Satz von deiner Chefin, deine Gefügige entschuldigt sich und versichert, dass sie performen wird. »Na ja, weil du weißt, wenn du nicht performst …« Die Königin braucht ihren Satz nicht zu beenden, die Gefügige beendet ihn selbst. Du trinkst den vierten Kaffee, wärmst dein Mittagessen in der Mikrowelle auf, wenn du Schmerzen hast, nimmst du gleich die doppelte Dosis Pillen, du hast keine Zeit für Schmerzen, du hörst nicht auf sie. Du kommst nach Hause, dein Mann hat schon die Kinder abgeholt, die Königin befiehlt der Gefügigen, sie solle ihre E-Mails auf dem Handy checken, man weiß ja nie, wann die Chefin asap eine Antwort haben will. Die Märtyrerin macht sich auf den Weg, um Muffins für den Osterbazar in der Schule deiner Tochter zu backen, eine E-Mail-Benachrichtigung ploppt auf, dass dein Töchterchen eine Drei in Mathe bekommen hat. Du betrittst ihr Zimmer, ohne vorher anzuklopfen. »Verstehst du das? Wenn du weiterhin Dreien bekommst, dann wirst du mit deinem Abschlusszeugnis so schlecht abschneiden, dass du es auf keine gute weiterführende Schule schaffst, und dann kannst du auch ein Studium vergessen und wirst an irgendeiner Kasse sitzen müssen – willst du denn etwa eine Kassiererin werden? Sieh mal, was für ein schönes Haus wir haben, sieh mal, was für einen guten Job Mama und Papa haben, willst du nicht so werden wie Mama?« Du holst die Muffins aus dem Ofen. »Du hast wieder nicht genug Schokolade reingetan«, sagt die Königin und hebt eine Augenbraue, und die Gefügige, hungrig nach einer Streicheleinheit, macht ein Foto von den Muffins vor dem Hintergrund einer Schale mit Obst, die sie noch schnell arrangiert hat, und lädt das Bild auf Facebook hoch, #frustratedalmosthappy. Es ist kurz vor 23 Uhr und du klickst dich im Internet durch neue schicke Kleider. Noch schnell, aber dennoch gründlich abschminken. »Du willst doch nicht älter aussehen als deine Kolleginnen«, sagt die Königin, und die Märtyrerin fügt hinzu: »Du wirst Tränensäcke haben, na ja, aber du weißt, wenn du Kinder hast und so viel um die Ohren, dann siehst du ja nicht grundlos aus wie der leibhaftige Tod …« Noch eine Schlaftablette und dann ist Schlafenszeit. Ein weiterer produktiver Tag, an dem du nicht da warst und an dem du das Leben nicht erlebt hast; du warst deine eigene Checkliste. Morgen wird es wieder so sein.

Wenn die Gefügige, die Schneekönigin und die Märtyrerin eine Symbiose eingehen und unser Innerstes dominieren, werden wir zu einer Version der sogenannten Stepford-Ehefrau. Das Konzept wurde nach einem Roman von Ira Levin[23] aus dem Jahr 1972 benannt, auf dem später mehrere Filme basierten. Ich habe *Die Frauen von Stepford* in der Fassung von 2004 gesehen. Die Idee ist interessant, der Film ist nicht so gut, also habe ich keine Hemmungen, etwas zu spoilern: Nach einem Nervenzusammenbruch landet eine Fernsehdiva (gespielt von Nicole Kidman) mit ihrem Mann und ihren Kindern in der Stadt Stepford. Große weiße Villen mit gepflegten Rasenflächen zwischen alten Bäumen, weiße Zäune, wolkenloser Himmel. Und dann sind da noch die Frauen: bildhübsche, kaum unterscheidbare Versionen von Barbie, sie tragen Stilettos selbst beim Turnen, Kleider aus den 1960er-Jahren, lächeln, wahrscheinlich sogar im Schlaf, sind sanft – selbst ihre Stimmen sind vielmehr Stimmchen; alles ist auf Hochglanz poliert. Im Laufe dieses wirklich schlechten Films stellt sich heraus, dass sie alle von ihren Ehemännern in einer Art Maschine – frage mich nicht nach Details – umgewandelt und gewissermaßen optimiert wurden, in ihre »ideale« (aus Sicht der Ehemänner) Version. Da gibt es eine Frau, die weiterhin in einem abgetragenen Unterhemd herumläuft und auf die Frage ihres Ehemanns, ob sie mit der Wäsche fertig sei, antwortet, dass sie es nicht sei, sondern soeben ein Kapitel ihres Buches fertig geschrieben habe. Und ihr Ehemann knickt schließlich ein: Mithilfe der Stepford Men's Association, oder wie die Organisation auch immer heißt, lässt er sie der gleichen »Transformation« unterziehen. Als Nicole Kidman zu Besuch kommt, findet sie die Nachbarin mit einem erschreckend breiten Grinsen vor, und das Haus, wo zuvor überall Bücher und Kleider auf dem Boden herumlagen, ist auf Hochglanz poliert. Ein Strauß frischer Rosen steht in der Mitte der Kücheninsel, frisch gebackene Muffins duften gestapelt auf einer polierten Platte,

Obstschalen mit Orangen und Äpfeln stehen sorgfältig arrangiert da, glänzende Kupferpfannen hängen über dem Herd. »Hallo, Joanna!«, sagt ihre Freundin mit der Stimme eines begeisterten Mädchens. »Was für ein schöner Morgen, nicht wahr?« Kidman schaut entsetzt auf ihre Freundin, die nun kein Unterhemd mehr trägt, sondern ein blaues, tailliertes Kleid und eine Küchenschürze, und fragt erschrocken, was man mit ihr gemacht habe, ob man ihr Drogen verabreicht oder sie einer Gehirnwäsche unterzogen habe. Sie fleht sie an, mit ihr zu reden. Doch die Freundin entgegnet nur, sie habe nur kurz Zeit, da sie weiter ihrer Aufgabe nachgehen müsse.

Ich habe *Die Frauen von Stepford* vor allem deshalb bis zum Ende geschaut, weil ich mein Entsetzen, meinen Ekel und meine Traurigkeit beim Anblick der übertriebenen Figuren der »idealen« Hausfrauen beobachten wollte. Ich wollte ein Gefühl dafür bekommen, wie schrecklich das ist, was wir da anstreben. Der Film wird – zu Recht – als Horrorfilm bezeichnet. Stepfords Frauen – eine perfekte Kombination aus der Gefügigen, der Märtyrerin und der Schneekönigin – sind Roboter. Die Schneekönigin, für deren Verhältnisse das prächtige und makellos saubere Wohnzimmer ein »Schweinestall« ist, hat eigentlich nicht viel zu tun. Sie sitzt auf ihrem Thron und gähnt gelangweilt – denn die Gefügige und die Märtyrerin gehen ihrer Arbeit von allein nach. Die Märtyrerin empfindet keinen Zorn; es ist für sie selbstverständlich, dass sie nur zum Vergnügen ihres Mannes existiert. Die Gefügige läuft gerne an der Leine.

Ich hatte einmal eine Coaching-Sitzung – meine Klientin sprach darüber, wie stark sie den Druck gesellschaftlicher Erwartungen spürt, von ihrer Mutter, ihren Arbeitskollegen und anderen, wie mächtig die Stimme in ihr ist, die diese Erwartungen an sie heranträgt, eine Stimme, die ständig unzufrieden ist, die ständig das klischeehafte, aber nicht weniger schmerzhafte »Hat man das schon mal gesehen?

Wie kannst du nur? Was werden die Leute sagen?« wiederholt. Stapel, Haufen, Halden von Anforderungen. Diese Stimme in unserem Kopf, männlich, weiblich, sächlich, die uns immer wieder tadelt, uns hetzt, uns zur Ordnung ruft. »Warum ein so kurzer Rock? Warum ein so langer Rock? Warum kommst du so spät nach Hause? Warum hast du dir einen Pony schneiden lassen? Möchtest du dir nicht einen Pony schneiden lassen? Wenn du so mürrisch dasitzt, wird dich niemand zum Tanzen auffordern! Du möchtest Lachs zu Weihnachten zubereiten? Warum keinen Karpfen?! Normale Menschen schlafen um diese Zeit bereits. Du hast dir aber einen Beruf ausgesucht, unglaublich! Du fährst alleine in den Urlaub? Du lässt deinen Mann allein zu Hause?« Es gibt verschiedene Handlungsstränge und unterschiedliche Ausschmückungen, aber diese Stimme wiederholt de facto immer wieder das Gleiche: »Du bist nicht okay. Du passt nicht in das Muster, da ist alles schief und schräg.«

»Und wenn es funktioniert?«, fragte ich meine Kundin. »Wenn es dir eines Tages gelänge, allen Erwartungen gerecht zu werden, absolut korrekt zu sein, alle Anforderungen zu erfüllen? Wie würde es sich für dich anfühlen?« Sie, die oft lange über ihre Antworten nachgedacht hat, antwortete diesmal sofort und ohne zu zögern: »Ich würde mich gerne umbringen.«

Mache ein Experiment. Lächele, so breit du nur kannst. Und halte das Lächeln. Halte es weiter. Ich mache es mit dir zusammen. Zunächst ist es gar nicht so schlimm. Dein Körper merkt, dass es dir gut geht (es gibt Experimente, die zeigen, dass das Festhalten eines Bleistifts zwischen den Zähnen, während man eine lächelnde Grimasse zieht, die Stimmung für eine Weile tatsächlich heben kann). Nach ein paar Sekunden wollen die Muskeln jedoch wieder zu einem natürlichen, neutralen Gesichtsausdruck zurückkehren. Weiter halten. Wenn ich das gemeinsam mit dir mache, spüre ich nach mehreren

Sekunden immer mehr Unbehagen. Ich habe das Gefühl, dass ich eine Art beklemmende Prozedur an mir selbst durchführe, dass es mich immer mehr Überwindung kostet, dass mein Gesicht »Stopp!« sagt, dass es schwieriger wird, meinen Speichel zu schlucken und zu atmen, aber ich halte durch, meine Augen beginnen zu tränen, aber ich halte durch, »Lächle, schaue doch nicht so traurig!«. Wenn ich dann aufhöre, stellt sich Erleichterung ein, ein tiefes Durchatmen, als ob mein Körper nach dem, wozu ich ihn genötigt habe, Erholung braucht.

Was passiert mit uns, wenn wir dieses Lächeln jeden Tag, über Wochen und Jahre hinweg halten?

Ich schreibe diese Zeilen mitten in der Pandemie, aber wenn ich auf Facebook surfe, sehe ich niemanden, der sich beschwert. Auf den Profilen meiner Freunde blühen Magnolien und Goldglöckchen, Bekannte verrenken sich bei den unmöglichsten Yogaübungen, unsere Kinder sagen witzige und brillante Sätze auf, die so nicht ganz zu ihrem Alter passen, und wir selbst grinsen auf unseren Profilbildern kaum anders als die Stepford-Frauen. Warum tun wir das?

Mein Experiment mit dem Lächeln, das ich gerade an mir selbst ausprobiert habe und das ich dir wärmstens empfehle, wurde durch einen Kurzfilm mit dem Titel *Nie martw się, niedługo będzie tak, jak kiedyś* (dt. etwa: Sorge dich nicht, bald wird es wieder so sein wie früher) inspiriert, den die Choreografin Ramona Nagabczyńska im Rahmen eines Quarantäne-Projekts im Auftrag des Warschauer Studio-Theaters gedreht hat. In dem Video sehen wir ihr wunderschönes Gesicht aus der Nähe. Sie lächelt breit. Im Hintergrund sind Alltagsgeräusche vernehmbar. Nach ein paar Sekunden erscheinen Untertitel auf dem Bildschirm. Nagabczyńska lächelt weiter, während wir lesen: Ich bedaure, dass ich nach der Geburt meines Kindes an FOMO (engl. *Fear of missing out*, dt.: Angst, etwas zu verpassen, Akronym FOMO) litt. Ich bedaure, dass ich mich mit 32 Jahren alt gefühlt habe. Ich bedaure, dass ich mit 32 Jahren »dachte, ich sei so alt, dass mich niemand mehr haben will«. Sie lächelt immer noch, aber dieses Lächeln tut weh, es tut mir weh, ihr dabei zuzusehen, es muss auch ihr wehgetan haben. Ich bedaure, dass ich mich über die Körper anderer Frauen äußere. Ihr Lächeln ist immer noch so großzügig wie das der Frauen von Stepford, aber ihre Augen werden glasig, sie schluckt mehrmals, ihre Mundwinkel zucken, ein paarmal scheint das Lächeln schwächer zu werden, aber dann fängt sie sich innerhalb einer Millisekunde wieder, als wollte sie, wenn auch leise, sagen: »Lächeln, lächeln!« Und ihr Lächeln wird wieder breiter. Ich wünschte, ich hätte mehr Zeit mit meiner Stiefschwester verbracht. Ich bedaure, dass ich mich um die ganze Welt gesorgt habe, während diejenigen, die etwas hätten bewirken können, sich einen Dreck darum geschert haben. Diese Litanei ist lang. Ich bereue, dass wir nicht zurückgegeben, was wir genommen haben. Ich bereue, dass ich geweint habe, anstatt stinksauer zu sein. Ich bereue, dass ich mir keine Strasssteinenägel habe machen lassen. Als nach knapp sechs Minuten ein Klingeln ertönt, das anzeigt, dass die Zeit fast abgelaufen ist, verschwindet aus ihrem Gesicht das Lächeln. Sie legt es ab, wie man seinen Mantel ablegt. Nun hat ihr Gesicht einen gewöhnlichen, einen ernsten Ausdruck. Dieser Kontrast ist bewegend.

Ich habe diesen Film etwa siebenmal gesehen, und jedes Mal habe ich geweint, als ob ich das herausschreien würde, worüber ich in meinem Leben gelächelt habe, als ich weinen oder schreien wollte. Ich weiß, dass es nicht nur mir so ging, weil ich die Kommentare gelesen habe:

»Es lässt mich immer tiefer und tiefer in meinem Sessel versinken.«

»Rührend … ich hatte Tränen in den Augen. Ich möchte, dass alle meine Freundinnen es sehen.«

»Ich habe es nicht bis zum Ende gesehen, weil meine eigene Trauer immer schlimmer wurde.«

»Ich konnte nicht mal schlucken, weil ich einen Kloß im Hals hatte.«

Was geschieht mit unserer Traurigkeit, welche Botschaft vermitteln wir ihr, wenn wir sie mit einem Lächeln vertreiben? Was geschieht mit unserer vernachlässigten Wut? Denn das Unausgesprochene, Verborgene, aus dem Rahmen Gedrängte verschwindet nicht, sondern steigt hinab in unterirdische Gänge, in Keller, verschwindet auf Dachböden – aber es verlässt unseren Körper nicht.

DREI SCHWESTERN

Was ist der größte gemeinsame Nenner zwischen der Königin, der Gefügigen und der Märtyrerin? Die Antwort habe ich in dem ausgezeichneten Buch *Die Gaben der Unvollkommenheit*[24] von Brené Brown gefunden. Dort schreibt Brown sinngemäß, dass wir niemals wir selbst werden können, wenn wir immer nur einem imaginären Bild von uns selbst nachjagten und die Teile von uns, die diesem Idealbild nicht entsprechen, zu negieren versuchen. Um diesem Idealbild gerecht zu werden, erfüllten wir stattdessen Pflichten und die Bedürfnisse anderer.

Alle drei Figuren, über die ich geschrieben habe, wissen sehr wohl: Wenn sie innehalten, wenn sie aufhören, sich andauernd zu bemühen, dann haben sie verloren, sie werden nicht bestehen, sie werden sterben. Das Paradoxe daran ist, dass sie es selbst sind, die entgegen ihren ursprünglichen Absichten das auslöschen, was uns zu Menschen aus Fleisch und Blut macht, zu Frauen, die ihr eigenes, einzigartiges Leben leben können, das sich auf keine Formel reduzieren lässt, in einer Form, die nur wir (und niemand sonst) ihm geben können.

Wenn wir der Königin, der Gefügigen und der Märtyrerin die Frage stellten, ob es ausreicht, einfach unser Leben zu leben, ohne Ergebnisse liefern zu müssen, ohne Muffins backen zu müssen (wie du siehst, sind Muffins meine Obsession, vielleicht weil ich in meinem ganzen Leben noch keinen einzigen gebacken habe), angezogen zu sein, wie wir wollen, zu tun, was wir wollen, zwei verschiedene Socken zu tragen, den Kühlschrank leer oder voll mit Schokoladeneis zu haben, die Kinder in ungebügelter Kleidung nach draußen zu lassen – wenn wir sie fragen würden, ob wir einfach wir selbst sein können: Sie würden mit einer Stimme »Nein« antworten. So geht das nicht. So kann man nicht überleben. Wenn eine Frau aufhört, nach den hohen selbst gesteckten Zielen zu greifen, kann sie auch ganz verschwinden.

Wie traurig ist das doch: Jemanden ins Exil zu verdammen, ständig das Gefühl zu haben, dass man nicht in Ordnung ist, und das 24/7.

Manchmal denke ich, dass sämtliches Unglück der Welt mit dem Gefühl beginnt: »Ich weiß nicht, ob man mich lieben kann«; mit dem Gefühl, dass die Liebe, wenn sie überhaupt möglich ist, nur unter bestimmten Bedingungen stattfinden kann, und wenn diese Bedingungen nicht mehr gegeben sind, der Liebeszufluss abrupt endet. Der Liebeslieferant kann einfach den Stecker ziehen, und schon ist es vorbei mit der Liebe. Er hat seine Vertreterinnen und Vertreter auf unsere Dienstage und Freitage verstreut, und wir fragen uns, was sie wohl über uns denken, als ob sie alle – unsere Nachbarn, Mütter, Arbeitskolleginnen, die Herren Manager und die Herren Automechaniker, unsere Cousins und Cousinen auf Familienhochzeiten – wirklich nichts anderes zu tun hätten, als ständig an uns zu denken, uns zu bewerten und über uns zu urteilen. Und doch stellen wir uns vor, dass sie ständig prüfen, ob wir ausreichend Punkte gesammelt haben, dass sie uns mit Pluspunkten belohnen oder mit Minuspunkten bestrafen. Wir stellen uns vor, dass dieser Punktezähler ständig in Bewegung ist. Wir stellen uns vor, dass der Richter, wer auch immer er ist, die Bedingungen dieses Vertrages selbst festlegt, dass er alle Macht hat und wir keine, dass die Laufzeit dieses Vertrages – den wir eigentlich nie ganz bewusst unterschrieben haben, aber dennoch dessen Gegenstand sind – unbefristet ist. In dieser Denkweise ist Liebe ein Gefühl der Zugehörigkeit, der Grundversorgung, ohne die unser Leben bedeutungslos ist. All das ist rationiert, und wir werden nichts davon bekommen, wenn wir eines Tages sagen: Genug ist genug, ich werde nicht nach irgendetwas jagen und ich werde nicht rasen, ich werde mich einfach hinsetzen und sitzen bleiben.

Ich erinnere mich daran, wie ich in meinen Zwanzigern zum ersten Mal Alanis Morissettes Song *That I Would Be Good* hörte, in dem sie davon singt, dass sie auch dann gut wäre, wenn sie nichts täte, wenn sie Ablehnung erführe, krank würde und bliebe oder fünf Kilo zunähme.

Damals war ich nicht imstande, dieses Gefühl so zu benennen, wie ich es heute, rund zwanzig Jahre später, kann. Aber irgendetwas in meinem Körper wurde tief bewegt, als ich es hörte. Ist das tatsächlich so? Das habe ich mich damals gefragt. Wäre ich wirklich gut genug, ausreichend, wenn ich nichts tun würde? Wenn ich krank werden würde? Wenn ich zunehmen würde?

Ich wette, dass du in der Lage bist, jede der drei Personen, über die ich geschrieben habe, in dir selbst wiederzufinden. Aber ich bin mir auch sicher, dass sie dich nicht beherrschen – selbst wenn du sie ans Ruder lässt. Wenn es so wäre, dann würdest du dieses Buch nicht lesen. Du würdest nicht nach etwas in dir selbst suchen, das weniger mechanisch, weniger äußerlich, weniger gestelzt und weniger gekünstelt ist, weniger fremd als das, was die Gefügige, die Schneekönigin und die Märtyrerin dir auferlegen. Und doch sind wir jetzt hier zusammen, du und ich, auf einer Art Suche, auf den Spuren unserer Selbst, auf einer Reise, die uns verwandeln und wieder aufleben lassen soll.

Ich hatte einmal einen Traum: Ich sitze an einem Tisch im Speisesaal einer großen alten Villa. Ein Gespräch ist im Gange, auf dem

Tisch stapeln sich Speisen in einer absurd großen Menge, denn am Tisch sitzen nur ein paar Menschen, Männer und Frauen, elegant gekleidet. Einige Stühle sind leer. »Soll noch jemand kommen?«, frage ich. »Sicherlich.« Sicherlich. Sicherlich nicht, höre ich in der Antwort heraus und bin doch nicht sicher, ob das bejahend oder verneinend gemeint ist. Ich stehe vom Tisch auf, obwohl jemand protestiert. Ich gehe die Treppe hinauf: Sie ist breit und mit einem abgenutzten roten Teppich ausgekleidet, wie in einem verfallenen Theater. Ich erreiche das Obergeschoss, die Zimmertüren stehen offen, ich schaue hinein: perfekt gemachte Betten, Obst auf Tellern, frische Blumen in Vasen. Ich sehe, dass die Treppe noch weiter nach oben führt, hier ist jedoch kein Teppich, unter meinen Schuhen knarrt altes Holz, wie in dem Krakauer Mietshaus, in dem meine Großmutter, die alle Bajaszka nannten, lebte. Ich gehe weiter und habe das Gefühl, etwas zu tun, was ich nicht darf. Ich werde langsamer, jeder weitere Schritt ist eine Art Entscheidung, dass ich mich auf etwas zubewege, dem ich näher kommen möchte, und gleichzeitig habe ich Angst, dort anzukommen. Schließlich stehe ich mitten in einem kühlen, halb verfallenen Korridor im zweiten Stock und höre etwas, das wie eine menschliche Stimme klingt. Jemand stöhnt, schreit, aber mit gedämpfter Lautstärke, als hätte er oder sie einen Knebel im Mund oder träume gerade einen Albtraum. Die Stimme ist so gedämpft, dass ich nicht weiß, ob es eine Frau oder ein Mann, eine erwachsene Person oder ein Kind ist. Der Korridor ist lang, und die Geräusche kommen von ganz hinten. Und dann wache ich auf.

Wer wohnt im zweiten Obergeschoss? Wer ist diejenige, die träumt? Und wer ist diejenige, die gerufen wird, um die geknebelte Mieterin zu finden?

TEIL II

DIE FOLIERTE FRAU

Ich erinnere mich, dass ich beim Durchblättern von Magazinen auf dieses Foto stieß und schnell nervös umblätterte. Aber gleich danach erinnerte ich mich an das, was ich selbst den Frauen in meinen Workshops sage, wenn ich sie bitte, ein Selbstporträt ihrer Seele zu gestalten: »Wenn dich etwas abstößt, wenn du ein starkes Gefühl empfindest, dann geh dem nach, reiß das Bild heraus und klebe es auf. Wende dich davon nicht ab.« Ich blätterte also wieder zurück und riss widerwillig dieses Bild heraus: der nackte Körper einer erwachsenen Frau, zusammengerollt in Embryonalstellung, in einem Vakuumbeutel. An ihrem Mund ist eine Art Sauerstoffmaske befestigt, aus der ein langer Schlauch herausragt. Die Frau schläft, auf jeden Fall sind ihre Augen geschlossen. Ich weiß, dass dieses Bild aus der Cyberpunk-Netflix-Serie *Altered Carbon* stammt, die ich mir definitiv nicht ansehen werde, denn danach könnte ich nicht mehr schlafen. Wenn ich mir dieses Bild ansehe, frage ich mich: »Where are you?« Und dabei kommen mir die Tränen. Von rechts nähert sich dem folierten Paket eine Meise, als wolle sie mit ihrem Schnabel die Folie durchstoßen.

Wo bist du, folierte Frau? Und wer – wer bist du? Du, die du keine Rolle spielst, keine Geschäftsführerin bist, keine mehr oder weniger vorbildliche Ehefrau oder Mutter – also wer?

Die Suche nach der Antwort erinnert mich an eine Schnitzeljagd im Wald. Ich schaue mir den Weg an: wie die Zapfen und Stöcke angeordnet sind, ich schaue mir die Rinde der Bäume an und suche darin nach Hinweisen. Ab und zu gelingt es mir, etwas zu finden, von dem ich sicher weiß, dass es eine Spur ist, dass hier jemand eine Nachricht für mich hinterlassen hat, dass hier die Meise mit ihrem Schnabel die Folie durchstoßen hat … ich komme meinem Ziel näher.

Als ich in meinen Zwanzigern war, kaufte ich mir zwei Notizbücher. Das eine nutzte ich als Tagebuch, in das andere schrieb ich Zitate aus Büchern und Filmen, die ich gerade sah. Das Tagebuch, das ich nach ein paar Jahren aufgehört habe zu schreiben, sieht aus wie neu. Ich habe nur ein paarmal darin geblättert. Aber das zweite Notizbuch! Mit Klebeband geklebt, an den Rändern abgeranzt, mit eingeknickten Seiten, fleckig. Fast fällt es in den Händen auseinander. Ich habe Hunderte Male darin geblättert, so wie jetzt, wenn ich nach einem Satz aus dem Film *Die zwei Leben der Veronika* suche. Ich suche und finde ihn nicht – und doch hat Veronika in meiner Erinnerung Folgendes gesagt: »Alles öffnet und schließt sich, in jedem Augenblick.«

Es scheint mir, dass ich mein ganzes Leben lang nach Bedeutung gesucht habe. Meine Eltern sind Menschen, für die Spiritualität wichtig ist, und ihr Blick auf die Welt ist durchdringend, das heißt: Er dringt unter die Oberfläche und bleibt nicht bei Äußerlichkeiten stehen. Das war die Luft, die ich geatmet habe. Ich erinnere mich, dass unser Klassenlehrer beschloss, jedem Schulkind zum Abschluss der Grundschule einen persönlichen Rat für den Rest seines Lebens zu geben. Er sagte zu mir: »Ich wünschte, du würdest nicht so viel philosophieren.« Es war kein guter Rat, aber paradoxerweise hat er viel Gutes bewirkt. Er brachte mich zu dem, was bis heute meine Hauptbeschäftigung und Quelle meiner Freude ist: dem Aufspüren von Bedeutungen und Zeichen. Wie du dir denken kannst, bin ich dem Wunsch meines Klassenlehrers nicht nachgekommen.

»Alles öffnet und schließt sich.« Wenn dies der Fall ist, wenn die Welt pulsiert, uns Bedeutungen offenbart und wieder verbirgt, was können wir dann tun, um die verborgenen Bedeutungen zu lesen und dem Wesen der Dinge näher zu kommen? Ich glaube an ein bewusstes Bemühen, Bedeutungen nachzuspüren. Ich möchte meine Augen und Ohren offen halten, meinen Blick schärfen, beobachten, was geschieht, und demütig aufmerksam bleiben für das, was uns mitgeteilt wird.

Deshalb glaube ich an den Sinn und daran, dass es jemanden oder etwas gibt, der oder das uns wohlgesinnt ist. Und unter bestimmten Bedingungen bereit ist, sich uns zu öffnen. Und dann zu verschließen.

Ich stelle mir eine Frage. Ich stelle sie mitten in der Pandemie in meinem Haus in einem Krakauer Vorort, mit Blick auf den riesigen blühenden Kirschbaum vor meinem Fenster. Die Frage lautet: Was habe ich eigentlich gefunden? Nach all dem Zaudern, den Turbulenzen, die sich mit Phasen der Ruhe abwechselten, nach all den Tagen, Wochen und Jahren, in denen sich alles um mich herum »öffnete und schloss«: Was weiß ich heute, nach fünfzig Jahren meines Lebens? Oder vielmehr: Was von mir erlebe ich als die Wahrheit? Was kann ich in meinen Rucksack packen, wenn ich mich auf eine Reise begebe, die in die entgegengesetzte Richtung führt als der Weg, der von der Angst und dem Gefühl der Unzulänglichkeit der Gefügigen, der Schneekönigin, der Märtyrerin vorgegeben ist? Wenn ich anfange, darüber nachzudenken, tauchen Bilder in meinem Kopf auf, als ob jemand wollte, dass ich die Antworten finde. Ich spitze meine Ohren, um sie nicht zu verpassen.

»Alles ist so, wie es sein soll.«

Vor Jahren sah ich den Film *Hilary & Jackie*, der auf der wahren Geschichte zweier Schwestern basiert, von denen eine, Jacqueline du Pré, eine weltberühmte Cellistin war. In einer Szene, die mich tief bewegt hat, sprechen die Hauptfiguren miteinander. Hilary hält die gelähmte Jackie in ihren Armen: Jackie ist an Multipler Sklerose erkrankt und stirbt. Hilary erzählt ihrer Schwester von einem Tag, an dem sie als junge Mädchen am Strand spielten; wir sehen Bilder von diesem Tag. »Erinnerst du dich daran, was du an diesem Tag am Strand zu mir gesagt hast?«, fragt sie. »Dass alles gut werden würde.« Und das war tatsächlich der Fall. »Ja«, sagt sie. *»And in the end it was.«* Kann man so etwas über ein Leben sagen, das alles andere als einfach war, unterbrochen von einer schrecklichen Krankheit, die Jackie alles genommen hat? Als die Szene vorüber war, spürte ich warme Tränen auf meinem Gesicht. Und dann habe ich diese Szene vergessen.

Ein paar Jahre später versuchten mein Mann und ich, ein Baby zu bekommen. Wenn du in deinem Leben eine ähnliche Erfahrung gemacht hast, dann wirst du wissen, wovon ich spreche. Nach jahrelangen vergeblichen Anstrengungen, schwanger zu werden, beginnt es mit einem fröhlichen »Warum eigentlich nicht?!«. Dann kommt die Vermutung: »Vielleicht ist es doch nicht so einfach?« Und dann setzt die Angst ein. Du stehst vor dem ersten von vielen, vielen Behandlungszimmern, spürst zum ersten Mal und dann immer und immer wieder die Kälte der Ultraschallsonde auf deinem Unterleib, hörst, wie die Ärzte Worte wie Bioassay, Hormonstimulation, Eierstockpunktion, Beta-hCG sagen. Sie meinen Liebe, das haben sie im Sinn. Gleichzeitig ereignet sich etwas Neues in deinem Körper, deinem Herzen, deinem Magen, deinem Kopf. Für mich war es so, als würde ich auf einem harten, breiten Weg gehen, aber der Boden unter meinen Füßen begann sich plötzlich zu verändern. Zuerst wird er sandig, ab und zu kommt eine Mulde, und wenn ich nicht aufpasse, stolpere ich. Dann wird der Weg sumpfig, und ich stolpere hin und wieder. Ich wache morgens auf und weiß nicht, was mein Fuß berühren wird, wenn ich ihn auf den Boden setze. Wird es etwas geben, worauf ich mich stützen kann? Werde ich auf festen Boden treten oder durch einen Sumpf waten? Immer häufiger breche ich ein, je mehr Schritte ich mache, desto schlimmer wird es; schlechte Untersuchungsergebnisse, der kühle Gesichtsausdruck des Arztes, das Warten vor der Tür des Behandlungszimmers, Hoffnung, wieder Enttäuschung, Therapien, Beschwörungen. Und ein wachsendes Gefühl, dass mein Leben, das bisher nach einer Art Plan verlaufen war – ich hatte mein Abitur gemacht, mein Studium abgeschlossen, einen Mann gefunden, geheiratet, einen Beruf ergriffen, der mir gefällt –, plötzlich auf der Kippe stand. Ich drücke die Klinke nach unten, aber sie bewegt sich nicht, ich klopfe an, aber die Tür bleibt verschlossen. »Unser verzweifelter Wunsch, jemand anderes zu sein, macht uns heimatlos«, schreibt Jon Frederickson in seinem Buch *Die Lügen, die wir uns selbst erzählen*[25]. Ich wollte eine Frau sein, die einfach so schwanger werden kann, wenn sie es nur will. Die folgenden Versuche blieben jedoch erfolglos. In meinem schwarzen Notizbuch habe ich Auszüge aus einem Gedicht des mittlerweile verstorbenen Dichters und Übersetzers Robert Stiller[26] notiert, indem er den Zustand des Wartens als eine bedrückende und auszehrende Krankheitserfahrung beschreibt.

Und dann passierte es: Ich ging in die Klinik, um eine Hormonspritze zu erhalten. Als ich ging, sah mich die Krankenschwester, die die Untersuchung durchführte, an und sagte mit warmer, ernster

Stimme zu mir: »Ich drücke die Daumen. Es wird schon gut gehen.« Von der Gallastraße, wo sich die Klinik befand, ging ich zur nächsten Straßenbahnhaltestelle und setzte mich auf eine hohe Bordsteinkante. Die zwei kurzen Sätze dieser Frau, die ich schon Hunderte Male von anderen Menschen gehört haben muss, die nun aber ausgerechnet von dieser Frau ausgerechnet an diesem Tag ausgesprochen wurden, hallten in meinem Körper nach. Etwas verwandelte sich in mir, als würde etwas, das vor Kälte und Eis unbeweglich war, in der plötzlichen Wärme frei werden. Ich saß auf dem Bordstein und spürte, dass alles in meinem Leben so war, wie es sein sollte. Es war keine der Tausenden von Empfindungen, die einen Menschen jeden Tag heimsuchen. Es war nicht nur ein Gedanke. Es war keine Überzeugung. Es war ein inneres Ereignis, eine Verwandlung, die in gewisser Weise für immer in mir geblieben ist. Obwohl ich mich bis zu diesem Moment Hunderte Male darüber geärgert habe, dass etwas nicht so ist, wie ich es gerne hätte, traurig war, Angst verspürt habe und Scham und Reue und all diese Dinge, die ich nicht akzeptieren konnte – dieses tiefe Ja-Sagen, diese Einsicht hat, in der Sprache der Bibel, »ein Siegel auf meinem Herzen« hinterlassen. Diese Krankenschwester öffnete mir die Tür zu einer Welt, in der die Dinge so sind, wie sie sein sollen; wir sind, was wir sein sollen. In meinem Leben, wie auch im Leben von Jacqueline du Pré, war alles in Ordnung. Und gleichzeitig ganz anders, als ich es geplant hatte. Ich würde mich nicht für Unfruchtbarkeit entscheiden, wenn mich jemand fragen würde: »Entschuldigen Sie, wären Sie gerne unfruchtbar?« Jackie hätte sich ihre Krankheit nicht ausgesucht. Und doch – alles war so, wie es sein sollte.

Die Krankenschwester hatte unrecht. Und gleichzeitig hatte sie recht. Ich bin nie schwanger geworden. Einige Monate später bewarben mein Mann und ich uns bei einer Adoptionsvermittlungsstelle.

Nachdem wir das Qualifizierungsverfahren (wider Erwarten eine recht schmerzlose und nachvollziehbare Prozedur) durchlaufen hatten, wurde uns gesagt, dass wir etwa im März einen Anruf erwarten könnten, ungefähr neun Monate, nachdem wir die letzte der unzähligen Fragen beantwortet hatten, die in den psychologischen Tests gestellt wurden (»Wachen Sie manchmal mitten in der Nacht ohne ersichtlichen Grund schweißgebadet auf? Haben Sie den Eindruck, dass jemand Ihre Gedanken liest?«).

Im Herbst fuhr ich in ein Städtchen in der Woiwodschaft Großpolen, um eine Schulung für das Lehrerteam einer Grundschule zu leiten. Ich schlief im Haus einer der Lehrerinnen, einer Mutter von fünf Kindern. Sie war so freundlich, mir ihr eheliches Schlafzimmer zu überlassen. Ich wachte kurz vor sechs Uhr auf: Die Sonne ging auf und die Kirchenglocken läuteten. Ich schloss meine Augen und schlief wieder ein.

Als ich meine Augen wieder öffnete, sah ich ganz nah an meinem Gesicht, einige Zentimeter entfernt, das Gesicht eines kleinen Jungen. Er war vielleicht fünf Jahre alt. Er schaute mich schweigend, ernst und aufmerksam an. Er war wunderschön, eine engelsgleiche Schönheit, lockiges Haar, große dunkle Augen. Es war das außergewöhnlichste Erwachen meines Lebens. Ich wollte etwas sagen. Der Junge legte einen Finger an seine Lippen, sah mich noch ein paar Sekunden lang an und ging dann. Ich wusste nicht, was geschehen war, aber ich war tief bewegt. Als ich mich anzog und das Zimmer verließ, sagte ich zu meiner Gastgeberin:

»Anna, ich muss dir sagen, was passiert ist!«

Aber sie weigerte sich, mich sprechen zu lassen. Ich konnte sehen, dass sie selbst ergriffen war.

»Warte, ich erzähle dir erst, was gestern Abend passiert ist!«

»In der Nacht?« Ich war überrascht.

»Ja«, sagte sie, »mitten in der Nacht hörte ich ein Geräusch, stand auf und sah Tymon im Halbschlaf auf unser, ich meine, dein Schlafzimmer zugehen.« Das hatte er noch nie getan. »Was tust du?«, fragte ich ihn. »Ich gehe zu meiner Mutter, Mama«, antwortete er mir.

Als ich einen Tag später nach Hause kam, rief ich meine Mutter an und erzählte es ihr: »Mama, ich weiß, es ist Herbst und wir sollten im März einen Anruf vom Zentrum erhalten. Aber ich weiß, dass ein Kind zu uns kommen wird. Und dass es ein Junge sein wird.« Eine Woche später, ein paar Monate vor dem geplanten Termin, erhielten wir einen Anruf. Zwei Wochen später, am 23. Dezember, erschien Simon Adam unter einem krummen, nicht sehr dicht gewachsenen Weihnachtsbaum.

Sonnenaufgang? Das Läuten der Kirchenglocken? Nun, ich bitte dich. Meine linke Gehirnhälfte, wenn sie ein Lachzentrum hätte, das zufällig woanders liegt, würde lachen, bis sie platzt. Ein Junge mit prachtvollen Locken? Echt jetzt? Tymon, dann Simon? Aus welchem Film, aus welcher brasilianischen Seifenoper stammt es? Und doch hat sich in meinem Leben etwas ereignet, das ich »Verkündigung« nenne.

Heute ist Simon siebzehn Jahre alt. Wenn ich an irgend so eine Parallelwelt denke, die ich mir so sehr gewünscht habe, als »wir uns um ein Baby bemühten«, wenn ich mich an meine Entschlossenheit und an meinen Schmerz erinnere, dann weiß ich nicht, was ich von der Tatsache halten soll, dass ich mir damals eine Welt gewünscht habe, in der Szymek nicht bei uns sein würde.

Das Gefühl, dass wir Verantwortung tragen, erzeugt eine große Anspannung. In diesem Moment auf dem Bordstein an der Straßenbahnhaltestelle, nach den Worten der Krankenschwester, war ich einen Moment lang völlig frei von dieser Anspannung. Du bist nicht verantwortlich. Du musst nichts entscheiden. Alles ist so, wie es sein soll.

»Ich schicke dir Nachrichten.«

Dieses Ereignis brachte mich auch meiner zweiten Entdeckung näher. Sie bedeutet: »Jemand schickt mir Nachrichten.« Wer ist der Absender? Ich weiß es nicht. Im Laufe der Jahre meiner spirituellen Suche, die hoffentlich nie mit einer abschließenden Antwort enden wird, habe ich eine Vielzahl von Bezeichnungen für den unbekannten Absender gefunden. Meine Wurzeln sind traditionell. Ich bin in einem katholischen Elternhaus aufgewachsen; der Glaube meiner Eltern erschien mir immer tief, jedoch nicht sehr fromm. Jahrelang hatte ich einen Beichtvater, der mir als Buße die Lektüre des protestantischen Philosophen Bonhoeffer oder der ungetauften Christin Weil auferlegte. Dann fing ich an, mich umzuschauen. Ich ging zum Yoga, ich ging zu Frauenkreisen, ich ging zu einem evangelischen Gottesdienst, wo ich eine Frau und einen Mann hinter dem Altar sah. Gleichzeitig las ich Bücher über Spiritualität, sah mir Vorträge an und – was meiner Meinung nach am wichtigsten ist – lebte mein Leben und versuchte, die Augen nicht zu verschließen. Heute, im Alter von fünfzig Jahren, betrachte ich die Spiritualität als das vielleicht Wichtigste in meinem Leben, und ich habe das Interesse daran verloren, mich in eine Schachtel mit einem Etikett zu zwängen, weil ich weiß, dass ich mich dort unwohl fühlen würde, nicht wahrhaftig, und dass es nicht so wäre, wie ich es gernhabe. Spirituell bin ich polyamor. »Oh, warte mal, dein Terminplan sieht heute so aus«, sagte mein Mann eines Tages zu mir, »dass du morgens zum Yoga gehst, dann triffst du dich mit einem evangelischen Pastor und abends hast du einen Frauenkreis, richtig?«

Ich sitze in der Kirchenbank einer evangelischen Kirche, auf einem Kissen in einem Frauenkreis, stehe auf einer Matte in einer Yogaschule, beobachte aber auch einen Star, höre einem anderen Menschen zu, lausche meinem eigenen Atem – die ganze Zeit über versuche ich,

Sinn und Zeichen aufzuspüren. An guten Tagen bin ich zuversichtlich, dass die Welt zu uns spricht und dass sie uns wohlgesinnt ist. Ich gehöre nicht zu den Frauen, die jede Minute eines jeden Tages von der Bedeutung sämtlicher Ereignisse überzeugt sind. Ich bin unsicher. Bin ich es wert, dass mir jemand Nachrichten schickt? Eine Frau sagte mir einmal ungeschminkt: »Nimm nicht alles so persönlich. Es ist nicht so, dass das Universum ausgerechnet zu dir spricht, weil es Gefallen an dir gefunden hat. Es ist einfach so, dass das Universum im Allgemeinen spricht und Zeichen aussendet. Du kannst sie lesen oder aber auch nicht.«

»Finde das Mädchen, das in dir wohnt.«

»Weißt du«, sagte meine Freundin zu mir, als wir mit unserem Kaffee auf der Terrasse saßen, »in dir lebt ein kleines Mädchen. Wenn es ruhig ist, klappt alles wie am Schnürchen.« Sie sagte es in einem Ton, als ob sie eine Einkaufsliste diktieren oder über eine Straßenbahnfahrt sprechen würde: einfach und gewöhnlich. Doch mit diesem Satz brachte sie eine der wichtigsten Entdeckungen in meinem Leben auf den Punkt: Ich habe jemanden, um den ich mich kümmern muss. In mir lebt ein Wesen, das auf diese Fürsorge wartet. Wenn ich es nicht sehe und liebe, werde ich selbst keinen Frieden finden. Auf diese Weise wird eine Art Rache vollzogen, obwohl ich nicht glaube, dass dies die ursprüngliche Absicht des Mädchens war. Dennoch wirkt es so, als würde das Mädchen sprechen: »Wenn du mich nicht wahrnimmst, dann werden keines deiner Vorhaben, keine deiner Reisen, keines deiner Kleider, keine Lorbeeren, Siege und Auszeichnungen dir das geben, wonach du wirklich gesucht hast.« Ich habe den Eindruck, dass diese Nachricht vom unbekannten Absender lange Zeit zu mir gebraucht hat.

Viele Jahre lang, als ich versucht habe, schwanger zu werden, und später, als wir Szymek bereits adoptiert hatten – eigentlich seit ich mich erinnern kann, passierte etwas mit mir in der Gegenwart von kleinen Kindern. Es war kein »Was für ein toller Junge, was für ein süßes Mädchen«-Enthusiasmus; ich schmelze nicht dahin, wenn ich mich auf dem Spielplatz über einen Kinderwagen beuge. Andererseits war ich stets darauf bedacht, mit dem Kind in Kontakt zu treten. Ich schnitt dumme Grimassen, blinzelte, blies die Wangen auf, zwinkerte mit den Augen – alles, um das Kind dazu zu bringen, mich anzulächeln oder Grimassen zu schneiden. Das alles natürlich hinter dem Rücken der Kindseltern und später auch hinter dem Rücken meines Sohnes, der, nachdem er meine kleine Sucht bemerkt hatte, mich eindringlich bat, mit dem Herumalbern aufzuhören.

Worum ging es mir? Und eigentlich: Worum geht es mir, denn ich habe meine kleine Sucht nicht aufgegeben. Der unbekannte Absender gab mir einen Hinweis in Form eines Traums.

Es ist Winter. Ich stehe in voller Montur auf einer Skipiste auf einer kleinen Brücke, unter der ein Gebirgsbach fließt. Ich spreche mit irgendeinem Skilehrer. Ich sehe meinen Sohn – in meinem Traum ist er vielleicht zehn Jahre alt – auf der Skipiste auf mich zufahren. Als er die Brücke überquert, rutscht er plötzlich aus und stürzt vor meinen Augen in den Bach. Jetzt wechseln sein Alter und seine Kleidung. Im Bachwasser sitzend trägt er den roten Babyschlafsack, in dem er mir einst beim Aufwachen aus den Armen rutschte und auf der Schwelle meines Hauses zwei Treppen hinunterfiel. Damals ist ihm nichts passiert, aber jetzt, in meinem Traum, taucht er in seinen Babyschlafsack gehüllt in das eiskalte Wasser des Gebirgsbachs ein. Eine Sekunde lang zögere ich, hinterherzuspringen, und schäme mich dann sofort für diese Sekunde des Zögerns. Eine weitere Nanosekunde vergeht, während ich unschlüssig bin, ob ich meine Skier abschnallen oder mit meinen

Skiern hinterherspringen soll. Schließlich springe ich mit meinen Skiern ins Wasser. Ich stürze in den Bach und spüre jetzt nicht nur die bittere Kälte, sondern auch die reißende Strömung. Ich kann kaum etwas sehen. Eine Gestalt einige Meter von mir entfernt, etwas, von dem ich weiß, dass es mein geliebtes Kind ist, das von diesem rauschenden Wasser fortgetragen wird, scheint sich zu entfernen. »Ich schaffe es nicht«, denke ich verzweifelt, »er ist zu weit weg.« Und dann geschieht etwas Außergewöhnliches: Durch das rauschende, eisige Wasser, das in meine Augen spritzt, sehe ich, wie das Kind seine Hand nach mir ausstreckt. Ob dies durch einen Wasserstrudel oder eine absichtliche Bewegung verursacht wird, ist mir nicht klar, aber seine Hand ist plötzlich so nah an meiner, dass ich sie erreichen kann, wenn ich meine ausstrecke. Und so passiert es: Ich packe ihn, ziehe ihn zu mir, halte ihn in meinen Armen fest. Dieser Traum hat im Gegensatz zu meinen vielen anderen abgebrochenen Träumen ein ganz klares Ende, wie in einem Hollywood-Film. Ich ziehe mein ertrinkendes Kind aus dem Wasser, hole es aus den nassen Kleidern (überraschenderweise, ich weiß nicht, warum, sind sie ganz trocken), halte es in meinen Armen und wärme es. Und ganz am Ende schauen wir uns in die Augen, von ganz nah. Die Kamera schwenkt weg und es ist klar, dass alles gut werden wird.

Ich ging mit diesem Traum zu einem sogenannten Traumkreis – eine wunderbare Veranstaltung, bei der mehrere Frauen, die sich oft vorher überhaupt nicht kannten, im Kreis sitzen und einen Traum erzählen. Dann versuchen die anderen Frauen, ihn zu verstehen. Dabei handelt es sich nicht um kühle, pseudoanalytische Interpretationen, sondern um die Öffnung eines bestimmten Raums von Assoziationen und Bildern, die in den anderen Frauen entstehen. Es ist eine Arbeit, die tief in die weibliche Energie, die Yin-Energie, eintaucht. Sie spendet eine große Erleichterung nach der Zeit, die man in einer Welt eindeutiger Antworten, willkürlicher Urteile, einzig richtiger Interpretationen, freundlich gemeinter Hinweise und unerbetener Ratschläge zugebracht hat. In diesem Traumkreis gewann ich das Verständnis, dass das Kind, das in mir lebt, auch seine Hand in meine Richtung ausstrecken kann. Es ist nämlich kein willenloses, passives Wesen, das lediglich darauf wartet, was ich ihm geben kann. Es ist eine innere Instanz, die ihre eigene Kraft, Weisheit und Urteilsfähigkeit hat, die nicht nur auf Rettung wartet, sondern auch retten kann. Damals habe ich erkannt, dass durch all die Kinder, denen ich in Einkaufszentren, Apotheken, Parks und Straßenbahnen begegnet bin, mein inneres Mädchen mir sagen wollte: »Sieh mich an, schneide mir deine Grimassen, lächle mich an.« Und vor allem: »Warte darauf, was ich dir antworten werde.«

»Höre auf die leisen Lehrer. Schaffe einen Raum, in dem sie zu dir sprechen können.«

Vor Jahren unterrichtete ich an der Fakultät für Psychologie der Jagiellonen-Universität. Eine meiner Schülerinnen war eine filigrane Schönheit mit den Augen eines verwirrten Rehs. Während des gesamten Semesters hat sie praktisch nie irgendwas gesagt. Als ich mich Mitte des Jahres an ihre Semesterarbeit setzte, konnte ich mich nicht losreißen. Sie hatte mit Abstand den brillantesten und kreativsten Aufsatz verfasst.

»Agata«, ich überreichte ihr den Aufsatz, auf dessen erster Seite eine große Eins glänzte, »warum hast du in den sechs Monaten kein einziges Wort gesagt?«

»Weil ich einfach nicht gerne spreche«, antwortete sie.

Aus unverständlichem Grund verwechseln wir oft, wie viel jemand redet, mit dem, was er oder sie zu sagen hat. Dabei sind das zwei völlig verschiedene Dinge, so wie die Größe eines Menschen oder die Farbe seiner Augen. Wenn wir diese Erkenntnis auf zwei Dimensionen übertragen, von denen die eine den Grad der Leidenschaft für das Sprechen und die andere den Inhalt, den jemand tatsächlich mitzuteilen hat, angibt, erhalten wir vereinfacht gesagt vier Kategorien von Menschen: KS – die klugen Schweiger (hier war es Agata), WKS – die weniger klugen Schweiger, KQ – die klugen Quasselstrippen und WKQ, die weniger klugen Quasselstrippen. Die Letztgenannten bezeichne ich als Rache für all die Stunden, in denen sie geredet haben und ich geschwiegen habe, als Terroristen.

Die Welt hört eher auf die Terroristen als auf die klugen Schweiger – nicht, weil sie es will oder weil sie davon profitiert, sondern aus dem einfachen Grund: Sie sind »immer auf Sendung«. Leider haben wir diese blöde Angewohnheit auch jenseits von Podiumsdiskussionen und Unternehmenssitzungen. Wir füllen unser tägliches Leben mit dem, was laut ist, anstatt mit dem, was wertvoll ist. Ich sage nicht, dass wir alle das tun, ich sage nicht, dass wir das immer tun. Wenn man aber vergleicht, wie viel Zeit wir mit dem Lesen guter Bücher und wie viel Zeit wir auf albernen Portalen verbringen, wie viel Zeit wir mit Meditation oder mit Tanzen verbringen und wie viele dumme Realityshows wir uns anschauen – wird diese Statistik ziemlich ernüchternd ausfallen. Und es ist nicht nur unser schwacher Wille. Der Kampf zwischen dem Lauten und dem Stillen war, ist und wird auch in Zukunft ungleich sein. Unsere Welt wird von Terroristen und von terroristischer Energie dominiert: aufblinkende Benachrichtigungen, um die wir nicht gebeten haben, rote und gelbe Nachrichtentickerbänder, die über unsere Fernsehbildschirme laufen, noch mehr neue Nachrichten, die auf Internet-Portalen auf sich aufmerksam machen, unsere Facebook-Freunde, die Hunderten von Menschen Bilder von ihrem Frühstück zeigen, auf dem Weg zur Arbeit fahren wir an Werbetafeln vorbei, die uns entgegenschreien, während wir Radiowerbung hören, die uns anbrüllt, und dann noch Benachrichtigungen über eingehende Nachrichten auf unserem Telefon. Die Welt schreit uns an; die Welt leidet unter einer Hyperextraversion. Besonders diejenigen unter uns, die man als hochsensibel bezeichnen kann – ich selbst zähle mich dazu –, träumen am Ende eines jeden Tages nur davon, dass es leer, still und dunkel ist.

Inzwischen wird mir jeden Tag klarer, dass meine wichtigsten Lehrer introvertiert sind. Ich spreche nicht nur von Menschen; was sie betrifft, so lerne ich sowohl von Introvertierten als auch von Extravertierten. Aber wenn ich an meine inneren Lehrerinnen und Gefährtinnen denke, kann ich deutlich ihre introvertierte Natur erkennen.

Vor allem die Seele. Vielleicht ist es bei dir anders, aber nach meinen Beobachtungen ist meine nicht die einzige, die introvertiert ist. »Sie ergreift einfach nicht gern das Wort« – genau wie Agata in meinem Seminar. Sie braucht eine besondere Art von Raum. Sie wird sich weder zudröhnen auf einem Nachrichtenportal noch mit einer Werbung für Sodbrennen-Lutschtabletten im Internet; sie wird keine Zeit totschlagen mit dem Hin- und Herklicken zwischen neuen Fummeln und neuen Beiträgen auf einer Klatschseite. »Ich werde sprechen, wenn du mir zuhörst« ist das, was sie vermutlich sagt. Dazu braucht man Stille, ein scheinbar luxuriöses Gut. Das denken wir gerne, denn dann können wir uns einreden, dass wir es uns nicht leisten können. Aber in Wirklichkeit ist die Stille die ganze Zeit da, sie ist auf Abruf verfügbar; wie der spirituelle Lehrer Adyashanti[27] in einem seiner Podcasts sagt: »Stille ist eigentlich mehr als Lärm.«

»Finde die Stille und die Ruhe, die in dir ist«, sagt meine Lieblings-Yogalehrerin Krystyna Nobilec immer am Ende einer Yogastunde. »Schweigen und Stille«, wiederholt sie, denn das ist etwas, das unseren inneren Lärm durchdringt. Die Stille wartet darauf, erreicht zu werden, aber auch sie ist introvertiert und drängt sich uns nicht auf, es sei denn, wir machen selbst einen Schritt auf sie zu. In dieser Stille können wir den Körper spüren – den Körper, der schon so lange unseren ausgelassenen Spaß, Herausforderungen, Schelte und Fast Food erträgt. Und wenn er rebelliert, versuchen wir, seinen Widerstand zu ignorieren und einfach weiterzugehen. Bis zu dem Punkt, wo es nicht mehr möglich ist.

»Es wird keine Rückkehr zur Normalität geben, denn die Normalität war das Problem.« So lautete die gesprayte Botschaft auf einer Hauswand, die von Freunden auf dem Höhepunkt der Pandemie in den sozialen Medien geteilt wurde. Ich mag den Gedanken, dass auch das, was im Dezember 2019 begann, eine Botschaft an uns war; dass der Absender dieser Botschaft die Erde selbst war, ihr Körper, der zuvor vom Surren der Produktionsmaschinen, dem Hupen der Autos, dem Gekreische der Werbung, dem Dröhnen der startenden und landenden Flugzeuge und schließlich dem unaufhörlichen Rattern unserer eigenen Gedanken übertönt wurde. Bis wir gezwungen waren, eine Vollbremsung hinzulegen. Wir haben eine Gelbe Karte von der Erde bekommen.

In meinem Leben habe ich schon einige Male eine wichtige Botschaft von meinem Körper erhalten. An eine von ihnen erinnere ich mich besonders gut.

Ich bin vor fast zwanzig Jahren zum ersten Mal zum Yoga gegangen, überredet von einer sehr klugen Freundin. Ich ging hin, war begeistert und blieb dabei. Ich erinnere mich jedoch daran, dass ich mich in dem Moment, als ich den Übungsraum in einem baufälligen Gebäude in der Nähe der Krakauer Grzegórzecka-Markthalle betrat, wie zu Hause fühlte. Dieses Gefühl hat mich nachhaltig geprägt.

Einige Jahre später, in einer für mich schwierigen Zeit, nahm ich wieder am Kurs teil. Ich begann, regelmäßig hinzugehen, und machte sogenannte Fortschritte; ich konnte zu immer weiter fortgeschrittenen

Positionen übergehen. Und dann kamen die Schmerzen im Lendenbereich. Zunächst schwach, dann immer stärker, zuerst nur beim Yoga, beim Beugen und Strecken, dann auch nicht nur beim Yoga. »Echt jetzt?«, dachte ich wütend und überließ der Schneekönigin die Zügel. »Warum zum Teufel tust du weh, was zum Teufel willst du von mir?«, fragte ich meine Lendengegend, aber nicht so, wie man normalerweise fragt, wenn man wirklich eine Antwort hören will. Ich nahm Tabletten. Ich ging zu Massagen. Wenn ich mit dem Auto unterwegs war, legte ich ein spezielles Kissen unter meine Lenden, und wenn ich Coachings gab, saß ich auf der Stuhlkante. Aber der Schmerz hielt an. Ich fand das irgendwie frech. Was fehlt ihm, diesem Körper? Ich füttere ihn und tränke ihn, ich fahre ihn zum Yoga, ich lasse ihn schlafen. Was zum Teufel will er noch von mir?

»Nun gut, mein Leben soll sich dem Körper anpassen, diesem Eimer voller Müll und Tod.«

Geschrieben von Agnieszka Kuciak in einem der Gedichte aus ihrem Band *Retardacja*[28] (dt. Retardation). Habe ich nicht auch meinen Körper genau als solchen Eimer empfunden, wütend, weil er mir etwas sagen wollte, weil er sich meinem Willen nicht beugen wollte? Der Schmerz hörte nicht auf. Ich habe weiter trainiert und weiter Yoga praktiziert. Als ich von einer weiteren Schulung zurückkehrte, rief ich weinend die Fitnesstrainerin Krystyna Nobilec aus dem Auto an.

»Wenn du die Bewegungen nicht so ausführen kannst, dass sie dir keine Schmerzen bereiten, dann solltest du vielleicht weniger Yoga machen? Vielleicht solltest du stattdessen zum Beispiel einfach spazieren gehen«, sagte sie.

»Was?!« Ich war bis ins Mark meiner schmerzenden Knochen empört. Ich, eine so fleißige Yogaschülerin, so effizient darin, mich hinter die nächste Asana zu klemmen, so entschlossen, mit meinem Lieblingskörperteil – meinem Kopf – in der Bauchlage auf die Knie zu gehen. Ausgerechnet ich soll weniger üben? Und das höre ich von meiner Lieblingslehrerin? »Warum?«, fragte ich.

»Nun, weil das, was du tust, Aggression ist«, sagte Krysia ruhig.

»Was?!«, schwappte eine zweite Welle der Entrüstung durch mein Gehirn.

»Und wie willst du es denn sonst nennen? Du fügst dir selbst Schmerzen zu. Was ist das denn sonst, wenn nicht Aggression?«, fragte sie.

Wir sprachen noch eine Weile über eine Freundin, die sich mit Akupunktur beschäftigt. Ich war den Tränen nahe. Ich beendete das Gespräch und fuhr an den Straßenrand.

Und dann, schluchzend und verschmiert, müde vor Schmerzen, die aus meinen Lenden strahlten, fühlte ich etwas Neues: Kapitulation. »Okay, gib's mir, Schmerz. Ich gebe auf. Bring it on«, sagte ich zu mir selbst, zur Sicherheit auf Englisch, vielleicht für den Fall, dass der Schmerz nur Englisch verstand. Diese Stimme schien von demselben Ort zu kommen, von dem aus ich einige Jahre zuvor an der Straßenbahnhaltestelle die Botschaft erhalten hatte, dass alles so ist, wie es sein soll. Es war keine erfundene Botschaft aus den Untiefen der linken Gehirnhälfte. Es war nichts, was man in einer Enzyklopädie nachschlagen konnte. »Ich ergebe mich, bring it on.« Es kam von einer bestimmten Stelle, es war etwas anderes als ein weiterer in meinem Kopf durchgemalmter Satz. Es kam aus meinem ganzen Körper, es hatte einen anderen Status.

In diesem Moment, an diesem Straßenrand, verging der Schmerz. Es geschah von einer Sekunde auf die nächste. Ich konnte es kaum glauben. Vielleicht kommt es auch dir, während du dies liest, wie ein Hollywood-Skript vor. Und doch, glaube mir, genau das ist passiert. Der Schmerz ist verschwunden und ist nie wieder zurückgekehrt. Ich saß im Auto, im Dunklen und hatte Angst, mich zu bewegen, Angst, dass dies nur eine vorübergehende Pause war, dass mein Schmerz nur eine Atempause einlegte, um gleich wieder mit neuer Kraft weiterzumachen. Aber nein. »Wir geben zu, dass wir dem Alkohol gegenüber machtlos sind.« Dies sagen die Anonymen Alkoholiker im ersten der zwölf Schritte. Wonach war ich süchtig? Was war meine »Normalität, die das Problem war«?

Ich habe nicht aufgehört, Yoga zu praktizieren, ich habe stattdessen nicht angefangen, spazieren zu gehen. Rückblickend denke ich: Bevor der Schmerz beschloss, mir diesen Gefallen zu tun und zu mir zu sprechen, habe ich bei der Arbeit an meinem Körper auf eine Form von Zwang zurückgegriffen, die nichts anderes als Aggression war (genau wie Krysia es sagte). Die Motivationsmittel, die ich in der Schule nutzte, um etwas über Dimethylsulfoxid zu lernen oder um spätabends einen Bericht für die Arbeit fertigzustellen, funktionierten nicht auf der Yogamatte. »Mit Willenskraft, Entschlossenheit, Rivalität und Aggression allein kommst du bei Körperarbeit nicht weiter. So kannst du das nicht machen: Es geht einfach nicht. Suche einen anderen Weg«, schien mein Körper zu sagen.

Ich hätte ihn ignorieren können: weitermachen, zu irgendeinem Sport wechseln, der sich leichter als Yoga durch Willenskraft steuern lässt. Aber ich tat es nicht. Etwas in mir wusste, dass es lohnend ist, dieser anderen Art von Energie Raum zu geben. Heute denke ich, dass es tatsächlich Yin war, die Energie des Körpers – dieselbe Energie, die Jungianerinnen und Jungianer als »weibliche« Energie bezeichnen. Dass dieses Buch aus dieser passiven Energie des Körpers heraus geschrieben wurde und dass ich es nicht hätte schreiben können, wenn ich mich, um es mit Marion Woodmans Worten zu sagen, vom Hals abwärts abgeschnitten hätte und der Meinung gewesen wäre, ich, das sei nur der Kopf. In einem Interview mit der Zeitschrift *Common Boundary*[29] erklärt sie, dass es der Körper sei, der uns zu Menschen mache. Doch weigerten wir uns, die wir in einer patriarchalischen Welt aufgewachsen seien, Geist und Körper zu verbinden – der Intellekt stehe über allem. Der Körper, »dieses armselige, dumme Dings, das sich vom Hals abwärts nach unten erstreckt«, tue nicht, was wir ihm sagten. Woodman erklärt, die Schuld der Gefühle, die wir nicht akzeptieren, wie Neid, Eifersucht oder Lust, schöben wir auf unseren Körper. Dunkelheit drücke sich in unsere Muskeln, unsere Knochen, in unser Herz, und wir flüchteten in unseren Kopf. Kraftvolle Energien, die wir verschließen würden, brechen aus und schlügen sich meist in Krankheiten nieder.

Wie soll ich meine Tage zubringen, sodass ich meinen Körper nicht einfach verbanne, sondern auf das höre, was er mir sagen will? Ich versuche, mit dieser Frage zu leben, sie in mir atmen zu lassen.

»Suche nach Fragen.«

Als Psychologiestudentin und Tochter eines Psychiaters hatte ich oft die Gelegenheit, bekannte Therapeuten in Krakau herumzuführen, die zu den von der Abteilung für Familientherapie organisierten Konferenzen anreisten. Einer von ihnen war der argentinische Psychiater Salvador Minuchin, einer der berühmtesten Familientherapeuten. Nach dem Uni-Seminar spazierte ich mit ihm und seiner Frau durch Krakau, zeigte beiden den Hauptmarkt und seine Umgebung und wiederholte mehrmals die einzige konkrete historische Information, die ich im Kopf hatte, nämlich, dass die winzige Adalbertkirche auf dem Hauptmarkt aus dem 11. Jahrhundert stammt. Da Minuchin und seine Frau schon älter waren (zumindest kam es mir damals so vor), fragte ich sie oft, ob sie sich ausruhen müssten, öffnete ihnen die Türen zu den Souvenirläden, suchte für sie einen schattigen Tisch im Café und eine Kellnerin, damit die Minuchins nicht zu lange auf

Kaffee oder Wasser warten mussten. Irgendwann schaute mich der berühmte Psychiater durchdringend an und fragte: »Natalia, do you want to be a saint?«[30] Ich weiß nicht mehr, was ich damals geantwortet habe, aber ich weiß, dass mein erster Gedanke war: Diese Frage ist als Kompliment gemeint. Ich glaube jedoch, wenn dies Minuchins Absicht gewesen wäre, würde ich über diesen Satz nicht zwanzig Jahre später schreiben. »Möchte ich eine Heilige sein?« Zu dem Zeitpunkt, als mir diese Frage gestellt wurde, schien die Antwort für mich – eine praktizierende Katholikin in den Zwanzigern, die jeden Sonntag in den Kirchen die Bilder der Muttergottes von der Unbefleckten Empfängnis betrachtete, ein Mädchen, das gehört hatte, dass sie »zur Heiligkeit berufen« sei – eindeutig: »Ja, zweifellos möchte ich eine Heilige sein, natürlich. Wie nett von Ihnen, Herr Professor, dass Sie meine glühenden Bemühungen darum bemerkt haben.« Und doch ließ sich diese Frage nicht mit einer reflexartigen Antwort abschließen. Sie ist mir mehrere Hundert Male zu verschiedenen Zeitpunkten in meinem Leben wie aus dem Nichts wieder eingefallen. Es wuchs in mir wie ein in die Erde geworfener Samen. »Do you want to be a saint? Do you want to be a saint? Do you want to be a saint?« Mein Gott, ernsthaft? Warum kommst du zu mir zurück, du dumme Frage, woher kommst du, warum willst du nicht in mir sterben, warum brichst du immer wieder wie Gras durch einen Riss im Beton an die Oberfläche, mit wessen Stimme sprichst du, was willst du von mir? Minuchin ist vor langer Zeit abgereist, später sogar gestorben, und du kommst immer wieder zu mir zurück wie der Refrain eines Songs, den ich nicht einmal mag. Warum?

Heute verstehe ich die Frage, ob ich eine Heilige sein will, ganz anders. Der zwar wohlwollende, aber bis zur Schmerzgrenze ehrliche unbekannte Absender stellt mir diese Frage immer dann, wenn ich zulasse, dass die Gefügige Macht über mich erlangt – dann, wenn dieser

Teil von mir, der so furchtbar gerne brav, entgegenkommend, gefällig, unterwürfig sein möchte, der anderen Platz macht und sich selbst klein macht, in mir immer größer und raumgreifender wird.

Einige Jahre später, nachdem ich den berühmten argentinischen Psychiater und seine Frau kennengelernt hatte, besuchte ich einen Yogakurs bei Małgorzata, einer Lehrerin, die unangenehm direkt und ziemlich anspruchsvoll war. Wir haben gerade eine komplizierte Position eingenommen. Das rechte Bein hinter dem Kopf, die Hand unter dem Knie, die große Zehe des linken Beins auf dem rechten Schulterblatt – nimm das nicht wörtlich, ich will damit nur sagen, dass es eine schwierige, anstrengende Position war, die sich grundlegend von denen unterscheidet, die wir täglich üben.

Am schlimmsten war die Dauer dieser Übung. Es ist eine Sache, die Hand zu heben und sie fünf Sekunden lang so zu halten, und eine andere, das Gleiche fünf Minuten lang zu tun. Wir waren schon einige Minuten in dieser Position, als Małgorzata auf mich zukam und fragend in mein angespanntes Gesicht blickte.

»Das ist schrecklich«, sagte ich reflexartig zu ihr.

»Das ist schrecklich?«, wiederholte sie, meinen Satz spiegelnd, nur, dass sie den Punkt durch ein Fragezeichen ersetzt hat. Mit diesem kleinen Schritt brachte sie mich dazu, meine verwickelte Situation völlig anders zu betrachten. Mein von ihr gespiegelter Satz stand in seiner ganzen Absurdität vor mir: Ich sitze in einem Yogakurs, der mir dienen soll. Ich halte gerade eine Yogaposition, die gut für mich ist und für deren langfristige Vorteile ich mit vorübergehender Unannehmlichkeit bezahle. Und vor allem: Ich bin aus freien Stücken hierhergekommen, ich bezahle dafür, dass ich hier bin, es ist meine freie Entscheidung. Obwohl meine innere Märtyrerin mir soufflierte, ich sollte mich unbedingt als Opfer fühlen, war ich in Wirklichkeit die Regisseurin dieser Situation. Wie in den allermeisten Situationen, in denen ich mich vor und nach diesem Unterricht befand: Ich bin ein freier Mensch und treffe meine Entscheidungen. »Das ist schrecklich?« Małgorzatas Frage hallte in mir noch sehr lange nach, ebenso wie Minuchins Frage. Wenn sie zu mir gesagt hätte: »Na komm schon, so schrecklich ist es ja nicht!« oder »Gleich sind wir fertig«, wäre nichts in mir losgetreten worden, es hätte keine Veränderung stattgefunden.

Die eigene Intuition – eine weitere introvertierte Lehrerin – ist der Resonanzkasten, in dem wichtige Fragen nachhallen. Manchmal stellt sie ein Experte bei einem Coaching, manchmal haben sie aber auch einen ganz anderen Ursprung. Manchmal sind es beiläufige Feststellungen, Fragmente von Songrefrains, Zitate aus mittelmäßigen Filmen oder nervige Werbespots. Aus irgendeinem unbekannten Grund graben sie sich im Gedächtnis ein, viel tiefer als Sätze wie: »Heute ist der erste Tag vom Rest deines Lebens«, die auf Zierkissen in chinesischen Fabriken gedruckt werden. Es sind diese Fragen und Sätze, die unsere Intuition verarbeiten, reflektieren und wiederholen möchte.

»Was versuchst du zu ignorieren?«, fragt Susan Scott in ihrem Buch *Fierce Conversations*[31]. Sie richtet ihr Wort mit chirurgischer Präzision direkt an die Intuition, wobei sie geschickt alle Verteidigungsmechanismen umgeht. Wenn du jetzt deinen Blick von diesem Buch abwendest, ein paarmal ruhig und tief durchatmest, Scotts Frage laut wiederholst und einen Moment wartest, dann wirst du erleben, dass deine introvertierte Intuition diese Frage beantworten wird. »Was versuchst du zu ignorieren?«

Die Fragen, die in uns nachhallen und nicht vergessen werden können, sind wie Hinweispfeile auf einer Schnitzeljagd: Sie führen uns zu einem Geheimnis, das wir kennen, obwohl wir es nicht kennen. Sie haben einen großen Vorteil gegenüber Antworten: Sie sind wie offene Fenster. Die Antworten sind wie Mauern.

»Auch andere haben es schwer.«

Eine der Überzeugungen, die ein tiefes Gefühl der Einsamkeit hervorruft und die Quelle des täglichen Schmerzes ist, ist die Vorstellung, dass alle Menschen um uns herum ihr Leben irgendwie im Griff haben oder dass sie es ein für alle Mal geschafft haben.

Denkst du zum Beispiel, dass ich alles »im Griff habe«? Dass ich eine Art Happy-End-Zustand erreicht habe, eine Art Ziellinie, an der ich mir einen Schreibtisch eingerichtet habe und nun an diesem Schreibtisch dieses Buch für dich schreibe, weil du noch nicht angekommen bist, ich aber schon? Wenn dies der Fall ist, dann muss ich dich enttäuschen: Nein, habe ich nicht. Oder genauer gesagt, genau wie du: Manchmal habe ich es im Griff und manchmal nicht.

Unser Gefühl der Einsamkeit wächst, da es von zahlreichen Quellen genährt wird. Es wird durch kluge Sätze genährt, die von Freunden auf Facebook geteilt werden. Von Selfie-Pick-Fotos auf Instagram von Freundinnen, die zwar in unserem Alter sind, aber zwanzig Jahre jünger aussehen. Es wird von gebügelten und gestriegelten Sätzen prominenter Persönlichkeiten genährt, die in Interviews erzählen, dass sie ihren Seelenfrieden gefunden haben. Versteckt hinter einer lückenlos blickdichten Oberfläche sind wir zunehmend allein.

In ihrem ausgezeichneten Buch *Broken Open*[32] gibt Elizabeth Lesser eine stereotypische Unterhaltung zwischen zwei alten Freundinnen wieder. Die Antwort auf die Fragen zu Befinden, Familie, Umzug und Karriere ist stets dieselbe und lässt sich mit einem Wort zusammenfassen: großartig! Das ist eine ganz gewöhnliche, alltägliche Unterhaltung. Aber sie sagt wahrscheinlich sehr wenig über unser wirkliches Leben aus. Wir wollen nicht sagen, dass eines unserer Kinder es wahrscheinlich nicht in die nächste Klasse schaffen wird, dass uns unsere Arbeit oft sinnlos erscheint oder dass der Umzug in eine neue Stadt wahrscheinlich ein großer Fehler war. In Wirklichkeit schämen wir uns für die meisten unserer menschlichen Eigenschaften. Lesser zitiert den persischen Sufi-Dichter Rumi[33], der im 13. Jahrhundert von einem »offenen Geheimnis« sprach: Wir alle gehen mit diesem Geheimnis durchs Leben. Und dieses Geheimnis lautet: Wir sind alle unvollkommen, wir kämpfen, wir zögern, manchmal geht es uns gut, manchmal weniger gut. »Was für eine Überraschung!«, schreibt Lesser. »Genau wie auch du benehme ich mich manchmal schrecklich.« Zwischen Feigheit, bösen Gedanken und Müßiggang frage auch sie sich, »ob das Leben einen Sinn hat«. Sie mache sich »Sorgen über Dinge, über die ich keine Kontrolle habe, und oft überkommt mich eine Sehnsucht nach etwas, das ich nicht benennen kann«. Bei aller Begabung könne sie zerbrechlich und unsicher sein: »Ich brauche Bindungen und die Gewissheit, dass ich in Ordnung bin. Das ist mein Geheimnis, das ich vor dir zu verbergen versuche, und du versuchst, deins zu verbergen« - ein Bärendienst, wie Lesser meint.

Ich habe diese Passage aus Lessers Buch mit einer Mischung aus Erleichterung und Enttäuschung gelesen. Denn okay, gewöhnliche Menschen ticken vielleicht so, aber Elizabeth Lesser, die berühmte Psychologin, Bestsellerautorin, TED-Vortragsrednerin – aber sie muss es doch alles im Griff haben. Ich bin noch nicht so weit, aber sie schon. Ich würde gerne glauben, dass nach all den Turbulenzen, Buchlektüren, Meditationen, Scheidungen, Eheschließungen, Wegen und Umwegen endlich das Happy End eintreten wird. Und dann kommt raus, dass wir alle einfach nur Menschen sind. Und das bedeutet, dass wir immer wieder über uns selbst stolpern werden und unser Weg zu einem Happy End keine Ziellinie hat. Es bedeutet auch, dass wir uns ähnlich sind – nicht zuletzt darin, dass wir so tun, als wäre bei uns alles in Ordnung. Jemand hat gesagt, wir sollen die Bühne der anderen nicht mit unserer eigenen Bühne verwechseln – und doch tun wir es und verlieren trotzdem, weil wir nicht wissen, dass die anderen hinter den Kulissen genauso sind wie wir. Wenn wir etwas als persönliches Versagen empfinden, fangen wir an, uns selbst zu verstellen, und geben anderen das Gefühl, minderwertig zu sein. Und diese Spirale dreht und dreht sich immer weiter. Warum tun wir uns das an? Warum verspüre ich die Verlockung, dir immer wieder weiszumachen, wie großartig es mir geht und wie hervorragend alles bei mir läuft? Warum tue ich dir das an? Warum tust du mir das an?

Die Tatsache, dass ich ein gewöhnlicher Mensch bin, war für mich viele Jahre lang eine Quelle des Trostes. Das Gefühl, dass wir alle gleich sind, dass wir alle unsere eigenen Kämpfe ausfechten, dass wir alle »gleich sind im Angesicht der Zeit und der Flamme«, wie der polnische Jazzsänger und Komponist Stanislaw Soyka sang, ist zu einer wichtigen Botschaft des unbekannten Absenders geworden und stärkt mich während meiner unvermeidlichen Kämpfe.

»Du bist nicht allein.«

In *Die zwei Leben der Veronika* gibt es so eine besondere Szene. Veronique sitzt mit ihrem Liebhaber auf einem mit einer roten Tagesdecke bedeckten Bett. »Was willst du noch über mich wissen?«, fragt sie. »Alles«, antwortet ihr Liebhaber. Veronique steht auf, nimmt ihre Handtasche vom Tisch und – Sie werden zugeben, eine bravouröse Geste – schüttet den Inhalt auf das Bett. Der Liebhaber nimmt nacheinander einen Lippenstift, eine Sonnenbrille, eine Murmel und einen Diastreifen von einem Besuch in Krakau in die Hand. Er betrachtet eines der winzigen Bilder. »Schönes Bild. Du trägst eine weite Jacke«, sagt er und schaut auf eines der Fotos. »Das bin nicht ich«, verneint Veronique. »Aber sicher bist du das«, sagt der Liebhaber und gibt ihr den Diastreifen. »Ich besitze eine solche Jacke nicht«, sagt

Veronique, fährt aufgeregt mit dem Finger über das Foto und weint plötzlich.

So erfährt Veronique, dass sie nicht allein auf der Welt ist. Sie hat zufällig ein Foto von Veronika geschossen, die ein paralleles Leben in Krakau führt – sie ist sie und gleichzeitig ist sie nicht sie. Sie ist nicht ihre Doppelgängerin, nicht ihr Zwilling, nicht ihre Schwester – sie ist eine andere sie.

Eine Welt, in der wir nicht allein sind, in der wir wirklich nicht allein sind, unterscheidet sich grundlegend von der Welt der Schneekönigin, der Gefügigen und der Märtyrerin. Jede von ihnen fühlt sich nur auf sich allein gestellt.

Ich hatte etwa die Hälfte meines Auslandseinsatzes hinter mir. Es war eine siebentägige Reihe von Treffen und Coachings für palästinensische Frauen. Im Rahmen des US-amerikanischen Outreach-Programms kamen Ausbilder und Dozenten aus der ganzen Welt nach Palästina, um mit den Frauen vor Ort über das Wahlrecht, aber auch über das Recht zu kandidieren zu sprechen. Wir verbrachten ein paar Tage in Jerusalem. An unserem letzten Abend war es ziemlich kühl, und ich hatte keine Jacke dabei. Schon auf der Fahrt nach Gaza, wo wir am nächsten Tag Veranstaltungen leiten sollten, spürte ich, dass ich mir irgendetwas eingefangen hatte. Ich wachte morgens auf, ging zum Frühstück und erzählte es meinen Freunden: Good morning. Oder besser gesagt: Ich habe es versucht. Ich hatte meine Stimme verloren, und es war klar, dass ich heute keinen einzigen Satz würde sagen können, obwohl ich mich eigentlich ganz fit fühlte. Ich hatte einen ganzen Tag in Gaza vor mir. Ich streifte mir einen Schal über den Kopf wie Carrie Mathison in Homeland und verließ das Gästehaus. Ich ging in Richtung Strand, vorbei an unbebauten Grundstücken, verfallenen Häusern und Gruppen von Männern, die von meiner Anwesenheit überrascht waren und in kleinen Gruppen vor den Häusern saßen. Am Straßenrand wuchsen vereinzelte Olivenbäume, Büsche und Palmen, die mit dem Staub der sandigen Straßen bedeckt waren. Ich befand mich an einem Ort, an dem große Armut herrschte. Die Arbeitslosigkeit in Gaza lag bei 60 Prozent, die Stadt war und ist durch den palästinensisch-israelischen Konflikt und die jahrelange Blockade verwüstet.

Ich erreichte einen breiten Strand am Fuße eines sandigen Hügels. Es gab keine Hotels, keine Sonnenschirme, keine Strandzelte, nur das Meer, dunklen honigfarbenen Sand, etwas Müll, einige Felsen und eine Gruppe von fünf Kindern: zwei Jungen und drei Mädchen. Der jüngste Junge könnte etwa vier Jahre alt gewesen sein, das älteste Mädchen sah aus wie vielleicht zwölf. Ihr Lachen und ihr Stimmengewirr vermischten sich mit dem Rauschen der Wellen und vibrierten über den Strand. Ich ging näher heran. Sie haben mich bemerkt. Ich glaube nicht, dass ich jemals zuvor oder danach eine solche Begeisterung bei einer Gruppe ausgelöst habe: Es war offensichtlich, dass mein bloßes Erscheinen für sie eine Quelle großer Freude war. Sie lachten, schrien und zeigten mit dem Finger auf mich: Ich sei eine weiße Frau, die allein, in Hosen und mit unbedecktem Gesicht hierhergekommen sei. Glücklich darüber, dass dieses Mal nicht ich sprechen musste, sondern dass ich angesprochen wurde, beschloss ich, ihnen noch mehr Freude zu bereiten: Ich nahm mein Kopftuch ab. Darunter hatte ich sehr kurzes helles Haar. Der Enthusiasmus nahm, wie ich erwartet hatte, zu, die Rufe und das Lachen wurden noch lauter: ein Wunder, großer Gott! Jetzt bemerkte ich, dass die Kinder auf irgendeine Idee kamen, einen Plan ausheckten. Obwohl ich kein Wort verstand, habe ich mitbekommen, dass jemand einen Vorschlag vorgebracht hatte und dass dieser Vorschlag diskutiert wurde, es gab Stimmen, die dafür waren, es gab Stimmen, die skeptisch waren, aber am Ende konnte man sehen, dass die Kinder einen Plan entwickelt hatten. Eines der Mädchen schob ein anderes, das älteste in einem dunkelgrünen Kleid, leicht in meine Richtung. Sie war diejenige, die vorhin am leidenschaftlichsten zu argumentieren schien. Sie stand dicht neben mir und streckte mir ihre Hand entgegen. Fünf Paar dunkle, große Augen sahen mich voller Erwartung an. Ich reichte dem Mädchen meine Hand. Mit der anderen Hand deutete sie nach oben. Ich verstand, dass sie mich zu ihrem Haus bringen und mich ihren Eltern zeigen oder besser gesagt vorführen wollten. Ich nickte zustimmend. Das Mädchen ging voran, den sandigen, rutschigen Weg entlang, ich hinter ihm, jetzt wieder mit einem Schal über meinem kurzen Haar. Die anderen vier liefen an meiner Seite, aber abseits des Weges, und ihre Füße versanken ab und an im Sand. Als wir uns einem Gebäude näherten, lief das Mädchen voraus. Wir waren auf dem Weg zu dem, was die Kinder – jetzt verstand ich die Geschwister – Zuhause nannten. Das Gebäude sah wie so viele andere in Gaza-Stadt aus, als hätte sich jemand vor Jahren entschlossen, es zu bauen, und es sich dann doch anders überlegt. Es gab weder Türen noch Fenster. Der Fußboden war einfach festgestampfter Erdboden. In einer Ecke stand etwas, das einem Herd ähnelte; in einer anderen Ecke lag eine Matratze. Drinnen saßen eine Frau und ein Mann und lächelten mich an. Sie haben mich eingeladen. Ich setzte mich auf ein Kissen. Und dann begann unser langes Gespräch, das ich mit sehr heiserer Stimme führte.

Bis heute weiß ich nicht, wie wir uns verständigt haben, denn auf Arabisch konnte ich nur etwas sagen, das an »Danke« erinnerte, während sie vier englische Wörter kannten. Und doch habe ich herausgefunden, dass ich mit den Eltern dieser fünf Kinder sprach. Ich habe die Namen und das Alter von jedem von ihnen herausgefunden, dass sie zur Schule gehen und das Mädchen in dem dunkelgrünen Kleid eine sehr gute Schülerin ist. Ich habe festgestellt, dass der jüngste Junge, der offensichtlich neidisch auf die Bewunderung seiner Eltern über die Leistungen seiner Schwester war, bereits bis zehn zählen kann. Ich erfuhr, dass die Eltern keine feste Arbeit haben, sondern von dem leben, was sie manchmal verkaufen können (ich war mir nicht sicher, was genau sie verkaufen). Auf einem mühsamen und holprigen Weg gelang es uns dank der großen Entschlossenheit beider Parteien, mich dazu zu bringen, meine Herkunft zu erklären, indem ich die Innenseite meiner Hand als Weltkarte benutzte. Ich habe ihnen gesagt, dass ich einen Mann und keine Kinder habe. Letzteres brachte mir tiefes Mitgefühl und sie gaben mir das Versprechen ab, dass sie dafür beten würden, dass Allah uns Nachkommen schenken möge. Ich habe eine Menge wunderbaren, eiskalten Minztee getrunken. Ich habe gelernt, wie man »Tee« auf Arabisch sagt, und habe ihnen das Wort »Tee« auf Polnisch beigebracht. Ich habe viele Komplimente über die Farbe meiner Augen erhalten. Wir bewunderten die Schönheit des Meeres und des Himmels und die Macht Gottes. Am Ende verneigten wir uns tief voreinander und wünschten uns gegenseitig alles Gute.

Als ich das Haus meiner Freunde verließ, war der Himmel noch atemberaubender, das Meer noch majestätischer. Ich ging denselben Weg zurück zum Gästehaus, aber ich spürte, dass eine Art Verwandlung stattgefunden hatte, dass mein Herz genährt worden war. Ich bin nicht allein auf der Welt. Dies ist die Nachricht, die ich vom unbekannten Absender erhalten habe.

»Es ist alles in Ordnung mit dir.«

Diese Nachricht ist für mich am schwersten anzunehmen. Dass in meinem Leben alles so ist, wie es sein soll – okay, es geht um das Schicksal, das ich wie ein Geschenk annehme. Aber dass ich? Dass ich, ganz konkret ich, deren Gedanken, Handlungen, Gefühle und Versäumnisse ich kenne, dass ich, so, wie ich bin, in Ordnung bin? Obwohl ich all diese dummen Dinge getan habe (über die ich hier nicht schreibe)? Auch wenn ich so oft nicht das gefühlt habe, was ich fühlen wollte, und nicht das getan habe, was ich tun wollte? »Du muss dir selbst verzeihen, dass du ein Mensch bist«, sagte Woodman in einem Interview mit der amerikanischen Zeitschrift *Parabola*.[34] Warum spüre ich, wie mir die Tränen kommen, wenn ich diesen Satz lese?

In der Theorie – easy! Seit einigen Jahren lese ich darüber und nicke zustimmend – seit ein paar Jahren schreibe ich selbst darüber. Und doch bin ich diesem Satz jeden Tag untreu: dann, wenn ich dem Terror der Schneekönigin nachgebe, dann, wenn ich als Märtyrerin meinen Liebsten Schulden aufbürde, weil ich fürchte, dass sie mich nicht lieben werden, wenn ich nichts für sie tue. Wenn ich mich in meine Gefügigkeit zurückziehe, weil ich Angst habe, von anderen abgelehnt zu werden, wenn ich meine Meinung sage, und dann lehne ich auch mich selbst ab.

Es ist eine Sache, etwas zu wissen, aber eine andere, es umzusetzen – das heißt, es in den eigenen Körper, in den Alltag zu integrieren. Wenn du weißt, wie man es macht, schreibe mir unbedingt, denn ich weiß es nicht (wenn du nicht weißt, wie man es macht, schreibe mir auch, wir werden uns beraten). Meiner Erfahrung nach ist es eine tägliche Arbeit, mühsam, immer wieder, mit viel Geduld, die zu Ergebnissen führt, aber nie ein für alle Mal erledigt ist.

In meinem Traum, in dem ich aus dem zweiten Stock eine Stimme hörte, gab es diejenigen, die im Speisesaal am Esstisch saßen, es gab diejenigen, deren Stimmen ich hörte, als ich die Treppe hinaufging – und dann gab es mich, die ich beschlossen hatte, vom Tisch aufzustehen und den Stimmen aus dem zweiten Stock zu folgen. Ich glaube, jeder von uns trägt das Äquivalent dieser Traumfiguren in sich. Wir sind wie ein großes Haus mit vielen Bewohnern. Die einen – gut gekleidet, gepflegt, kontaktfreudig – sitzen am Esstisch. Wenn jemand an die Tür dieses Hauses klopfen würde, stünde eine dieser Personen auf, würde die Tür öffnen und »Hallo« sagen – denn sie ist der Hausherr. Würde ein Fotograf kommen, würden sich die am Tisch Sitzenden für ein Familienfoto aufstellen. Wenn es in diesem Haus noch ein Festnetztelefon mit Anrufbeantworter gäbe, würden fröhliche Stimmen auf der AB-Ansage darum bitten, eine Nachricht zu hinterlassen.

Was ist aber mit denen aus dem oberen Geschoss? Diese weniger vorzeigbaren, versteckten Bewohner – die Teile in uns, die wir vor uns selbst verbergen? Sie setzen sich nicht an den Tisch, sie öffnen nicht die Haustür, sie dürfen nicht einmal ihr Zimmer oder den Dachboden verlassen. Vielleicht sperren wir uns selbst ein. Vielleicht weinen wir in unser Kissen, so wie die Frau im Schneekönigin-Kapitel, deren Bild mir vor Augen schwebte, als sie mir gegenübersaß, in dem Raum mit dem Anti-Smog-Moos.

Am meisten interessiert mich die dritte Traumfigur, die im Traum vom Tisch aufsteht und die Treppe hinaufgeht: Sie ist von Neugierde getrieben.

Wenn ich diesen Traum träumen kann, wenn ich mich nach dem Aufwachen an ihn erinnern kann, wenn ich ihn im Wachzustand rekapitulieren kann, wenn ich darüber schreiben kann – bin ich dann vielleicht bereit, einen Prozess zu durchlaufen, an dessen Ende alle meine Teile – die vorzeigbaren und die nicht vorzeigbaren – zusammen an einem Tisch sitzen können?

So verstehe ich Woodmans Satz »Dir selbst verzeihen, dass du ein Mensch bist«: zu akzeptieren, dass ich diese unsympathischen Teile in mir habe, und aufzuhören, immer wieder gegen mich selbst zu protestieren. Die Märtyrerin, die Schneekönigin und die Gefügige: Sie alle entstammen genau diesem Zwiespalt des Selbst.

In seinem Buch *Achtsames Mitgefühl*[35] schreibt der Psychologieprofessor Paul Gilbert, dass wir uns unser Aussehen nicht aussuchen könnten und es auch nicht in unserer Entscheidungsgewalt liege, ob wir eine genetische Disposition für Erkrankungen haben. Genauso wenig hätten wir Einfluss darauf, welche Emotionen wir erleben, die unser Gehirn erzeugt.

Abgesehen von der Tatsache, dass wir uns unsere Gene nicht ausgesucht haben, hatten wir auch keinen Einfluss auf andere Schlüsselelemente, die uns geprägt haben, wie zum Beispiel die Tatsache, ob wir in einem Waisenhaus ohne die Liebe und Bindung aufwachsen müssten, die es uns ermöglichen würde, unser volles Potential zu entfalten. Er schreibt weiter, dass er selbst in diesem Fall vermutlich nicht die Fähigkeiten hätte entwickeln können, die ihn zum Professor der Psychologie gemacht haben. Aber all diese Faktoren, die er nicht beeinflussen konnte, haben ihn schließlich zu der Person gemacht, die er ist.

Wenn wir uns unsere schiefe Nase, unsere abstehenden Ohren, unsere Dyskalkulie und unseren Neurotizismus nicht ausgesucht haben, warum sind wir dann so voreingenommen ihnen gegenüber? Und was würde passieren, wenn man sich selbst mit dem Auge eines liebenden Elternteils betrachten könnte? Dieser Blick, der Mama und Papa dazu bringt, endlos viele Fotos von ihrem Kind zu machen, Fotos, die praktisch identisch und – aus der Sicht von Fremden – völlig belanglos sind? Wie wäre es, wenn wir uns selbst mit einem liebevollen Blick betrachten würden? Und wenn es uns gelänge: Wie würde es unser Leben, unsere Beziehungen verändern? »Die Wunden, die uns in einer Beziehung zugefügt wurden, kann nur eine Beziehung heilen«, schreibt Jon Frederickson in seinem Buch *Die Lügen, die wir uns selbst erzählen.*[36] Wenn wir jedoch in einem tief verwurzelten Zwist mit uns selbst in eine Beziehung gehen, dann wird dieser ungeliebte Teil von uns in uns wüten und die Beziehung zerstören, so wie ein verlassenes Kind in einem Akt der Wut einen Baustein zerstört.

In dem Film *Good Will Hunting* von Gus Van Sant ist Will Hunting die Hauptfigur (gespielt von Matt Damon), ein Junge mit einer außerordentlichen Begabung für Mathematik. Will arbeitet als Reinigungskraft am Massachusetts Institute of Technology. Sein Leben ähnelt einer alternativen Version von Paul Gilbert aus der oben zitierten Passage: Hunting ist ein Waisenkind, das zwischen Pflegefamilien hin- und hergegeben wird; in mehreren von ihnen hat er anhaltenden physischen und psychischen Missbrauch erlitten. Nachdem er einen Polizisten angegriffen hat, wird er zu einer Zwangstherapie bei Sean Maguire, einem Psychotherapeuten (gespielt von Robin Williams), geschickt. In einer Szene, die ich nie vergessen werde, kommt Hunting zu Maguire. Der Therapeut ist im Besitz von Gerichtsakten, forensischen Berichten und psychologischen Gutachten. Doch Hunting interessiert sich nicht für das schnöde Papier, Fachwissen, Kompetenz, Lebenslauf von Maguire. Er fragt, ob Maguire persönlich schlimme Sachen erlebt hat. Jetzt öffnet sich das Gespräch: Der Psychiater und der Patient treten aus ihren Rollen heraus und stehen sich gegenüber. Zwei Menschen, die eine ähnliche Art von Leid erfahren haben: Gewalt durch einen Elternteil. Maguire spricht über seinen alkoholkranken Vater, Hunting von seinem gewalttätigen Stiefvater. Am Ende bricht Hunting in Tränen aus und erkennt, dass er nicht Schuld an seinem eigenen Leid ist - Maguire umarmt ihn, die Gestalt aus dem zweiten Stock meines Traums drückt auf die Türklinke und die Klinke gibt nach.

Können wir diese Szene in unseren Herzen nachstellen – auch wenn unsere Wunden nicht so tief sind und das Finale nicht so hollywoodartig ausfällt? Wie können wir unsere nicht vorhandenen, ungeliebten Anteile unterbringen und annehmen?

»*Gib mir einen Namen.*«

Die Nachricht vom unbekannten Absender, die am Ende erschien, lautete: »Gib mir einen Namen.« Ich wusste, dass diese Figur in meinem Leben eine weibliche war. Ich wusste, dass ich einen Namen benötigte, denn weder die Schneekönigin noch der Gefügige noch die Märtyrerin würden mich zu mir selbst führen: Eine vierte Figur ist notwendig und dann die Verwandlung dieses Trios unter ihrem liebevollen Blick.

Ich habe lange nach einem Namen für sie gesucht. Und dann fiel er mir ein, als ich zum wiederholten Mal Olga Tokarczuks Nobelpreisrede las. Liebevolle Gefährtin!

Die liebevolle Gefährtin ist meine innere Instanz, die immer in mir präsent ist und mich leitet, wenn ich mich für das entscheide, was mir dient. Sie ist aus Liebe und Mut gemacht; ohne die Liebe würde der Mut stillstehen, Mut ohne Liebe käme nicht von Herzen. Ich weiß, dass sie seit Jahren in mir wirkt; sie hat mich geleitet, als ich in beruflichen Angelegenheiten »Ja« und »Nein« sagte, sie hat mich in den alten Obstgarten in der Nähe von Krakau gebracht, wo wir später unser Haus gebaut haben, sie hat mich dazu gebracht, den Mann zu lieben, mit dem ich seit siebenundzwanzig Jahren zusammen bin, sie hat mein Herz mit Liebe für meinen Sohn erfüllt, bevor ich ihn kennenlernte, und sie hat mich dazu gebracht, nach ihm zu suchen. Mich überkommt ein mulmiges Gefühl, wenn ich auf einen Angriff nicht reagiere; Tränen benetzen meine Augen, wenn mir eine andere Frau etwas erzählt, das auch ich gut kenne; Wärme steigt in meinem Innern auf, wenn ich einer Unterhaltung zwischen meinem Mann und meinem Sohn zuhöre; ein Gefühl der Fülle, wenn ich im Garten meiner Eltern sitze. Die liebevolle Gefährtin brachte mich dazu, Clarissa Pinkola Estés' *Die Wolfsfrau* regelrecht zu verschlingen, ein langes und bedeutungsschweres Buch, vielleicht das wichtigste Buch in meinem Leben. Sie sagte: »Geh zum Yoga.« Und als ich aufhören wollte, sagte sie: »Gib nicht auf, bleib da. Fange einfach noch mal an.«

Und sie, die liebevolle Gefährtin, sagte zu mir: »Schreibe ein Buch.«

Gott weiß, wie viele Dummheiten ich auf meinem Weg begangen habe, wie oft ich mich geirrt und wider besseres Wissen gehandelt habe, und dennoch hat mich die liebevolle Gefährtin nie enttäuscht. Ob es mir gut ging, hing nicht davon ab, was sie sagte, sondern davon, ob ich überhaupt auf ihre Stimme hörte.

Die liebevolle Gefährtin ist älter und jünger als ich.

Ich habe den Eindruck, dass sie zwei grundlegende Aufgaben hat.

Aufgabe eins: zusammenfügen, was abgerissen ist

Die Teile von mir zu integrieren, zusammenzufügen, zu verschmelzen, die mein Ego, meine Angst, meine falschen Gewohnheiten gerne irgendwo auf einem Dachboden oder im Keller, im zweiten, dritten Stock oder im dritten Untergeschoss verstauen würden. Diese Teile wurden irgendwann im Leben abgerissen, und zwar schon sehr früh.

Was an uns schwierig und unvollkommen erscheint, ist nicht durch unseren Willen entstanden. Es ist das Ergebnis eines Zusammentreffens von Ereignissen, die uns seit unserer frühen Kindheit geprägt haben. Vor langer, langer Zeit, da kam die Angst vor dem Verlust von Wärme, Geborgenheit und Liebe auf. Das kleine Du und das kleine Ich, das kleine Wir: Wir haben uns eingebildet, dass wir etwas tun müssen, um uns diese Liebe zu verdienen. Dass das, was wir in Wirklichkeit sind, nicht ausreicht. Wir müssten uns anders verhalten, anders sprechen, anders aussehen, Gefühle anders ausdrücken. Wir beschneiden also unser wahres Antlitz, wir schneiden ab, was falsch wirkt. »Ein gutes Mädchen benimmt sich nicht so.« Schnipp, schnapp. Die Wut und der natürliche Drang zur Rebellion werden abgeschnitten und der Weg für die Gefügige geebnet. »Du musst dich mehr anstrengen, du bist so faul und hässlich.« Schnipp, schnapp. Die Selbstakzeptanz wird herausgeschnitten, damit die Schneekönigin sich auf ihrem Thron breitmachen kann. »Deine Bedürfnisse sind unwichtig.« Schnipp, schnapp. Bei diesem Geräusch senkt die Märtyrerin ihren Kopf. Ein ziemlich grausames Experiment[37], das Harry Harlow in den 1930er-Jahren durchgeführt hat, zeigt, wie ursprünglich und grundlegend dieses Bedürfnis ist. Harlow schuf zwei Arten von Affenbaby-»Müttern«. Die Affenbabys hatten die Wahl zwischen einer »Mutter«, die Milch spendete, jedoch aus Draht nachgebildet war, und einer, die nicht füttern konnte, ebenfalls aus Draht gemacht, aber mit Fell bespannt war – mit ihr konnten die Äffchen kuscheln. Wie du dir wahrscheinlich denken kannst, wählten die Affen bevorzugt die stoffbespannte »Mutter« – selbst wenn dies bedeutete, dass sie keinen Zugang zu Nahrung hatten.

Es gibt keinen Hinweis darauf, dass das Bedürfnis nach Nähe, Wärme, Liebe und Verbundenheit bei Menschenkindern weniger oder weniger grundlegend ist als bei Affenbabys. Für die Bindung würden wir alles tun, zumal wir rein biologisch gesehen nicht überleben, wenn ein Elternteil uns verlässt. So stellt sich das Kind darauf ein, die Bindung zu erleben und nicht zu riskieren, sie zu verlieren. Es zieht die Bindung der Äußerung seiner Bedürfnisse vor, wenn es vermutet, dass es sonst seine Bezugsperson zu verlieren droht. Wenn seine Bezugsperson sich abwendet, wenn es anfängt zu weinen, lernt es, dass es nicht weinen soll. Wenn es seine Wut äußert und den Ärger oder die Enttäuschung seiner Bezugsperson darüber sieht, dann lernt es, seine Wut zu verbergen. Und noch etwas: Wenn die Bezugsperson zu weinen beginnt, während es selbst weint, gerät seine ganze Welt ins

Wanken – also schluckt es die Tränen hinunter und tut so, als sei alles in Ordnung.

Ist dir aufgefallen, dass in schlechten Filmen die Charaktere eindimensional sind? Gibt es überhaupt »die Guten« und »die Bösen«?

Du kommst ins Zimmer, während der Film schon seit 45 Minuten läuft, lässt dich aufs Sofa fallen, zeigst auf den Bildschirm und fragst die Person, die diesen Film von Anfang an schaut: »Ist er ein Guter oder ein Böser?« Manchmal muss man nicht einmal nachfragen, ein Blick auf das grimmige Gesicht der Figur genügt, um zu verstehen, worum es geht. Aber unser Leben ist kein schlechter Film. Die Figuren sind komplex, die Frage, wer gut und wer böse ist, entbehrt jeglicher Grundlage. Eine Mutter, die kaltherzig wirkt – in einem schlechten Film würden wir ein weinendes Baby im Laufgitter sehen und wie die Mutter aus dem Zimmer geht, um auf dem Balkon eine Zigarette zu rauchen, obwohl sie noch stillt –, könnte in einem Film wie auch im wahren Leben an einer postnatalen Depression leiden. Der Vater, der seine Familie verlässt – in einem schlechten Film wäre er nur ein Arsch, der seine Familie im Stich gelassen hat. In dem Film, der das Leben ist, hat er als Junge wahrscheinlich keine sichere Beziehung erlebt. Würde der Film von seiner Kindheit handeln, würde in der Szene, in der er dem wegfahrenden Auto seines Vaters hinterherschaut, das Mitgefühl des Publikums geweckt.

Einer meiner absoluten Lieblingsfilme – mein Mann stößt immer dann einen verzweifelten Seufzer aus, wenn ich beim Zappen auf diesen Film stoße, weil er weiß, dass ich ihn zum x-ten Mal bis zum Ende schauen werde – ist der Film *The Hours*, der auf Michael Cunninghams wunderbarem gleichnamigen Roman basiert. Eine der drei Hauptfiguren ist Laura Brown, gespielt von Julianne Moore, eine Hausfrau, Ehefrau und Mutter eines kleinen Jungen. Es sind die 1950er-Jahre in den Vereinigten Staaten. In der perfekt geputzten Küche steht in einer Kristallvase ein Strauß gelber Rosen, den Laura von ihrem Mann bekommen hat. Als er zur Arbeit fährt, lüftet sie den Vorhang und lächelt. »Wir werden Papa zu seinem Geburtstag einen Kuchen backen, damit er weiß, dass wir ihn lieb haben«, sagt sie zu ihrem Sohn. Der Kuchen ist nicht so geworden, wie sie es wollte. Am selben Tag fährt sie ihren Sohn zum Babysitter und fährt allein in ein Hotel. Sie mietet ein Zimmer und bittet darum, nicht gestört zu werden. Sie legt sich auf das Bett und holt orangefarbene Fläschchen mit Medikamenten aus ihrer Tasche. In einer für mich schockierenden Szene sehen wir eine »glückliche Hausfrau«. Sie ist im fünften Monat schwanger. Sie trägt ein braunes, gebügeltes Kostüm, ist tadellos frisiert. Sie liegt auf einem Hotelbett. Das Bett sinkt, Wellen trüben Wassers steigen auf, überfluten die Matratze und Laura wird für einen Moment von dem Wasser verschlungen.

Laura will sich umbringen.

Aber sie tut es nicht. Sie schnappt nach Luft wie jemand, der es im allerletzten Moment an die Oberfläche geschafft hat. Sie setzt sich abrupt auf das Hotelbett und schluchzt. Sie tut es nicht.

Am selben Nachmittag trifft sie eine Entscheidung: Sie wird ihre Familie verlassen, wenn sie ihr zweites Kind zur Welt gebracht hat. Und das tut sie auch.

»Was für eine Mutter lässt ihre Kinder im Stich?« Das wird sich wohl jede von uns fragen. Aber die liebevolle Gefährtin schweigt. Sie weiß, dass das Leben kompliziert und verworren ist und dass wir uns letztendlich alle nach Liebe sehnen. Nicht alle von uns wissen, wie man sie gibt und – was manchmal noch schwieriger ist – wie man sie nimmt.

Deine Eltern haben ihr Schicksal getragen. Man weiß nicht, wie viel sie in ihrem Rucksack hatten. Hat das deinen Schmerz, dein Leiden gemildert, als du noch zu klein warst, um für dich selbst zu sorgen? Nein. Schmerz ist Schmerz.

Ich kann und will nicht die moralische Verantwortung von Eltern debattieren, die nicht »gut genug« waren. Niemand weiß, was sie mit sich schleppen, wie viele Schlachten sie schlagen mussten, inwieweit die Tatsache, dass ihre Töchter und Söhne zu verwundeten Menschen heranwuchsen, ihre Entscheidung war und inwieweit das Ergebnis ihrer eigenen Schmerzklumpen und ihrer eigenen Wunden. Vielleicht hat Laura Brown einen viel härteren und schmerzhafteren Kampf um die Liebe ihres Kindes geführt als die Mutter, die neben ihr auf der Spielplatzbank saß und ihr Kind nie verlassen hat. Das weißt du nicht und ich weiß es auch nicht. Und noch einmal: Werden die Kämpfe, die sie in gewisser Weise verloren hat, als sie ging, das Leid ihres Sohnes lindern, der als erwachsener Mann kein Happy End in seinem Leben finden wird? Nein.

Ich weiß, dass ein Kind nur das »Ja« oder das »Nein« versteht, das von der Welt kommt, das heißt von den Menschen, die ihm nahestehen.

Wenn niemand in der Nähe ist, hört es: »Nein. Verschwinde, die Welt will dich nicht.«

Wenn sich die Bezugsperson einmal nähert und dann wieder entfernt, prüft das Kind, wann dies »Ja« und wann es »Nein« heißt, und opfert den Teil von sich, der auf ein »Nein« trifft, um ein »Ja« zu hören.

Dieses »Ja« bedeutet: »Du kannst hier sein, in dieser Welt, es gibt einen Platz für dich. Du bist willkommen in meinen Armen, das heißt: in der Welt.«

Ich habe eine interessante Entdeckung gemacht: Was ein Kind als »Nein« versteht, muss nicht unbedingt auf Kälte, Distanz oder Ablehnung durch die Eltern zurückzuführen sein. Im Gegenteil: Die Überbesorgtheit kann dasselbe auslösen. Wenn zum Beispiel die Kindseltern noch sehr jung sind und absolut keine Ahnung haben, wie sie sich um das Kind kümmern sollen, und sie, entgegen dem, was sie in der Werbung gesehen haben, und entgegen den gut gemeinten Ratschlägen zahlreicher Tanten doch nicht mit dem sogenannten mütterlichen oder väterlichen Instinkt gesegnet sind, dann werden diese Kindseltern einfach nur entsetzt sein. »O Gott, sie weint schon wieder! Warum weint sie, ich habe sie gerade gefüttert! Hast du den Ausschlag gesehen? Mein Gott, und wenn das was Schlimmes ist? Warum runzelt sie so die Stirn, kannst du bei ihr Fieber messen, sie hat so eine seltsame Röte im Gesicht!« Die Welt eines Kindes, dessen Eltern nicht entspannt sind, zittert. Ein solches Kind wird sich ängstlich fühlen – nicht, weil die Eltern sich nicht um es kümmern, wenn es weint oder nicht schläft, sondern gerade, weil sie sich so sehr kümmern und dennoch nicht sicher genug sind, dass sie das Richtige tun. In diesem Sinne können die Überfürsorglichkeit und die Ängste der Eltern von einem Säugling oder einem Kleinkind entgegen der Absicht als eine Form der Ablehnung, als eben dieses »Nein«, interpretiert werden. »Nein, die Welt ist kein sicherer Ort, an dem dein Weinen, deine Grimasse, deine Wut Sicherheit finden.«

Da ich selbst Mutter bin, weiß ich, dass man, auch wenn man sein Kind über alles liebt, mit einer Liebe, die wirklich grenzenlos ist, nicht umhinkommt, auch einmal »Nein« zu sagen. In diesem Sinne ist jeder Mensch dazu verdammt, das zu erleben, was Gabor Maté[38] als Trauma definiert hat: In seinen zahlreichen Büchern und sehenswerten Vorträgen auf YouTube sagt Maté, dass Trauma kein tragisches Ereignis ist, das nur wenigen widerfährt. Man muss kein Soldat sein, der seine Freunde an der Front hat sterben sehen, oder eine Frau, die als Kind von ihrem Stiefvater sexuell missbraucht wurde, um traumatisiert zu werden. Nach seiner Definition ist Trauma nicht einmal das, was uns passiert ist, sondern unsere innere Reaktion auf das, was passiert ist, es ist eine innere Korrektur, über die ich oben geschrieben habe – die Entscheidung unseres inneren Systems, ein Stück unserer eigenen Identität abzutrennen. Es ist wie in dieser typischen Szene in Katastrophenfilmen: Wenn klar wird, dass jemand aus dem leckgeschlagenen Rettungsfloß geworfen werden muss, weil es zu schwer ist. Sinkt es, sterben alle. Also wird jemand über Bord geworfen und ertrinkt. Auf diese Weise trennen wir uns von dem Teil, der für Zwist sorgt oder zu diesem Zeitpunkt für uns einfach nicht händelbar ist. Wir trennen uns, um zu überleben.

In seinem Vortrag auf der ACES-Konferenz in Schottland[39] sagte Gabor Maté, dass ein Trauma nicht das sei, was uns widerfahren ist, zum Beispiel die Trennung unserer Eltern. Die seien nur die Ereignisse, die das Trauma verursacht haben. Ein Trauma sei vielmehr das, was uns in der Folge geschieht. Es ist ein »inneres Ereignis«, eine Wunde (die Herkunft des Wortes ist griechisch und es bedeutet so viel wie »Verwundung«). Eine Folge des Traumas ist Schmerz und schließlich eine emotionale Abgrenzung von unserer Umgebung und letztlich von uns selbst. Gemäß Maté verlieren wir die Kommunikation mit uns selbst.

Was in uns abgetrennt wurde, womit wir die Verbindung verloren haben, verschwindet nicht. Zuerst gefriert es, wird zu einem erstarrten Energieklumpen. Dann wird es alltäglich, zur Gewohnheit, die durch die Botschaften, die wir innerhalb und außerhalb des Hauses hören, verstärkt wird. Nicht herausgeweinte Sorgen, erstarrte Ängste, unausgesprochene Wut: Dies alles erstarrt in uns. Ein Beispiel: Du hast die Erfahrung gemacht, dass deine Mutter wütend wurde, wenn du weintest; das heißt, du hast die Botschaft erhalten, dass dein Weinen ein »Nein« auslöst (als sie ein Mädchen war, hat sie mit Sicherheit dasselbe von ihrer Mutter erfahren). Als du dann ein bisschen größer warst, hat sie sich mit Worten gemeldet, die du zu verstehen begonnen hast.

»Warum heulst du? Ist doch nichts Schlimmes passiert! Hör endlich auf zu brüllen.« In dir hat sich also etwas entwickelt, was die kognitive Verhaltenspsychologie als kognitives Schema bezeichnet. Dein inneres GPS sagt dir, welchen Weg du einschlagen musst.

Ein solches Schema entsteht auf der Grundlage von Glaubenssätzen. Grundlegende Glaubenssätze sagen dir, wie die Welt strukturiert ist und welchen Platz du darin einnimmst – wer du bist, wie du bist. Vermittelnde Glaubenssätze sagen dir, wie du in dieser Welt funktionieren kannst. Wenn sich die Bezugspersonen von dir zurückziehen, wenn du weinst, dann kannst du einen Glaubenssatz entwickeln: »Ich bin nicht gut genug.« Eine eher operative, vermittelnde Überzeugung lautet zum Beispiel: »Wenn ich meine Traurigkeit zum Ausdruck bringe, werde ich zurückgewiesen.« Und dann läuft alles nach dem gleichen Muster ab: Du lernst, deine Tränen hinunterzuschlucken. Du vergräbst deine Traurigkeit so tief, dass du nicht einmal weißt, dass du sie selbst fühlst.

Dreißig, vierzig, fünfzig Jahre später kommt eine erwachsene Frau zu meinem »Zimmer für sich allein«-Workshop und erzählt ihre Geschichte oder hört sich die Geschichte einer der anderen Frauen an. Zum ersten Mal seit langer Zeit berührt sie ihren Kummer – oder er berührt sie. Die Traurigkeit wird im Bauch geboren, wandert nach oben, was hart ist, schmilzt, die Augen füllen sich mit Tränen. Was zart, zerbrechlich, kindlich ist, was sich nicht durch akademische Titel, Eyeliner und Wimperntusche verdecken ließ, will raus. Eine Träne will sagen: »Ich bin.« Und dann geht es los: »Oh Gott, Entschuldigung! Es tut mir leid«, sagt sie panikartig, »ich habe mir geschworen, nicht zu weinen! Oh Gott, jetzt fange ich schon wieder an zu heulen!« Sie versucht es … Drücken wir ihr die Daumen, dass es ihr nicht gelingt, die Handbremse anzuziehen und zu denken: »Bescheuerte Tränen, einfach bescheuert, ich habe es schon so oft gesagt!« Es folgt eine Welle allgemeinen Mitfühlens, Hände greifen in die Taschen und suchen nervös nach Taschentüchern, Taschentücher wandern von rechts nach links, »Sorry, sorry, ich höre schon auf!«. So ist es fast immer, bis wir es zur Regel machen, dass Tränen nicht nur in Ordnung sind, sondern dass sie unsere Gefährtinnen und Hinweisgeberinnen sind. Sie führen uns an Orte, die gesehen werden wollen, wir wollen diese Tränen, wir rufen: »Kommt zu uns, endlich, wir haben auf euch gewartet!« Wir haben jahrelang gewartet, wir haben gewartet und dachten, sie seien ein Grund für Scham. Um den Tränen zu begegnen, musst du (und muss ich) die anfängliche Angst überwinden.

In seinem Buch *Das Buch vom meditativen Leben. Shambhala und der Pfad des inneren Kriegers*[40] schreibt der buddhistische Lehrer Chögyam Trungpa sinngemäß, dass wir nur furchtlos werden können, indem wir die Angst überwinden. Man müsse sich Befürchtungen, Nervosität, Sorgen und Unruhe stellen, die Oberfläche durchdringen und die Angst von innen heraus betrachten. Das legt laut Trungpa die Traurigkeit in unserem Inneren frei; wir weinen, schluchzen und entdeckten so das erste Zeichen wahrer Kriegerschaft.

Dies ist der Weg, den uns die liebevolle Gefährtin weist. Wenn wir verstehen, dass wir das, was wir wirklich brauchen, nicht durch die Rivalität der Schneekönigin erhalten, dass es uns nicht durch die Unterwürfigkeit des Gefügigen oder die scheinbaren Opfer der Märtyrerin gegeben wird, eröffnet sich uns vielleicht ein neuer Weg, ein Weg zurück zu uns selbst.

Eine Station auf diesem Weg ist der Blick auf die Liebe, die wir mit Sicherheit bekommen haben. Die nicht vergossenen Tränen, die nicht ausgedrückte Wut, all das, was versteckt werden musste, ist nicht nur in uns, sondern auch in unseren Müttern, Großmüttern und Urgroßmüttern verborgen. Umso mehr in ihnen! Jede von uns tut alles, was sie kann, um ihre Kinder so gut wie möglich und so klug wie möglich zu lieben. Das taten auch unsere Mütter und deren Mütter. Ich bin überzeugt, dass – von einigen tragischen Ausnahmen abgesehen – fast alle von uns wirklich geliebt wurden. Ich weiß auch, dass viele von uns sehr streng mit ihren Eltern abrechnen. So streng, als ob es die einfachste Sache der Welt wäre, Mutter oder Vater zu sein, und als ob elterliche Fehler das Ergebnis des schlechten Willens von jemandem wären. Es ist genau das Gegenteil: Elternschaft ist eine ständige Suche nach Wegen zwischen Zweifeln; es ist sehr leicht, sich zu verirren, selbst wenn man eine tolle Karte und eine hervorragende Ausrüstung von den eigenen Eltern hat.

Ich erinnere mich, als eine Freundin mir häufig von ihrer Mutter erzählte. Aus diesen Geschichten ging eine Monstermutter hervor, die ihre Tochter ablehnt, vernachlässigt, kritisiert, ihr die Flügel stutzt und obendrein ihr anderes Kind bevorzugt. Lauter traurige Themen. Doch als diese Freundin bei unseren späteren Treffen mit dem Aufzählen der Ungerechtigkeiten, die ihr von ihrer Mutter angetan worden waren, fertig war, tauchten in ihren Erzählungen ganz andere Bilder auf.

»Dieses Jahr werde ich zum Borschtsch gefüllte Teigtaschen machen«, sagte sie einmal. »Und zwar so, wie es mir meine Mutter beigebracht hat. Ich weiß noch, wie ich auf dem Tisch saß, während sie den Teig knetete. Sie ließ absichtlich etwas Füllung für mich übrig, damit ich davon naschen konnte.«

Bei einer anderen Gelegenheit habe ich gesagt, dass mir ihr Kleid gefällt. Sie antwortete, dass sie es selbst genäht habe. »Weißt du, ich glaube, ich habe dir noch nicht erzählt, dass meine Mutter mir das Nähen beigebracht hat. Einmal sah sie, wie ich versuchte, etwas zu nähen. Sie sagte mir, ich hätte ein Händchen dafür, und brachte es mir innerhalb von zwei Wochen bei. Dann ist sie in dem, was ich für sie geschneidert habe, herumgelaufen, obwohl es ein bisschen schief war.«

Bei einer anderen Gelegenheit war sie empört, als ein Lehrer bei einem Vorstellungsgespräch ihren Sohn beschuldigte, die Lunchbox eines Klassenkameraden leer gegessen zu haben. »Meine Mutter hat mich immer gegen ungerechte Lehrer verteidigt, und ich werde meine Kinder genauso verteidigen!«, sagte sie mir. Hinter dem Porträt der Monstermutter kam eine ganz andere Person zum Vorschein. »Dann war deine Mutter vielleicht gar nicht so furchtbar?«, fragte ich schließlich zaghaft. »Entschuldige bitte, sie war ein Monster«, sagte sie und wechselte damit in das bekannte Narrativ zurück. Aber ich weiß, was ich weiß – ich weiß, dass es im Haus meiner Freundin auch das gab, was in dem Gedicht »Diese Wintersonntage« des amerikanischen Dichters Robert Hayden[41] beschrieben wird.

Those Winter Sundays

Sundays too my father got up early
and put his clothes on in the blueblack cold,
then with cracked hands that ached
from labor in the weekday weather made
banked fires blaze. No one ever thanked him.

I'd wake and hear the cold splintering, breaking,
When the rooms were warm, he'd call,
and slowly I would rise and dress,
fearing the chronic angers of that house,

Speaking indifferently to him,
who had driven out the cold
and polished my good shoes as well.

What did I know, what did I know
of love's austere and lonely offices?

Dieses Gedicht hat mich sehr bewegt. Ich musste erst erwachsen und selbst Mutter werden, um zu erkennen, wie viel Liebe mir in meinem Leben zuteilwurde, wie viele raue, einsame Zuwendungen, aber auch einige ziemlich warme, herzliche mir zuteilwurden. Gab es keine Risse? Natürlich gab es sie, ist doch klar. Ich bezweifle, dass es jemals einen Menschen gegeben hat, der sich nicht einmal abgelehnt gefühlt hat, dessen Eltern nie weggeschaut haben, der nicht das Gefühl hatte, er müsse vor der Welt verbergen, wie er wirklich ist.

Ich weiß auch, dass es Fälle gibt, in denen die Liebe so zerrissen, so löchrig ist, dass die Sehnsucht eines Kindes in ihrer reifsten Form die Vergebung sein kann. Und auch das ist nicht immer möglich. Aber ich glaube auch, dass es sich lohnt, seinen Eltern zu verzeihen, was sie versäumt haben – wenn man das kann. Und dann zu versuchen, noch einen Schritt weiter zu gehen: bis hin zur Dankbarkeit für das, was sie uns gegeben haben. Damit all das Gute, das wir erlebt haben – und seien es auch nur kleine Krümel –, nicht in der Mülltonne landet.

Ich glaube, dass man mit wachen Augen und einem offenem Herzen diese Güte finden kann. Ich möchte, dass mein Sohn, der jetzt siebzehn Jahre alt ist, sich irgendwann als Erwachsener nicht nur daran erinnert, was ich ihm angetan habe, sondern auch an die Liebe, die er von mir bekommen hat.

Und was ist damit, was uns unsere Eltern nicht geben konnten, obwohl wir hungrig danach waren? Ich glaube, hier beginnt unsere Arbeit – die Arbeit eines erwachsenen Menschen, einer erwachsenen Frau, die sagt: »Meine Eltern haben mich geliebt. Jetzt gehe ich dorthin, wo diese Liebe durchgeschlagen ist, wo es einen Riss gab oder wo es keinen Riss gab –, aber ich sie trotzdem gefühlt habe. Ich werde dorthin gehen und diesen Ort in mir selbst berühren, ihn sehen und reparieren, ihn mit goldenen Fäden zusammenkleben, so wie man nach der japanischen Kunst des Kintsugi zerbrochene Gefäße wieder zusammenfügt. Dank dem, was ich erhalten habe, habe ich die Kraft, dorthin zu gehen.«

Auf diesem beschwerlichen Weg wird die liebevolle Gefährtin helfen – sie ist eine Mutter, die sich geliebt fühlt und deshalb auch Liebe geben kann. Die liebevolle Gefährtin führt uns zu den Orten, die wir bis in die Unterwelt verdrängt haben. Sie sagt: »Jetzt kannst du hierherkommen. Schau: Hier ist die Traurigkeit, fühle sie. Hier ist die Angst, berühre sie. Denn das bist auch du.«

Aufgabe zwei: die Suche nach dem weiblichen Geist

Die zweite Aufgabe der liebevollen Gefährtin besteht darin, uns die Welt als einen Ort zu zeigen, der voller Geheimnisse und uns wohlgesinnt ist. In der Sprache der Religion kommt dies dem Glauben an die Existenz Gottes nahe. Die liebevolle Gefährtin verändert jedoch deutlich meine Vorstellungen darüber, wer oder was Gott ist.

Mein erster Gott war ein patriarchalischer Gott – ja, was für ein Gott sollte er denn sein, wenn bei meiner Geburt die Frauen in der Schweiz noch nicht das Wahlrecht hatten? Der patriarchalische Gott, in dessen Namen die weniger weisen Priester von ihren Kanzeln donnerten, sah mich mit strengem Blick an wie der Schöpfer auf Michelangelos Fresko in der Sixtinischen Kapelle: ein grimmiges, strenges Gesicht, gerunzelte Augenbrauen – diesem Gott gefällt nicht, was er sieht. Eine ausgestreckte Hand, eine Geste, die kaum anders zu übersetzen ist als mit dem Wort »raus«. Mit diesem Gott ist nicht zu spaßen.

Mein zweiter Gott hatte schon ein anderes Gesicht – das war, als der Beichtvater mir Simone Weil oder Bonhoeffer zur Lektüre auftrug: Er war sanfter, offen für Gespräche, aber darüber hinaus – das spürte ich sehr deutlich – war er ein Gott der männlichen Energie des Entweder-oder, der Schuld, der Sünde und der Reue.

Auf meinem Weg zu dem, was ich spirituelle Polyamorie nenne, folgte ich der Stimme der liebevollen Gefährtin. Sie war es, die Zeichen auf meinen Weg gelegt hatte, die mich davon überzeugten, dass die Welt aus dunklen und hellen Mächten besteht, ihr Inneres aber aus Licht gewoben ist.

Die liebevolle Gefährtin sagt mir, dass wir – vor allem wir Frauen – getäuscht worden sind: von den strengen, kalten Geboten, die von den Kanzeln kommen. Tatsächlich sind es die kleinen Dinge, die zählen: eine Wange, die das Gras berührt, ein Gespräch mit einem Freund über die Farbe der Wolken. Ich spüre jetzt deutlich, dass Gott eine diffuse Energie des Lichts ist, die uns durchdringt. Ihre Wirkung endet nicht an der Hautoberfläche, sondern dringt tief ein und durchströmt uns umso mehr, je freier wir versuchen, uns selbst Liebe zu schenken.

In den Straßen der Städte, in denen wir leben, stehen Denkmäler von Generälen und Königen. Es ist eine toughe Welt, die von Siegen und Entbehrungen geprägt ist. Ich habe das Gefühl, dass das wirkliche Leben woanders stattfindet, im Alltäglichen, es zeigt sich in den kleinen Dingen, im Sonnenlicht, das sich morgens auf die Tür des Schlafzimmerschranks legt.

Ich schreibe diese Worte und die linke Hemisphäre meines Gehirns spielt verrückt; ich schreibe und es ist, als würde ich gegen den Wind laufen. »Licht?«, höre ich eine spöttische, kritische Stimme in mir. »Dein Ernst? Willst du jetzt echt diesen Mist über Sonnenlicht und Schranktüren schreiben? Was soll das sein? Der Aufsatz einer 12-Jährigen?!«

Ich konnte meinen Kampf mit dieser Stimme, der Stimme des kühlen, hyperrationalen Kritikers, des Bruders der Schneekönigin, noch nicht endgültig zum Ende bringen. Es ist mir aber gelungen, trotz dieser kritischen Stimme zu schreiben; denn die liebevolle Gefährtin motiviert mich: »Schreib.« Dann fühle ich, dass du, wenn du das hier liest, nahe bei mir bist.

Wir leben in einer hyperrationalen Welt. Zumindest scheinbar, denn wir alle handeln unter dem Einfluss von Emotionen, auch wenn es sich dabei oft um unbewusste Emotionen handelt. Die linke Gehirnhälfte genießt ein höheres Ansehen als die rechte: Das Rationale scheint besser zu sein als das Emotionale. Dies ist die Folge vom Primat der männlichen Energie, die in der westlichen Welt vorherrscht. Aus der Perspektive dieser Energie ist das Erkennbare dem Nichterkennbaren überlegen; und die beste Herangehensweise, das Erkennbare zu untersuchen, bietet die Wissenschaft. Wichtig und anerkannt wird das, was bewiesen werden kann und was sich kausal begründen lässt. Unser Verstand sucht nach linearen Erklärungen: Es gibt eine Ursache und eine Wirkung. Es regnet, also ist dein Haar nass. Die Tasse ist vom Tisch gefallen, deshalb ist sie zerbrochen. Du hast ein Sonnenbad genommen und dabei sind deine Sommersprossen zum Vorschein gekommen. Du hast für die Prüfung nicht gelernt und bist deshalb durchgefallen. Er hatte sein Telefon zu Hause vergessen, also konnte er deinen Anruf nicht annehmen. Ist das alles nicht wahr? Doch, ganz klar, alles wahr. Aber ist damit alles erklärt?

Ich wette, du hast schon einmal – von deinem Partner, deiner Partnerin, deinem Freund, deiner Chefin – den Satz »Ich verstehe dich nicht« zu hören bekommen. Dieser Satz endet mit einem verständnislosen und kalten Punkt, der sich nicht in ein Fragezeichen verwandeln wird. Dieses »Ich verstehe dich nicht« ist wie das Zuschlagen einer Tür: Ich verstehe dich nicht und will dich nicht verstehen; was du sagst, was du tust, ist seltsam, nicht so, wie es mir passt – also wende ich meine Augen von dir ab. Mir scheint, dass die Hyperrationalisten, die die Realität mit einem scharfkantigen Lineal vermessen, der Welt dasselbe sagen, wenn sie sich weigert, sich ihren Messungen zu unterwerfen. Und sie vermessen alles, was gemessen werden kann. Und sie lehnen ab, was nicht vermessen werden kann.

Ich erinnere mich an eine Podiumsdiskussion, bei der es zu einer Konfrontation zwischen mir und einem Herrn kam. Der Herr hat einen ziemlich populären Vorwurf gegen mich formuliert: »Was Sie sagen, ist nicht rational!« Ich antwortete: »Was Sie sagen, ist nicht intuitiv!« Ich antwortete und freute mich, als dieser Satz aus meinem Mund kam (ich gehöre zu den Menschen, die ihre Gedanken erst sehen, wenn sie ausgesprochen werden, was mich in ernsthafte Schwierigkeiten bringt). Warum wird die rationale Ordnung automatisch als eine höhere Ordnung betrachtet? Warum finden wir das, was wir mit unserem Verstand, genauer gesagt, mit seiner linken Hemisphäre, erfassen können, wichtiger als das, was uns verborgen bleibt? Als ob die »Rationalen« eine Forderung stellen würden: »Ich verstehe dich nicht, Welt. Sprich so, dass ich dich verstehe, sprich in meiner Sprache, sonst höre ich dir gar nicht zu.«

Der bewegendste Moment in meinem gesamten Leben war, als ich meinen Sohn zum ersten Mal sah. Die Dame von der Adoptionsstelle ging in das Zimmer, in dem er lag, legte ihn in einen Wagen und brachte ihn in den Raum, in dem wir warteten. Als ich ihm zum ersten Mal in die Augen schaute, geschah etwas mit mir, was ich nie zuvor oder danach erlebt habe: Es war, als ob die Zeit stehen geblieben wäre, als ob sich ein Raum mit völlig anderen Eigenschaften aufgetan hätte. Wir sahen uns beide an: mein Sohn und ich. Mein Mann, der diesem Moment beiwohnte, sagte mir hinterher, es sei, als ob sich mein Gesicht in eine Sonne verwandelt hätte. Ich weiß nicht, wie lange es angehalten hat. Vielleicht nach einer Minute, vielleicht nach zehn Sekunden, vielleicht nach einer halben Stunde hörte ich Geräusche, ein Lachen und schließlich Worte: »Sie kann jetzt nichts hören«, sagte jemand mit liebevoller Freude.

Wenn jemand, der nur an das Messbare glaubt, an eine Welt der falsifizierbaren Hypothesen, an eine Welt der kalten Sprache, in der das Nichtmessbare zum Vorwurf wird, an der Tür dieses Raumes gestanden hätte: Welche Worte hätte er oder sie für diese Situation finden können? Wie viel Prozent dieses Ereignisses würde er oder sie beschreiben können, wie stark müsste er oder sie die Intensität dieses Erlebnisses reduzieren, um es in den Rahmen seiner Weltsicht zu pressen? Wie würde er oder sie es bezeichnen? Dissoziation? Adrenalinstoß?

Ich weiß, dass es auch in deinem Leben einen solchen Moment gab.

Die versteckten Bedeutungen, von denen Veronika (oder ist es Veronique?) in Kieślowskis Film spricht, spielen mit uns: »Alles öffnet und schließt sich.« Aber es gibt diejenigen, die nie das Glück haben werden, solche Momente, solche Risse zu erleben.

Zadie Smith, eine meiner Lieblingsschriftstellerinnen, sagte bei einem Autorentreffen 2011 in Krakau, dass viel über bessere und schlechtere Schriftsteller gesprochen wird, aber nicht darüber, dass eine ähnliche Typologie auch für Leser gelten könnte: Dabei gibt es auch sie, die guten und die schlechten Leserinnen und Leser. Einige von uns (und ich zähle zu denen, die überhaupt lesen!) sind in gewisser Weise lesende Grafomanen. Mehr noch: Manchmal ist ein und dieselbe Person (ich sage das ausgehend von der eigenen Erfahrung) mal eine gute, manchmal eine sehr schlechte Leserin: abgelenkt, oberflächlich, zynisch. Gilt nicht das Gleiche für das Lesen von Bedeutungen und Zeichen? Manchmal sind wir offen für sie, manchmal verschlossen.

Wenn wir dafür offen sind, dann kommt es zur Synchronizität. Synchronizität lässt sich nicht durch Ursache und Wirkung erklären. Synchrone Ereignisse zeigen uns, dass unsere Realität von geheimnisvollen Verbindungen und Bedeutungen durchdrungen ist, die sich nicht mit linearen Begriffen beschreiben lassen. »Erstaunlich! Ich habe gerade an dich gedacht!«, sagst du zu einer Freundin, die dich soeben angerufen hat. »Na sieh mal an! Gerade wollte ich das Gleiche sagen!«, rufst du überrascht deinem Partner entgegen. Die Synchronizität ermöglicht es, dass verborgene Bedeutungen für einen Moment in unseren Alltag eindringen.

Mir ist zum Beispiel einmal etwas Ähnliches passiert: Ich saß in meinem Zimmer, und anstatt eine Schulung vorzubereiten, dachte ich über meine Haare nach. Du kennst ja auch diese Überlegungen – wachsen lassen oder abschneiden? Pony oder kein Pony? Oder vielleicht ein kühles Blond, denn auf meinem Kopf gibt es derzeit zu viel Gelbtöne. Natürlich hat man uns beigebracht zu glauben, dass solche Überlegungen oberflächlich und zweitklassig sind, wenn man bedenkt, wie viel auf dem Spiel steht, wenn es darum geht, ob bei einem wichtigen Fußballspiel ein Elfmeter verschossen wird oder nicht – ich aber verweigere mich dieser Denkweise. Niemand kann mir sagen, dass ausufernde Diskussionen wegen eines Kratzers auf dem Kotflügel wichtiger sind als ausufernde Diskussionen um die Wahl des Nagellacks.

Ich ließ mich also von meinen Überlegungen treiben, suchte bei Google nach »kühles Blond«, klickte auf »Bilder«, und plötzlich kam ein völlig anderer Gedanke, der mich sehr überrascht hat. Das klang ziemlich wundersam: »Mein Haar will wachsen.« Ich war erstaunt. »Ihr wollt wachsen?«, fragte ich meine Haare, aber sie antworteten nicht, wie Tiere am Weihnachtsabend eine Minute nach Mitternacht. Aber ich, die seit vielen, vielen Jahren mein Haar kurz trage, hatte das

Gefühl, dass ich diese Botschaft nicht ignorieren durfte, denn wie die Heldin der wunderbaren Serie *Fleabag*[42] sagte: »Hair is everything.«[43] Du und ich, befreit von der Welt des Entweder-oder, wir wissen, dass es ein Scherz war und dass sie es gleichzeitig todernst meinte und dass wir ihr absolut nicht zustimmen und gleichzeitig doch. Mein Haar wollte wachsen. Meine Güte. Dann heißt es also wachsen lassen? Ich spürte, wie das Thema in mir raumgreifender wurde, wie es anschwoll und mich fast um den Verstand brachte. Also musste ich das tun, was ich in solchen Situationen immer tue, nämlich sofort meinem Mann davon erzählen, der mit diesen Grübeleien irgendwie gut umgehen kann, und dann geht es mir gleich besser. Mein Mann saß im Nebenzimmer und tippte auf seinem Computer herum. Sein Blick wanderte immer wieder zum Fernseher, wo gerade eine Nachrichtensendung lief. »Schalte bitte den Fernseher aus«, bat ich. »Ich muss dir etwas sehr Wichtiges sagen.« Ich setzte mich ihm gegenüber auf die Treppe. Ich holte tief Luft. »Weißt du, was ich gerade verspürt habe?«, fragte ich besorgt. »Ich weiß es«, antwortete mein Mann ruhig. »Das glaube ich nicht!«, rief ich fast triumphierend wie jemand, der unerwarteten heißen Gossip in die Gesellschaft trägt. »Ich weiß«, wiederholte Wojtek, »dass dein Haar wachsen will.«

Haben wir schon vorher über meine Haare gesprochen? Nein, in den letzten Wochen definitiv nicht. Habe ich in den letzten Tagen laut darüber nachgedacht? Nein, dieses Mal nicht. Mein Mann wusste, dass mein Haar wachsen wollte, und zwar aus dem einzigen Grund: Weil wir durch unsichtbare Fäden verbunden sind, weil die Welt von einem Geheimnis durchdrungen ist, zu dem das hyperrealistische, das wissenschaftliche, das konkrete, das kausale Denken keinen Zugang hat. Wenn man scheinbar unzusammenhängende Dinge aus einer anderen Perspektive (aus der Nähe? Oder vielleicht nur aus der Vogelperspektive?) betrachtet, ergeben sie ein klares Verbindungsmuster.

Olga Tokarczuk beschreibt in einem Text für die polnische Wochenzeitung Tygodnik Powszechny die Welt sinngemäß als Ort voller Bedeutungen und synchroner Ereignisse. Sie, die Welt, gebe Zeichen nach außen wie nach innen. Dabei bestehe der Unterschied zwischen dem Außen und dem Innen nur scheinbar: »Die Welt, die wir wahrnehmen, ist also in gewisser Weise eine Erweiterung der inneren Welt.« Der Beweis, dass es einen Gott gebe, sei für Tokarczuk die Existenz der Synchronizität. Mein dritter Gott hat das Geschlecht gewechselt. Das liegt vor allem daran, dass die beiden vorherigen männlich waren – es ist also eher ein Ausdruck der Suche nach Ausgewogenheit als ein geschlechtsspezifisches Spiel. In letzter Zeit habe ich mir Gott als weiblichen Heiligen Geist vorgestellt. Das sind die Worte, die ich in mir selbst gefunden habe, obwohl ich nicht verspreche, dass dies meine letzte geistige Station sein wird. Der weibliche Heilige Geist unterscheidet sich sehr von den beiden vorherigen Personifikationen meines Gottes. Erstens: Er ist diffus wie Licht, Luft und Wind. Er befindet sich nicht nur an irgendeinem Ort, sondern überall. Er spricht nicht durch ausgewählte Vertreter, sondern durch jeden einzelnen Menschen. Diese weibliche Erscheinung spricht durch Bäume, Blätter, sie ist der Gott der kleinen Dinge. Ich stelle mir vor, dass sie ganz in der Nähe ist und genau beobachtet, wie jemand, der sich ins Gras gelegt hat und den Spaziergängen der Ameisen folgt. Sie ist auch in mir, woran mich die liebevolle Gefährtin erinnert, die ich als eine Art Statthalterin betrachte – nur dass es in der Welt des weiblichen Heiligen Geistes keine Hierarchie gibt. Es gibt noch einen weiteren Unterschied: Ich habe das Gefühl, dass diese Gottheit mich braucht und nicht nur ich sie brauche. Ich spüre, dass sie mich sucht, dass es ihr nicht gleichgültig ist, ob ich auf sie zugehe oder in die entgegengesetzte Richtung laufe. Bei dieser Suche ist sie hartnäckig, und das rührt mich und lässt das Harte in mir wegschmelzen.

Eine Spur dieser Verbindung fand ich viele Jahre vor der Entdeckung des weiblichen Geistes in einem Gedicht von Rilke[44]:

Was wirst du tun, Gott, wenn ich sterbe?
Ich bin dein Krug (wenn ich zerscherbe?)
Ich bin dein Trank (wenn ich verderbe?)

Bin dein Gewand und dein Gewerbe,
mit mir verlierst du deinen Sinn.

(…)

Dein großer Mantel lässt dich los.
Dein Blick, den ich mit meiner Wange
warm, wie mit einem Pfühl, empfange,
wird kommen, wird mich suchen, lange -
und legt beim Sonnenuntergange
sich fremden Steinen in den Schoß.

Was wirst du tun, Gott? Ich bin bange.

Rilke – oder zumindest das lyrische Ich in seinem Gedicht – konnte diese Art des anteilnehmenden Blicks in Gott finden, ohne seinen Namen ändern zu müssen. Das konnte ich nicht. Der Gott hatte auf all diesen Bildern einen zu langen Bart. Seine Vorschriften waren zu streng, es gab zu wenig Raum für die Zärtlichkeit in mir, für das Alltägliche statt für das Erhabene, es gab zu wenig Raum für mich.

Fragen der Spiritualität erscheinen mir absolut praktisch. Nichts bestimmt so sehr, ob und inwieweit ich das sogenannte Glück im Leben finde, wie das Bild von dem Gott / dem weiblichen Geist, das ich in meinem Herzen trage. Wie behandelt mich das Universum? Ist es unfreundlich zu mir? Oder (das scheint noch schlimmer zu sein) bin ich ihm gleichgültig? Oder du: Bist du für das Universum wichtig und wertvoll? Ist eine spirituelle Kraft, eine göttliche Energie (wie auch immer man sie nennen mag) uns zutiefst wohlwollend gesinnt? Streckt sie ihre Hand wie das Kind in meinem Traum nach uns aus, weil sie uns wohlgesinnt ist? Meiner Erfahrung nach gibt es nicht die eine Antwort auf diese Frage: Sie ist nicht ein für alle Mal gegeben, sie verändert sich.

Unter dieser ureigenen aller Thesen werden wir wählen, wie unser Leben verlaufen soll. Wenn wir die Wahl haben zwischen dem, was gut für uns ist, und dem, was unsere inneren Überzeugungen bestätigt, dann entscheiden wir uns leider oft für Letzteres, wir entscheiden uns für das Vertraute. In der kognitiven Psychologie, die sich mit den Mechanismen unseres Geistes befasst, heißt es beispielsweise, dass die stärkste intrinsische Motivation unseres Geistes darin besteht, mit uns selbst übereinzustimmen. Es geht nicht um die Suche nach der Wahrheit, nicht um eine gründliche Analyse, sondern um die Bestätigung dessen, was wir bereits wissen. Es ist ein ökonomischer Mechanismus, der uns vor der völligen Erschöpfung bewahrt. Wir nutzen die Schubladen, die es in unserem Kopf bereits gibt, denn wenn wir uns jedes Mal eine Meinung über Staszek oder über Agnieszka bilden müssten, analysieren müssten, wo man am besten Karotten kauft oder wie man den Laptop einschaltet, würden unsere Hirnnervenganglien durchbrennen (und sie sind ohnehin oft kurz davor). Wir glauben, was wir glauben, wir wissen, was wir wissen – solange es sich um eine Karotte oder einen Laptop handelt, ist das der einzige Nutzen. Aber wenn das Gleiche für unseren Platz in der Welt gilt und dafür, ob sich überhaupt jemand in dieser Welt dafür interessiert – und wir sind überzeugt, dass das nicht der Fall ist –, dann wird die Sache ernst. Viele

Jahre vor der Herausbildung der kognitiven Psychologie hat Freud[45] es so formuliert: »Die beiden stärksten Mechanismen im menschlichen Leben sind das Lustprinzip und der Wiederholungszwang.« Das Lustprinzip: so weit klar, kennen wir alle. Nimm eine Tafel Schokolade, halte sie zwölf Zentimeter von deiner Nase entfernt und du wirst empfinden, was das Lustprinzip ist. Aber der zweite Mechanismus! Ich persönlich halte den Wiederholungszwang für einen der grausamsten und ungerechtesten Mechanismen, die es auf der Welt gibt. Stell dir einen kleinen Jungen vor, dessen Vater ihn systematisch und sadistisch schlägt. Dieses große Unglück widerfährt einem kleinen, unschuldigen Kind. Man würde hoffen, dass das Schicksal es für dieses Unrecht entschädigen würde: dass der Moment kommt, an dem es Frieden und Liebe finden würde. In der Zwischenzeit ist es sehr wahrscheinlich, dass dieser Junge, der von einem grausamen Zwang zur Wiederholung getrieben wird, seinem Sohn das Gleiche antun wird: nicht weil er als schlechter Mensch geboren wurde, sondern weil er tut, was er für richtig hält. Auf diese Weise spielen wir ein generationenübergreifendes Fangspiel: Wir fügen uns selbst die Wunden zu, die unsere Mütter sich selbst zugefügt haben. Wir wiederholen den Schmerz, weil wir ihn kennen. Der Wiederholungszwang siegt über das Lustprinzip.

Und kein Pflaster, das auf diese Wunden geklebt wird, hilft. Da helfen keine Schmerzmittel, kein Rotwein am Ende des Tages, keine pflichtmäßig ausgeführte Meditation, kein BMI unter 20 und keine Diamant-Mikrodermabrasion. Das alles hilft einfach nicht. »Das ist nicht der richtige Weg«, sagte mir mein Körper.

Aber wenn man beginnen würde zu glauben, dass der weibliche Geist, Gott oder das Heilige Gewebe der Welt eine reale Energie ist, die auf mich persönlich und auch auf dich gerichtet ist? Dass sie uns wohlgesinnt ist? Dann könnte eine tiefgreifende Veränderung in uns stattfinden. Dorthin kann dich die liebevolle Gefährtin führen – auch wenn das Schicksal dir nicht wohlgesinnt war. Sie überbringt dir diese Botschaft: »Du bist im Grunde genommen gut. Jemand sieht dich mit Liebe an.«

Wenn ich mich mit den Augen der liebevollen Gefährtin betrachte, sehe ich mich anders, als wenn mich der kritische Blick ansieht, vor dem die Gefügige, die Schneekönigin und die Märtyrerin tanzen. Wenn sie, die liebevolle Gefährtin, mich ansieht, dann sieht sie eine weise Frau, die verschiedene Kämpfe hinter sich hat, die Fehler gemacht und dann versucht hat, sie zu korrigieren. Sie sieht eine Frau, die ein gutes Leben zu führen versucht, die innere Stärke aufgebaut hat, die versucht hat, die Schwierigkeiten, die sie bewältigen musste, zu nutzen, um ihr Herz zu öffnen, anstatt es zu verschließen. »Sei gütig, denn alle Menschen, denen du begegnest, kämpfen einen schweren Kampf«, schrieb jemand, und im Internet ist man sich nicht einig, wer das war, aber vermutlich doch Platon. Jeder kämpft seinen schweren Kampf, auch ich. Die liebevolle Gefährtin und der weibliche Geist, zu denen mich mein Kampf führt, sehen mich und dich mit einem sanften, nicht höhnischen Blick an – so wie man jemanden ansieht, den man liebt.

Der Begründer der Yogaschule, nach deren Methoden ich praktiziere, war B. K. S. Iyengar, ein indischer Guru. Aus seiner Biografie erinnere ich vor allem, dass er zwölf Geschwister hatte und dass er als Kind so oft krank war, dass ihm der baldige Tod vorausgesagt wurde. Dennoch ist er 95 Jahre alt geworden. Und es scheint, dass er sogar noch länger hätte leben können, nur weigerte er sich standhaft, ins Krankenhaus zu gehen. Da ich arbeitsbedingt viel reisen muss, hatte ich die Gelegenheit, Yogakurse in verschiedenen Städten zu besuchen und in verschiedenen Räumlichkeiten Iyengar-Porträts zu betrachten, die an den Wänden hängen. In Breslau, Posen, Danzig, Lodz oder Warschau blickten mich dieselben durchdringenden Augen von der

Wand aus an; denn dies ist eines dieser Fotos, auf denen die porträtierte Person einem mit den Augen folgt. Oft blickten mich seine Augen von genau demselben Foto (das bekannteste von ihm) an. Gleiches Foto, gleicher Iyengar und gleiches Ich – aber er blickte immer anders auf mich.

Manchmal auch streng und kompromisslos. Dann sagte er mit starkem Hindi-Akzent: »I can see your bullshit.«[46] Manchmal schienen dieselben Augen herzlich und sanft zu sein.

Ich habe das Gefühl, dass dieser Mann alles über mich weiß (vor allem seit er gestorben ist). Er sieht meine Fehler, meinen Ehrgeiz, meine Resignation, als ich es wieder nicht schaffte, in den Handstand zu kommen, meine Eifersucht auf die Schönheit der Frau auf der Matte neben mir, die Angst, die sich beim Rückwärtsbeugen einstellte, die Wut, die in der Kerzenstellung in mir hochkommt, mein Gefühl der Langeweile, »oh Gott, wann ist es endlich zu Ende«, die Momente der Freude, wenn sich ein neuer Raum in meinem Körper auftut, Momente der Ruhe und Konzentration, der Begegnung mit meinem eigenen Atem, und dann wieder Entmutigung, Wut, Eifersucht, das Vortäuschen, dass ich die Decke sorgfältiger falten muss, nur um etwas später in die nächste Position zu kommen. Iyengar hat die ganze Zeit zugesehen. Am Anfang war es so, dass ich mich nur erkundigt habe: »Wie siehst du mich heute an?« Und es war, als ob ich ihn fragen würde: »Wer bin ich heute? Kann man mich heute lieben?« Aber eines Tages, als ich mich in der Paschimottanasana, der Kopf-Knie-Stellung, befand, richtete ich meinen Blick nach oben und dann sagte die liebevolle Gefährtin zu mir: »Du hast es in der Hand. Du kannst dir aussuchen, wie er dich anschaut.« An diesem Tag war sein Blick streng, aber ich hielt ihm stand und wandte meinen Blick nicht ab. Ich beschloss, in seinem Blick etwas anderes zu finden: als ob ich mich mit jemandem an den Verhandlungstisch setzen würde, der zunächst eine absolut unnachgiebige Haltung einnimmt, mit dem aber dennoch eine Einigung möglich ist. Oder als stünde ich einer dieser regungslosen Gestalten gegenüber, die manchmal in seltsamen Kostümen auf den Straßen der Städte auftauchen und Geld dafür kassieren, dass sie sich nicht bewegen – als stünde ich einer solchen Gestalt gegenüber und beschlösse, so lange zu warten, bis sie mich ansieht. Ich beschloss, alles, was ich habe, alles, was ich im Laufe der Jahre gesammelt habe, zu nutzen, um mit meiner eigenen inneren, sensiblen Kraft eine Veränderung herbeizuführen.

Und es funktionierte: Iyengars Blick wurde sanfter, und mir stiegen warme Tränen in die Augen. All das geschah, während ich mich in der Paschimottanasana-Position befand – was im Grunde besser war, weil die Köpfe der Teilnehmerinnen gesenkt waren und ich diese Reise im Wesentlichen allein machen konnte. Sie konnten meine Tränen nicht sehen, als ich erkannte, dass es all die Jahre nicht Iyengars Blick oder der von irgendjemand anderem war, sondern dass es mein eigener Blick auf mich selbst war.

Und jetzt ist es so: ein bewölkter Maitag. Ich sehe Bilder: das Bild einer folierten Frau, auf die sich eine Meise zubewegt. Good Girl (die Gefügige), eine Frau mit verdecktem Gesicht. Die Schneekönigin. Liebevoll aufgeklebte Bilder von Bergen, die in der Düsternis bläulich schimmern, buddhistische Jungen in roten Gewändern, die lachend auf mich zulaufen, ein Bild des Mädchens Kora[47], das irgendwo in einem schwarzen Anzug spazieren geht und eine Madonnenstatue hält, die es in wilden Farben bemalt hat, ein Bild von einem Vogelschwarm über einer Heide im Formationsflug und ein Unterwasserbild von einer Frau, die durch die stählernen Tiefen zur Oberfläche schwimmt. Ich schaue auf die Bilder von alten und jungen Frauen, von Frauen, die weinen, und solchen, die lachen, auf das Schild »Liebe ist ein schmutziger Job«, auf »Beweg dich, du bist nicht hier, um dich auszuruhen« und – schließlich – auf den Satz »Das, was hilft«. Im Hintergrund halten zwei Frauenhände zärtlich eine dritte Hand.

Jetzt möchte ich dasselbe tun: Deine Hand in meine nehmen. Schreiben über das, was hilft.

TEIL III

DAS, WAS HILFT

Wenn wir uns in unserem Leben umsehen, vor allem während der dunklen Tage, kann es so scheinen, als ob die Welt es nicht besonders gut mit uns meint. Beim Durchblättern der Briefe vom Gasversorger und vom Finanzamt, beim Herumärgern mit schlechtem WLAN, beim Streit mit dem Liebsten oder der Liebsten vergessen wir leicht, dass es Kräfte gibt, auf die wir zurückgreifen können, dass wir sie lediglich aktivieren müssen – und dass sie auch verborgen in uns selbst sind.

Was hilft? Was kann ich schließlich für mich selbst tun, um mich nicht voll und ganz von meiner Traurigkeit und Schwäche verschlingen zu lassen?

Das Erste, was hilft, ist eine lebendige, liebevolle Beziehung zum sogenannten inneren Kind – und zwar aus der Zeit, bevor die Gefügige sich seiner angenommen hat. Die liebevolle Gefährtin zeigt mir dieses Kind in zwei Lebensaltern: als Säugling und etwas älter, was ich wildes Mädchen genannt habe. Die Begegnung mit diesen beiden Wesen lässt unsere innere Gefügige gleichsam schrumpfen und verwandelt sie.

Wenn ich bei Google »inner child« – inneres Kind – eingebe, erscheinen Seiten über das verwundete Kind, das in uns lebt und geheilt werden muss – als ob das innere Kind nur ein Splitter, ein Blutgerinnsel wäre. Ich sehe das ein wenig anders, nämlich, dass unsere verinnerlichten kindlichen Strukturen das wollen, wonach auch wir als Erwachsene hungern: gesehen zu werden, anerkannt, ohne beurteilt zu werden, und genährt zu werden. Das heißt, kurz gesagt: Es möchte geliebt werden. Ich glaube, wenn wir dies tun, wird das Ungeheilte in uns heilen, das Zerrissene wird sich zusammenfügen, das Gefrorene wird sich in Wärme verwandeln. Ich glaube, dass der Blick der liebevollen Gefährtin diesen Prozess einleitet und uns dann Tag für Tag durch ihn führt.

INNERES KIND

Wenn ich an das sogenannte innere Kind denke, denke ich an zwei Strukturen oder innere Figuren, deren Existenz ich in mir spüre. Die erste ist so zerbrechlich, dass sie eigentlich infantil, körperlich, vorintellektuell ist.

»Behandeln Sie Ihren Körper wie einen Säugling«, schrieb Elaine N. Aron in ihrem Buch *Sind Sie hochsensibel?*[48]. »Wie Sie sehen werden, ist diese Metapher so treffend, dass sie vielleicht überhaupt gar keine mehr ist.«

Ich sage nicht, dass Sie das auch haben. In meinem Fall ist die Sache klar. Von den 23 Fragen des Hochsensibilitätstests (Fragen werden mit »Ja« oder »Nein« beantwortet) habe ich 21 mit »Ja« beantwortet: »Ja«, wie viele? »JA, genau!!!«

Kommt es mir vor, dass ich verschiedene feine Details meiner Umgebung bemerke? Ja! Fühle ich mich bei lauten Geräuschen unwohl? Na ja, eher ja! Werde ich von Stimmungen anderer Menschen beeinflusst? Jeden Tag!

Wenn es dir so geht wie mir, wenn du einerseits bei Werbespots, die in der Vorweihnachtszeit laufen, weinen und andererseits die lauten

Werbespots, die dir um die Ohren fliegen, leiser stellen musst, wenn du am Ende des Tages das Gefühl hast, dass du dich an einen ruhigen, dunklen Ort zurückziehen musst, wo du warten kannst, bis alles, was du an diesem Tag wie ein Schwamm aufgesaugt hast, langsam deinen Körper verlässt, dann bist du vielleicht auch hochsensibel. Und das bedeutet laut Arons furztrockener Diagnose, dass du ein Kleinkind in deiner Obhut hast. Das in dir lebt. Sorry. Als mir zum ersten Mal bewusst wurde, dass dies bei mir tatsächlich der Fall war, war ich ein wenig entmutigt. Aber dann begann ich mich daran zu gewöhnen – und ich sah, dass es genau so ist, wie meine Freundin es sagte: Wenn in dem kleinen Mädchen, das in dir lebt, alles in Ordnung ist, dann fügt sich der Rest. Wenn dieses innere Kind traurig, müde oder hungrig ist oder sich verlassen fühlt, ist nicht alles in Ordnung.

Wie ich bereits geschrieben habe, besteht meine Arbeit hauptsächlich aus der Durchführung von Coachings und Workshops. Ich gehe jedes Mal mit vollem Einsatz rein – so gern ich auch möchte, ich kann nicht anders –, was während der Coachings oder Workshops für mich eine große Kraftanstrengung bedeutet. Da ich weiß, dass meine Ressourcen begrenzt sind, habe ich mir ein Limit gesetzt – zehn Tage Coachings pro Monat, nicht mehr. Ich tat dies, weil ich jedes Mal, wenn ich dieses Limit nicht eingehalten habe, traurig und wütend wurde; ich weinte vor Erschöpfung auf Bahnhöfen und Flughäfen, ich schimpfte mit unschuldigen Rezeptionistinnen in Hotels über irgendeinen Unsinn, ich hatte nicht die Kraft für mehr als ein dreiminütiges Gespräch, wenn ich zu Hause anrief, und bei jeder Arbeitspause rannte ich auf mein Zimmer, verkroch mich unter die Bettdecke und verbrachte zehn Minuten zusammengerollt wie ein Embryo. Ich kenne Coaches – und zwar sehr gute –, die zwanzig Coachingtage im Monat stemmen können. Sind deren innere Babys einfach erwachsen geworden und meine irgendwie nicht? Ich weiß es nicht. Aber ich weiß:

Wenn ich glücklich sein soll, darf ich dieses Etwas nicht ignorieren: mein Baby.

In letzter Zeit ist mir das Konzept der intrinsischen Loyalität sehr ans Herz gewachsen. Loyalität, Treue zu mir selbst: das heißt, zu allen Teilen von mir, insbesondere zu denen, die ohne meinen wohlwollenden Blick nicht für sich selbst sorgen können. Die liebevolle Gefährtin sagt zu mir: »Schaue nach deinem Baby. Frag, wie es ihm geht. Behalte seine Bedürfnisse im Blick. Gib, was du kannst.« Damit habe ich angefangen – ich habe mir dieses Etwas angesehen und mit ihm gesprochen. Ich nannte es Tierchen. »Was brauchst du, Tierchen?«, frage ich, und es fragt immer nach etwas, das ich ihm geben kann, und es fragt nie nach etwas Dummem. Es will keine teuren Klamotten. Es will nicht stundenlang auf Facebook sein, es will keine Saufgelage – es will nichts von dem, was ich oft tue, wenn ich seine Stimme übertönen will. »Ich möchte mich hinlegen«, sagt es. »Kannst du mich mit der Wolldecke zudecken? Kannst du mir warme Milch machen? Kannst du mir einen Massagetermin besorgen?« Wenn ich weiß, dass ich mehr Arbeit als sonst vor mir habe, sorge ich dafür, dass ich in Kontakt mit dem Tierchen bleibe. »Wie geht's?«, frage ich. »Was würde dich jetzt glücklich machen?«

Während ich dies schreibe, schaut mich das »kalte Auge« an und ich höre die Schneekönigin und die Märtyrerin im Chor sagen: »Ein Tierchen! Das ist nicht dein Ernst. Kannst du dir die Reaktionen deiner Leserinnen vorstellen?« Ich höre eine Stimme, die mich nachäfft: Ich habe ein Tierchen in mir. »Ich habe ein Baby in mir!«, sagt die »kalte Stimme«. Diese Stimme ist immer noch in mir, aber ich höre nicht auf, in die Tasten zu hauen, weil ich glaube, dass sowohl du als auch ich den Mut brauchen, die Regeln zu überschreiten (»Kannst du damit durchkommen? Ist es angemessen?«), und den Mut, zu uns selbst zu stehen, zu unserem ganzen Wesen.

Die Alternative ist Aggression. In meinen Ohren hallen die Worte der Yogini Krystyna Nobilec nach: »Du fügst dir selbst Schmerzen zu – was ist es denn sonst, wenn nicht Aggression?«[49] Und die liebevolle Gefährtin, deren Weisheit auch darin begründet liegt, dass sie mir knallharte Bilder vor Augen führt, zeigt mir beispielsweise dieses: Ich sehe eine Mutter, die ihr kleines, kaum laufen könnendes Kind die Straße hinunterzieht; die Mutter geht zu schnell für das Kind, das Kind weint, aber die Mutter huscht weiter, ohne hinzuschauen, »Sei still, sei endlich still!«, maßregelt sie wütend ihr Kind. »Ich will essen! Ich will trinken! Ich will mich ausruhen!«, ruft das Kind, wenn es schon sprechen kann. »Wir haben es eilig!«, knurrt die Mutter und eilt weiter.

Haben sich solche Szenen nicht auch in deiner Innenwelt abgespielt? In meinem Fall schon, aber während ich dies schreibe, fühle ich die überwältigende Entschlossenheit, mir das nicht noch einmal anzutun.

Nach der Aufforderung der liebevollen Gefährtin achte ich darauf, mit diesem jüngsten, kindlichsten und zerbrechlichsten Etwas in Kontakt zu bleiben. Dann, vor deinem inneren Auge, bleibt diese Mutter stehen, geht in die Hocke, sieht das Kind an und sagt: »Sag mir, was brauchst du?« In meinem Alltag habe ich festgestellt, dass das Tierchen immer mit mir reden will.

Auf ganz praktischer Ebene bedeutet die Treue zu dieser inneren Figur, dass ich auf Signale der Müdigkeit und Überlastung achte, dass ich bei der Arbeit Pausen einlege, dass ich jeden Abend ein langes Bad nehme. Ich habe ein Frühwarnsystem entwickelt: Wenn sich das Tierchen gefährlich zu winden beginnt, stelle ich eine Frage. Manchmal verhandeln wir: »Im Moment kann ich dir keine Ruhe gönnen, aber sobald ich mit der Arbeit fertig bin, gehen wir spazieren.« So spreche ich zu mir selbst oder schreibe es auf ein Blatt Papier.

WILDES MÄDCHEN

Der andere innere Charakter, den ich in mir erkenne, ist ein wildes Mädchen. Das kommt zum Vorschein, wenn sich die Gefügige unter dem Blick der liebevollen Gefährtin von einer ängstlichen, demütigen, sehr höflichen Primadonna in einen echten, lebendigen Charakter verwandelt.

Ich schrieb »Wildes Mädchen«, fettete beide Wörter und begann, die Farben dieser beiden Wörter zu ändern. Dunkelrot. Nein, lila! Und warum das ganze Wort in der gleichen Farbe? Grün-dunkelrot? Orange und marineblau? Aber warum nicht das eine Wort irgendwie unterbrechen, vielleicht kursivieren? Das wilde Mädchen will Spaß haben, und es will, dass ich über es schreibe. Es freut sich darauf.

»Was willst du, Mädchen?«, fragte ich, obwohl es eigentlich nur eine rhetorische Frage war: Ich weiß, was sie will. Ich schreibe und lächle. Ich erkenne sie und sie erkennt auch mich. Wir sind nah dran. Hier, das ist das, was sie sagt:

Ich möchte ganz genau hinschauen

Das wilde Mädchen betrachtet die Welt aus der Mikroperspektive, es betrachtet die Welt wie ein im Gras liegendes Kind: Sein Herz freut sich beim Anblick eines Gänseblümchens, dessen Blütenblätter außen dunkelrosa und innen weiß sind. Das Mädchen schaut sich das Gänseblümchen lange an, schnuppert daran, pflückt es und legt es zwischen die Seiten eines Buches. Das Mädchen erhascht einen Blick auf die Wolken, sieht ein paar Vögel am Himmel, während es an einer Straßenbahnhaltestelle steht, inmitten von Menschen, die so eifrig auf ihren Smartphones tippen, als hinge ihr Leben davon ab.

Als ich heute Morgen aufwachte, schien die Sonne durch die dunkelvioletten Vorhänge. Im Viereck des Fensters tanzten die Schatten der Weinrebblätter, die das Fenster umrahmen, während im fernen Hintergrund die Schatten der Eichenäste schwankten, die weiter entfernt wachsen. Mein Mädchen hat dies lange betrachtet.

Mit kaltem Blick betrachtet, wirkt das wilde Mädchen lustig. Es befasst sich mit Firlefanz. Es sollte irgendwo eingesperrt werden, damit es nicht die erwachsenen, seriösen, verantwortungsbewussten Leute stört, die die Probleme der wachsenden Rezession diskutieren und Berichte schreiben, Leute, die mit Steuer-Identifikationsnummern, Personenidentifikationsnummern und Umsatzsteuer-Nummern ausgestattet sind, Leute, die wirklich keine Zeit für infantilen Schwachsinn haben.

Ich erinnere mich noch genau an den Tag, an dem mein »Zimmer für sich allein«-Workshop entstanden ist. Ich führte ein Coaching bei einer Firma in einem großen Bürogebäude durch, in einem grauen Raum mit grauen Stühlen und einem Fenster, von dem aus ein anderes graues Gebäude zu sehen war. Alles war quadratisch, betoniert, alles ordentlich sortiert und an seinem Platz: die Pförtnerloge, Zugangskartenleser, die Zugangsschranke, das kalte Licht im Aufzug (wo man fünfzehn Jahre älter aussieht), die Eingangstür der Firma im oberen

Stockwerk – um reinzukommen, musste man wieder den Ausweis auf einen Zugangskartenleser halten; wenn man auf die Toilette wollte, die sich auf dem Gang befand: das Gleiche. Alles war steril, monochrom, seelenlos. Wenige Minuten vor Beginn des Coachings betrat eine Teilnehmerin den Raum, der man trotz ihres sorgfältigen Make-ups deutlich ansah, dass sie erschöpft war. Sie setzte sich schwungvoll hin, ohne mit der Wimper zu zucken, als sei sie es gewohnt, alles mit 200 Prozent Energie anzugehen, als beherrsche ihre Schneekönigin im Zusammenspiel mit der Gefügigen die innere Landschaft lückenlos. Sie setzte sich abrupt hin und stand ebenso abrupt wieder auf, ihr Gesicht verzog sich zu einer traurigen Grimasse, wie das eines kleinen Kindes. »Nein, ich halte es nicht aus«, sagte sie zu mir, obwohl wir – abgesehen von »Guten Morgen« – noch kein Wort miteinander gewechselt hatten. »Ich muss mich wenigstens ans Fenster setzen und in den Himmel schauen, denn ich bin kurz davor, durchzudrehen.« Ich sah ein fast verhungertes Mädchen, ein Kind, das von einer wütenden Mutter mitgeschleppt wurde, die in der Teilnahme an Wettkämpfen anderer Leute die einzige Möglichkeit zum Überleben sah. »Lassen Sie mich wenigstens am Fenster sitzen«, flehte das Mädchen. »Gut, wenn dir danach ist, warum nicht«, zischte die Königin, und die Frau blickte nun hinaus durch das kleine Fensterrechteck in den Himmel, den man dort sehen konnte, wo das gegenüberliegende Gebäude endete.

Am selben Nachmittag traf ich mich mit einer anderen Frau, mit der wir einen Workshop für ihre NGO planen sollten. Ich setzte mich ihr gegenüber. »Ich kann sehen, dass du müde bist«, sagte sie, und ich dachte damals, dass sie in mir sah, was ich in dieser anderen Frau gesehen habe – wir alle sind erschöpft. Wir betreten kantige Räume, geben die Zugangscodes an den Eingangsschranken ein, drücken die Knöpfe in den Aufzügen und stecken die Ausweise in die Lesegeräte. Wir sitzen dicht gedrängt in Bürogebäuden, Ämtern und Schulen, starren auf Computermonitore und Smartphones, atmen Abgase in Garagen ein. Gott, wie erschöpft wir sind. Das Gefühl war ähnlich. Als ich begann, ihm nachzuspüren, erkannte ich erst das ganze Ausmaß der Kompromisse, die ich täglich einging – oder besser gesagt, die ich meinem inneren Charakter, dem ungezähmten, wilden Charakter, aufzwang. Das wilde Mädchen in mir wollte barfuß laufen, tanzen, singen, mit anderen Frauen beim Mond sitzen.

»Marta«, sagte ich zu meiner Gesprächspartnerin am Nachmittag, »lass uns einen Workshop nur für Frauen machen.« Irgendwo außerhalb der Stadt, wo viel Himmel über unseren Köpfen zu sehen ist. So wurde mein geliebtes »Zimmer für sich allein« geboren.

Wir lassen unsere Mädchen hungern, wenn wir sie in einer Makrowelt gefangen halten, einer Welt der Disziplin, der Rivalität, der Hierarchie, einer Welt des Abstrakten, der Ideen und der PowerPoint-Präsentationen; wenn wir durch die Jahreszeiten hetzen und nicht wissen, ob der Flieder gerade erst zu blühen beginnt oder bereits blüht. Das wilde Mädchen will genau hinschauen, um Kraft aus der Yin-Energie zu schöpfen. Das wilde Mädchen möchte den Körper des Lebens berühren. »Nimm mich mit in den Wald. Bleibe bei dem Baum stehen, berühre die Rinde, schaue dir ihre Oberfläche an. Hetze nicht durch das Geschäft, bleibe im Gang mit den Servietten stehen, halte eine Packung eine Weile in der Hand, vielleicht die burgunderfarbenen, vielleicht die dunkelgrünen – sie sehen aus wie Moos –, kaufe doch diese moosfarbenen.« Der Gott des wilden Mädchens ist der Gott der kleinen Dinge. Das wilde Mädchen will sein Leben langsam weben und nicht an einem Wettbewerb teilnehmen, der es überhaupt nicht interessiert. Das wilde Mädchen lebt durch seine Sinne: Es betritt einen Kurzwarenladen und berührt die satinierten Oberflächen von Stoffbändern, bei deren Anblick es vor Freude quietschen könnte. Wenn es unter Bäumen spazieren geht, dann möchte es, dass die Blätter sein Gesicht berühren, es fährt mit der Hand über den Sonnenstrahl, der auf die Wand fällt, es riecht am Brot, an den Erdbeeren, am gekauften Buch, es berührt heimlich den Rahmen eines Gemäldes im Museum, es spricht mit den Pflanzen, wiederholt flüsternd ihre Namen, um sie im Mund zu spüren. »Waldmeister.« »Wohlriechende Weißwurz.« »Gewöhnlicher Spindelstrauch.« Wie bei Anne aus dem Kinderbuch *Anne auf Green Gables* von Lucy Maud Montgomery probiert es den Traum von einem Kleid mit Rüschen. Wie Kathleen Kelly, gespielt von Meg Ryan, in e-m@il für Dich, die eine Vase mit weißen Margeriten mitnimmt, wenn sie vom Wohnzimmer ins Schlafzimmer geht, damit sie sie betrachten kann. Es liebt den Moment, wenn der Löffel die Crème brûlée durchstößt – wie Amélie in *Die fabelhafte Welt der Amélie*. Es wirft das stattliche, schwere Sofa aus dem Wohnzimmer und hängt stattdessen eine Schaukel an. Sein natürlicher Zustand, wenn es gefüttert und gesättigt ist, ist Freude.

Was fühlst du, wenn du diesen Absatz liest? Bewegt sich etwas oder jemand in dir?

Ich möchte spielen und etwas Eigenes schaffen

Wenn ich daran denke, was am Weitesten von einem wilden Mädchen entfernt ist, denke ich an das Entwerfen von Projekten und an Zieldefinitionen. Das wilde Mädchen will nicht noch einen weiteren Punkt auf der Checkliste des Tages abhaken: Es will spielen. Laut Woodman ist es ein Teil des weiblichen Elements.[50] Wenn es gesättigt ist, wirkt die Welt auf das wilde Mädchen wie eine riesige Spielwiese: Es beginnt zu tanzen, wenn der Straßenmusikant auf seiner Gitarre sein Lieblingslied spielt; wie Björk in dem Film *Dancing in the Dark* hört es Musik im Rumpeln des Zuges und im Klappern von Küchenutensilien und beginnt mitten in einer ernsten Besprechung herumzualbern. Es erschafft. Manchmal auf eine Art und Weise, die niemand, nicht einmal es selbst, als Kreativität bezeichnen würde. Es kocht eine Suppe jedes Mal etwas anders oder bereitet einen Salat jedes Mal in einer anderen Variation zu, es liebt es, die Augenlider zu schließen, in die Sonne zu schauen und mit dem Licht und den Farben zu spielen, es liebt es, seine Kleidung immer wieder neu zu kombinieren, es diskutiert lange mit einer Freundin über die Haarfarbe.

Ich habe mir einmal die weiße Wand über dem Waschbecken in meinem minimalistischen Badezimmer angeschaut – das Badezimmer ist mit aschgrauen Fliesen ausgekleidet, die Arbeitsplatte ist aus Beton, die Badewanne und das Waschbecken sind weiß und der Spiegel ist im Holzrahmen eines alten Landhausfensters eingefasst. Ich sah diese Wand an und hatte das Gefühl, dass mir Farbe fehlen würde. Mein Mädchen in mir hat seine Fühler ausgestreckt. »Amarant? Karminrot? Oder auch nicht!«, rief das Mädchen, das von der Aussicht auf einen großen Spaß bis zum Äußersten erregt war. »Flaschengrün? Oder lieber nicht! Moos? Helles Lila?« Oder ein Graublau wie das Habit der Nonnen aus dem malerischen polnischen Örtchen Bialka Tatrzanska? Ich nervte meine Freundinnen mit Farbmustern und klickte mich wie besessen von einer Einrichtungswebsite zur nächsten. Schließlich bin ich in ein Geschäft mit Wandfarben gefahren, befahl mir, tief durchzuatmen und so zu tun, als sei ich entspannt. Ich ließ mir sämtliche Muster und ein Glas Wasser bringen. Ich nahm gelbe Post-its in die Hand, um mit ihrer Hilfe eine kurze Liste zu erstellen. Nach einer Stunde verließ ich den Laden mit einem Eimer Farbe, die aussah wie Beeren mit Sahne. Am nächsten Tag kam Herr Waldek und strich das Bad. Als er fertig war und ging, setzte ich mich in den Stuhl (anthrazit mit einem Hauch von lila) und weinte. »Das ist es nicht!« Es war elf Uhr, also rief ich nicht an, aber ich schrieb eine verzweifelte Nachricht an Herrn Waldek. »Machen Sie sich keine Sorgen, ich werde es neu streichen«, schrieb er zurück. Dann kam die Tapetenphase. »Tapeten, es sollten Tapeten sein, lass uns jetzt mit Tapeten spielen!«, bedrängte mich das wilde Mädchen, das ich – ehrlich gesagt – allmählich, aber sicher satthatte. Einige Stunden und ein paar hundert Muster später kam ich wieder auf die Idee mit der Farbe (dunkelviolett) zurück, aber als ich sie kaufen wollte, fiel mein Blick auf eine Tapete, die eine Frau für einen Moment auf einen Stuhl abgelegt hatte: große holländische Blumen auf dunklem Hintergrund – Pfingstrosen, Rosen, weiße Gierschblüten, dunkelblaue Clematisblüten, dunkelgrüne Dschungelblätter. »Ja!«, rief das Mädchen aus. »Ja, ja!« Dieses Mal, als Herr Waldek fertig war und wieder weg war und ich mich in den anthrazitfarbenen Sessel setzte, weinte ich wieder, diesmal aber deshalb, weil das Bad so geworden war, wie es sein sollte, und ein wenig auch vor Erleichterung, dass dieses verrückte Vorhaben nun endlich abgeschlossen war.

Während ich mich auf den wenigen Quadratmetern Wand im Bad austobte, besprachen meine Geschäftsfreunde die Finanzergebnisse des letzten Quartals und planten das Budget für das nächste Jahr; ich selbst konnte in der Zwischenzeit etwas schreiben oder sogar lesen, meinen Kleiderschrank aufräumen, die Einkommensteuererklärung des letzten Jahres machen und viele andere nützliche Dinge tun. Worum ging es dabei überhaupt? Waren es – wie es ein Beobachter mit kühlem Blick sagen würde – die extravaganten Launen einer gelangweilten Mittelklassefrau? War es, wie die Schneekönigin sagen würde, eine völlige Zeitverschwendung? Es ist eine insofern wichtige Frage, als – wie du es dir sicherlich schon denken kannst – dies nicht die einzige Aktion dieser Art war. Habe ich mich getäuscht, oder wolltest du mir mit einem Nicken signalisieren, dass du so etwas auch kennst und mir erzählen willst, wie du selbst in eine ähnliche Bredouille geraten bist?

Die Lieblingsbeschäftigungen großer Jungs – zum Beispiel Autos und Sport – werden mit großer Ernsthaftigkeit behandelt. In einem der Werbespots des Sponsors der polnischen Fußballnationalmannschaft vor der Weltmeisterschaft 2018 in Russland (bei der die Polen furchtbar schlecht abgeschnitten haben, was ich persönlich sehr bedauere, da ich ein großer Fan bin) geht Trainer Adam Nawałka auf eine sonnige Straße hinaus und beobachtet, wie die Fassaden von Gebäuden und Straßenflächen rot und weiß gestrichen werden. Von schneebedeckten Berggipfeln werden riesige rote und weiße Tücher heruntergelassen, sodass die Berge die Farben der polnischen Flagge annehmen. In der nächsten Einstellung fliegt der Trainer mit einem Hubschrauber, der gerade – in James-Bond-Manier – ein rotes Band um einen weißen Wolkenkratzer gewickelt hat. Nawałka lehnt sich aus dem Hubschrauber, macht eine Siegesgeste in Richtung der jubelnden Menschenmassen, die daraufhin triumphierend ihre Becher heben. Im Hintergrund donnern Siegesgesänge. Die Straßen und Plätze sind voll mit weiß-roten Gestalten. Am Himmel veranstalten Flugzeuge ein akrobatisches Schauspiel und zeichnen Schleifen in den bekannten Farben. Der Trainer, der nun nicht mehr in der Luft ist, sondern vom Boden aus zusieht, blickt zufrieden in den Himmel. Und schließlich – wie könnte es anders sein – sehen wir den gesamten Globus in die polnischen Nationalfarben gehüllt. Was sind schon die Wahl einer Tapete fürs Badezimmer, das Stricken von Blumenmustern auf einer Tischdecke, das Würzen der Suppe oder alle anderen Spiele, von denen nicht das Schicksal der Welt abhängt, angesichts von Angelegenheiten dieser Größenordnung?

Das Lieblingsspiel meines wilden Mädchens ist das Binden von Blumensträußen. Meine erste Erinnerung an Blumen ist die: Der Vater meiner Mutter, mein geliebter Großvater Józiu, geht mit mir in einer Gasse spazieren, die später in meiner Familie liebevoll als »Natalias Gasse« bezeichnet wurde; er pflückt wild wachsende Kleeblätter und flicht mir Haarkränze daraus, und dann, am Nachmittag, blättern wir in großen alten deutschen Enzyklopädien, zwischen deren Seiten vom Pergamentpapier geschützt Blumengravuren zu sehen sind. Großvater Józiu bringt mir die polnischen Bezeichnungen bei. Meine beiden Großmütter lieben Blumen. Meine Großmutter väterlicherseits ist Biologin; wir gehen in ihren Kleingarten am Rande von Krakau; ich sehe sie, wie sie sich über einen Phlox, eine Rose, eine Tulpe beugt und sie küsst. Sie sagt mir, dass Blumen berührt werden müssen und dass man mit ihnen sprechen muss. Während sie den Weg entlanggeht, berührt ihre Hand sanft die Blätter und Blütenblätter. Bajaszka (so nenne ich meine Großmutter) übergießt Kamillenblüten in einer Plastikschüssel mit heißem Wasser, und wenn das Wasser abgekühlt ist, bittet sie mich, mein Haar in den Aufguss zu tauchen – er verleiht dem Haar einen goldenen Schimmer. Meine Liebsten bringen mir etwas über Blumen bei: Meine Mutter flicht nicht nur Ackerwinde, sondern auch Kamille, Klee, Butterblumen und blühende Gräser zu Haarkränzen und bastelt eine Wildblumenkrone.

Eine andere Erinnerung: Kurz vor der Immatrikulation bin ich für ein paar Tage allein zu Hause; meine Freundin Joasia kommt herein und kommentiert: »Typisch Natalia. Das Haus ist ein einziges Chaos, der Kühlschrank leer und die Vasen voller Blumensträuße.« Und dann ist da noch dieses Bild von vor ein paar Jahren: Ich bin mit meinem Mann und meinem Sohn auf Sizilien. Wir wohnen an einem merkwürdigen Ort – in einem riesigen, etwas heruntergekommenen italienischen Palast, inmitten eines monumentalen Gartens stehen riesige Palmen, ein Swimmingpool. Überall Blumen, die sorgfältig in Blumenbeeten gezüchtet werden, aber auch wild in den weniger gepflegten Teilen des mehrere Hektar großen Gartens wachsen. Wir wohnen nicht in dem Palast. Die Palastfamilie – ich stelle sie mir als verarmte

Aristokraten vor, die gezwungen waren, ihr schmelzendes Vermögen irgendwie aufzubessern – vermietet die Bedienstetenunterkünfte, die sich direkt hinter der hohen Mauer, die den Palast umgibt, befinden. Ihr Anwesen ist so majestätisch, dass selbst das Haus der Bediensteten wie eine Luxuswohnung wirkt. Und dann gibt es da noch dieses wunderbare kleine Detail: Da wir vor den Toren des Palastes wohnen, haben wir das Recht, das Gelände jeden Tag zu betreten und den Park und den Swimmingpool zwei Stunden lang zu nutzen. Machen die Herrschaften dann ein Nickerchen und schließen ihre Augenlider, weil sie sich über den Gedanken ärgern, dass Barbaren über ihren gepflegten Rasen trampeln? So stelle ich mir das vor, die Art von Geschichten, die sich mein wildes Mädchen erzählt – selbstverständlich liebt es es, sich mit solchen Geschichten zu unterhalten. Eines Tages gehen wir im Pool schwimmen, und als ich zurückkomme, tue ich etwas Gewagtes: Ich pflücke (obwohl ich nicht weiß, ob ich das darf) ein paar Blumen aus dem Beet und arrangiere sie mit wild wachsenden Blumen zu einem Strauß. Ich möchte sie in einer Vase in unserem luxuriösen Dienstbotenzimmer hinstellen. Da ich bereits ein Buch und ein Handtuch trage, bitte ich meinen Mann, den Strauß zu nehmen. Als er in sein Zimmer zurückkehrt, erzählt er mir, dass er die Gräfin getroffen habe (so nennen wir sie, eine palastartige Gestalt, deren Wege sich nur selten mit unseren kreuzen). »Was für ein außergewöhnlicher Strauß!«, sagte sie. »Wer hat ihn gemacht?« Mein Mann hat mir fairerweise die Urheberschaft zugeschrieben. »Bitte sagen Sie Ihrer Frau, dass sie Talent hat«, sagte die Gräfin. »Die Gräfin, du verstehst?!«, sagt mein Mädchen mit fiebriger Stimme. »Die Gräfin, in deren Zimmern wahrscheinlich Vasen voller Rosen, Hortensien, Lilien und Pfingstrosen stehen, hat meinem Strauß ein Kompliment gemacht! Ich kann nicht aufhören, daran zu denken. Ich habe Talent, ich habe Talent, Sträuße zu machen!«

In der Psychologie wird dies als Pygmalion-Effekt bezeichnet. Wenn jemand Talent in dir erblickt, dann wirst du dadurch automatisch talentierter, und es spornt dich unglaublich an, dich in diese Richtung weiterzuentwickeln, es mehr und sorgfältiger zu tun, noch mehr Herzblut hineinzulegen. Mir ist dasselbe passiert: Seit die Gräfin höchstpersönlich (in Wahrheit habe ich keine Ahnung, ob sie überhaupt eine Gräfin war; nüchtern betrachtet hätte sie genauso gut irgendjemand anderes sein können) meinem Strauß ein Kompliment gemacht hat, nehme ich mich selbst ernst und mein nicht ganz so ernstes inneres wildes Mädchen macht Freudensprünge. Ich fange an, wie eine Besessene Sträuße zu binden, zu jeder Jahreszeit, unter allen Umständen; mitten im Winter kaufe ich ein paar Nelken am Bahnhof und pflücke ein paar immergrüne Zweige von dem traurigen Blumenbeet vor dem Hotel; ich laufe durch die überwucherten Rasenflächen der Stadt und finde Blumen, die andere als Unkraut betrachten würden, mit hämmerndem Herzen betrete ich den Blumenmarkt und setze mir, bevor ich ihn betrete, ein finanzielles Limit, das – hörst du, wildes Mädchen! – ich auf keinen Fall überschreiten darf. Am Ende überschreite ich das Limit zweifach, aber wenn ich mir die Sträuße mit Pfingstrosen, Levkojen, Rosen und Nelken ansehe, ist mir alles andere egal. Sobald die Wiesen rund um mein Haus zu blühen beginnen, gehe ich spazieren, das heißt mit meinem Hund und für meine Gesundheit. Die Wanderwege tragen die Bezeichnungen von Blumen: »Lass uns zu den Maiglöckchen gehen. Zu den Lupinen. Zu den Kamilleblumen.«

Meine Lieblingsbeschäftigung ist das Blumensträußebinden; andere Frauen haben andere Beschäftigungen: Kochen, Malen, Nähen, Backen, Stricken. Manchmal lässt sich daraus ein Beruf machen, oft aber nicht. Wenn ich die liebevolle Gefährtin frage, was sie uns sagen will, höre ich, dass es sich lohnt, die Verspieltheit unseres wilden Mädchens zu respektieren und ihm im Alltag Raum dafür zu geben. Wenn die Gefügige das Ruder übernimmt, wird sie sich vor der ganzen Welt dafür entschuldigen, dass sie sich die Zeit nimmt, um »dumme Dinge« zu tun. Sie wird sich selbst herabsetzen und entwerten – als ob sie sich beeilen würde, es selbst tun zu müssen, bevor es andere tun. »Etwas Zeugs …« beschreiben Frauen die Bilder, die sie gemalt haben, oder Kleider, die sie entworfen und genäht haben und auf Facebook posten. Das tut mir weh.

Ich erinnere mich an eine schöne und weise Frau aus einem meiner »Zimmer für sich allein«-Workshops, die auch Malerin war. Auf ihre Selbstporträt-Collage klebte sie diesen Satz: *»No / a painter at night.«* Dieses Malen in der Nacht hat mich sehr bewegt. Ich habe es nicht wörtlich verstanden, dass es nicht darum geht, spät in der Nacht zu malen, sondern darum, heimlich zu malen, wie im Verborgenen, wenn man alle seine Verpflichtungen gegenüber der Welt erfüllt hat, wenn die anderen schlafen und nichts mehr brauchen – dann ist es erlaubt. Und dann ist da noch das »no«, das oben steht! *»No / a painter at night.«* Ich hörte diese Worte wie mit einer leicht überlegenen, männlichen Stimme gesprochen, so wie man von etwas spricht, das keinen wirklichen Respekt verdient, etwas Drittrangiges, etwas, das man erwähnt, wenn einem die ernsten Themen ausgehen.

Letztendlich ist es egal, was andere über die Arbeit unseres wilden Mädchens denken. Es kommt nur darauf an, welchen Stellenwert und wie viel Raum wir ihm geben. Was vermisst dein Mädchen? Was will es spielen? Was möchte es schaffen? Was würde es dir gerne sagen?

»Respekt. Respekt, Respekt.« Die liebevolle Gefährtin wiederholt dieses Wort, als ob sie glaubte, dass ich es beim ersten und zweiten Mal nicht gehört hätte. »Dem wilden Mädchen gebührt absoluter Respekt. Nicht nur, weil es ein Teil von dir ist, sondern auch, weil du dich selbst ernährst, wenn du es fütterst, und wenn du es hungern lässt, hungerst du selbst.«

Ich möchte »überraschen«

Das wilde Mädchen möchte »überraschen«. Es verwendet Anführungszeichen, wenn es darüber spricht. Würde es die Anführungszeichen weglassen, würde es sagen: »Ich will mein Leben so leben, wie ich es will, ich will laut aussprechen, was ich denke, ich will das tun, was ich will, ohne Rücksicht darauf, ob andere das seltsam finden.«

Ich erinnere mich an ein solches Ereignis in der Grundschule: Ich war vielleicht in der dritten Klasse. Der Mathematiklehrer sagte, dass wir den für heute angekündigten Test nicht schreiben würden. In diesem Moment stieß ich spontan einen ziemlich lauten Schrei aus: »Yabba Dabba Doo!« (damals bekannt durch die Zeichentrickfilmserie *Familie Feuerstein*). Der Mathematiklehrer sah mich mit einem Blick purer Verurteilung an, ähnlich wie Tom Cruise in dem brillanten Film *Magnolia* eine Journalistin ansieht, als sie ihm eine unangenehme Frage stellt. Auf die Frage, was er tue, sagt Cruise nach langem, eiskaltem Schweigen zu ihr: *»I am quietly judging you.«*[51] Ich erinnere mich an das gleiche stumme Urteil meines Mathematiklehrers. Er verurteilte mich, als ich einen Freudenschrei ausstieß. Der beste Teil folgte aber am nächsten Tag. Als der Mathematiklehrer die Anwesenheit prüfte und die Namen aufrief, hielt er bei meinem Namen inne. »Cholewa, Cholewka, Dębiec, Dębiak.« Und mein Name? Ich verschwand. Der Lehrer schaute mich nicht an, antwortete nicht auf meine Fragen. Am nächsten Tag das Gleiche. »Cholewa, Cholewka, Dębiec, Dębiak.« Im Matheunterricht gab es mich nicht, ich war unsichtbar. Ich erinnere mich an meine wachsende Unruhe. Ich wusste nicht, was ich tun sollte. Ich selbst begann zu glauben, dass ich etwas Schreckliches getan hatte, als ich mein »Yabba Dabba Doo« in die Klasse rief. Ich versuchte, meinen Lehrer in ein Gespräch zu verwickeln, aber er schwieg hartnäckig und zog mit großer Beharrlichkeit das durch, was man im Englischen als *silent treatment* bezeichnet. »Cholewa, Cholewka, Dębiec, Dębiak.« Nach ein paar Tagen ging ich zu dem Mathematiklehrer und entschuldigte mich für meinen Ausruf. Am nächsten Tag tauchte ich wieder auf der Anwesenheitsliste auf und mein Name wurde ausgesprochen.

Ich habe die harte und traurige Lektion gelernt, dass man andere nicht »überraschen« sollte: Wenn du deiner Freude spontan Ausdruck verleihst, wird man dich zur Strafe wie Luft behandeln – eine Gleichung, die mir mein Mathematiklehrer anschaulich vorgeführt hat. Glücklicherweise bekam ich in meinem Elternhaus, von meinen Freunden und von anderen Lehrern so viele unterschiedliche Reaktionen, dass sich die Botschaft dieses Mathematiklehrers bei mir nicht durchsetzen konnte. »Yabba Dabba Doo!«

Doch die »Überraschung« – sprich das »Selbstsein« – hatte ihren Preis und rief manchmal Widerstand hervor. Die Summe der züchtigenden, entwertenden Stimmen und Reaktionen führte dazu, dass in mir eine Gefügige entstanden ist – und immer noch in mir vorhanden ist. Sie will, dass ich höflich und nett bin und – vor allem – den Kopf unten halte. »Liebes, das musst du nicht«, sage ich heute zu ihr. »Ich weiß, du willst mir etwas Gutes tun, aber das brauche ich heute nicht von dir. Ich bin erwachsen, und das bedeutet für dich, dass du von Sanftmütigkeit zur Wildheit wechseln kannst.«

»Überraschen« braucht Übung. Mein Übungsplatz war New York. Als ich das erste Mal diese Stadt besuchte, da war ich 16 Jahre alt und ziemlich bockig, weil man mich mehr oder weniger gezwungen hat, in dieses New York zu fahren, während ich gerade in meinen ersten Freund verliebt war und mich für nichts anderes auf der Welt interessierte. Ich war zu sehr in den Abgrund meines Unglücks vertieft, als dass ich hätte bemerken können, durch welche Stadt ich meinen traumatisierten Körper schleppte. Aber ein Samen muss in meinem

Herzen gekeimt sein, denn später, als Erwachsene, beschloss ich, nach New York zurückzukehren, und zwar allein. Ich habe es bisher dreimal gemacht und habe vor, es wieder zu tun. Ich bin dort allein und wohne bei einer guten Freundin, die nicht nur eine tolle Wohnung in Manhattan hat und brillante Gespräche führt, sondern auch den Vorteil hat, für polnische Verhältnisse sehr ungastlich zu sein. »Hier sind die Schlüssel, hier ist der Aufzug, nimm dir aus dem Kühlschrank, was du willst.« Und das war's. Ein paar Gespräche im Vorbeigehen, und darüber hinaus – komme alleine zurecht. Perfekt. Ich stand morgens auf, zog mich an und machte mich auf den Weg, um am späten Abend zurückzukehren. Ich hatte in der Regel nur einen Ort, den ich an einem bestimmten Tag erreichen wollte, und ansonsten lief ich einfach umher. Und ich lief. Jeder, der schon einmal in New York war, weiß das. Du bewegst dich und läufst, und du kannst nicht anhalten. Du bettelst dich selbst an: »Halte wenigstens für ein Lunch an, kaufe wenigstens einen Maiskolben an der Ecke, ich bitte dich, du läufst schon seit sechs Stunden!« Mit jedem Tag, der verging, zog ich mich nachlässiger an. Am zweiten Abend beschloss ich, inspiriert durch den Anblick eines Herrn in einer U-Bahn, der aus seiner Tasche ein weißes Hemd herausholte und sich damit die Nase schnäuzte, die Grenzen meiner sozialen Freiheit zu erweitern. Am nächsten Morgen, vergeblich auf der Suche nach einem Getränk, das den Namen Kaffee verdient, ging ich mit einem Nachthemd bekleidet zu Starbucks. Ich hatte das Gefühl, etwas unglaublich Mutiges zu tun: Ich drückte die Türklinke, trat hinaus auf die Canal Street, die von städtischem Lärm erfüllt war, und – tadam! Der Wind verweht mein Haar, der Wind verweht mein Nachthemd, New York, *here I come*[52]! Ich fühlte mich feierlich, als ich in Richtung Starbucks lief, unabhängig bis ins Mark, gekleidet, wie ich wollte. Ihr könnt protestieren, aber ich bin eine erwachsene Frau, die keine Lust darauf hat, sich umzuziehen, bevor sie vor die Tür geht, eine Frau, die bereit ist, jeden konservativen Angriff abzuwehren. »Na los, sagt mir, dass es nicht akzeptabel ist, dass es nicht angemessen ist, sich so zu kleiden, dass meine Mutter mich nicht so erzogen hat, nein, ich weiß nicht, wie es auf Englisch heißt, aber wenn du es mir sagst, bin ich sicher, dass ich es verstehen werde! Komm schon, lass irgendeine kritische Bemerkung fallen, verurteile mich mit einem strafenden Blick, ich bin bereit dafür, ich warte sogar darauf und fordere es!« Ich betrat die Starbucks-Filiale, eine Menschenmenge, die Warteschlange, ich hatte präzise Antworten in einer Fremdsprache vorbereitet – inzwischen war ich an der Reihe, ich beantwortete fünfzehn Fragen (ohne Antworten kann man nicht das bestellen, was als Kaffee durchgeht) – und immer noch nichts. Hallo Welt, wo ist deine Empörung über mich? Im Ernst – kein einziges Wort? Irgendein Mann wünschte mir lediglich einen schönen Tag und ich fand keinerlei Spott darin. Anstatt nach Hause zu gehen und mich »wie ein Mensch« anzuziehen, bin ich einige Viertelstunden gelaufen, schon mit Kaffee, um sicherzugehen, dass es auch wirklich passiert: im Nachthemd mit meinem Morgenkaffee durch New York zu laufen! Jede Zelle in meinem Körper war euphorisch.

Wenn ich »überrasche«, ist der Unterschied zwischen dem, was ich tue, und dem, was von mir erwartet wird, ein Stück von mir selbst; meine eigene Frequenz. »Möchtest du etwas Persönliches hinzufügen?«, fragen Lehrer, Eltern und Richter. Wenn wir »überraschen«, fügen wir etwas von uns selbst hinzu.

Als ich in meinem Nachthemd aus dem Tor eines New Yorker Stadthauses trat, stellte ich fest, dass mich niemand beachtete; es schien niemanden zu stören. Aber ich, die ich so selbstbewusst zu sein schien, hörte eine kritische Stimme in mir. Ich wartete darauf, dass es beginnt, aber es passierte nichts. Wir tragen Stimmen in uns, mit denen wir nicht einer Meinung sind, und diese Stimmen sprechen zu uns. »In so einer Bluse in die Kirche? Du gibst deinem Kind wirklich dieses Zeug zu essen? Das wirst du doch nicht laut aussprechen?« Das wilde Mädchen will nicht auf diese Stimmen hören. Und wenn wir langsam damit beginnen, die Grenzen dessen, was uns erlaubt ist – was wir uns selbst erlauben –, bewusst zu erweitern, dann werden wir feststellen, dass die Welt nicht so sehr mit uns beschäftigt ist, wie wir denken. Die Menschen schauen uns nicht derart aufmerksam und tadelnd an, wie wir glauben. Erinnerst du dich daran, wie die Frau, die in der Straßenbahn neben dir saß, gekleidet war? Hast du einen tadelnden Blick auf sie geworfen?

Natürlich gibt es solche, die sich tatsächlich dazu entschlossen haben, das Leben anderer zu korrigieren. Ich erinnere mich an meine Mathematiklehrerin aus dem Gymnasium, die sich unter den verschiedenen pädagogischen Zielen, die sie hätte verfolgen können, für ein einziges entschied: Sie stellte sich mit einem Lineal in der Hand an die Eingangstür der Schule und vermaß die Röcke der Mädchen, wenn sie ihrer Meinung nach zu kurz waren. Es gibt Menschen, die diesen Weg gehen: Sie stellen tragbare Kanzeln auf und spulen ihre moralisierenden Predigten an jedem beliebigen Ort ab, ohne dass sie darum gebeten werden. Sie werden deine Frisur, die Kleidung deines Kindes, dein Make-up oder das nicht vorhandene Make-up, was du vom Büfett auf deinen Teller genommen hast und alles andere ungefragt beurteilen. Sie werden deinen Ehemann, deinen Freund, deine Partnerin und die Tatsache, dass du eine Partnerin hast, beurteilen. Sie werden den Namen beurteilen, den du für deine Tochter gewählt hast, und die Tatsache, dass du eine »fremde Frau« deine Wohnung putzen lässt. »Ich verstehe dich nicht«, werden sie sagen, und das wird nicht als Aufforderung an dich gemeint sein, etwas zu erklären.

Ich sehe das so: Wir leben insoweit im Einklang mit anderen, wie wir im Einklang mit uns selbst leben. Wenn ich im Einklang mit mir selbst bin, im Einklang mit allen »Bewohnern« meines inneren Hauses, muss ich mich nicht darum scheren, wie andere sich kleiden oder was sie essen. Ich werde weiterhin meine Ansichten und meine moralischen Präferenzen haben; es wird Themen geben, für die ich kämpfen möchte. Aber ich werde nicht ungefragt anderen auf die Pelle rücken und ihnen meine Meinung oder Ratschläge um die Ohren hauen. Ich werde mir bewusst sein, dass jeder mit irgendetwas zu kämpfen hat und etwas in seinem Rucksack trägt, das ich nicht sehen kann. Ich werde anderen nicht vorwerfen, dass sie »überrascht« sind, nur, weil ich es anders mache. Ich würde das nicht so sagen, ich würde das so nicht fühlen, ich würde mich nicht so anziehen – aber ich bin auch kein Maßstab. Ich werde darauf vertrauen, dass jede und jeder so durchs Leben geht, wie sie oder er kann, auf einem Weg, den sie oder er auch bewältigen kann. Ich werde Situationen, in denen jemand anderen Schaden zufügt, von dieser Regel ausnehmen – es liegt keine Zustimmung vor, obwohl diese fehlende Zustimmung nicht ausschließt, dass man versteht, warum der Schädiger zum Schädiger wurde.

Trainiere dieses »Überraschen«. Verlasse das Haus auffällig geschminkt oder einfach ohne Make-up. Bringe den Müll raus in einem verkehrt herum angezogenen Unterhemd. Trage zwei unterschiedliche Socken. Sage während einer Besprechung etwas, von dem du weißt, dass es nicht der allgemeinen Meinung entspricht. Tanze nicht nur auf der Tanzfläche.

»Lass sie es doch selbst finden, sie weiß doch selbst, wie man etwas findet!«, schreit mich das wilde Mädchen vorwurfsvoll an.

Finde es selbst heraus.

»Zu überraschen ist deine moralische Pflicht«, sagt die liebevolle Gefährtin und zwinkert mir zu.

Ich möchte mich »exaltieren«

Das Mädchen verwendet den Begriff »exaltieren«, weil es ihn immer wieder von anderen hört. Das ist dasselbe wie bei »überraschen«. Andere finden, dass das Wort zu ihm passt.

Auf wiktionary.org lese ich die folgende Definition von »Exaltation«: »Zustand der Aufregung, der über ein angebrachtes Maß hinausgeht.«

Wer auch immer das Wort schuf, wer auch immer es danach verwendete, ging von folgenden Annahmen aus: 1. Es gibt einen objektiven Maßstab dafür, mit welcher Intensität ich meine Gefühle zeigen darf; davon ausgehend könnte mir jemand sagen, dass ich meine Gefühle »übermäßig« zeige.

2. Ein Außenstehender kennt die Intensität meiner Gefühle, obwohl nur ich selbst in meinem Körper lebe; aber ein Außenstehender weiß, dass die tatsächliche Intensität meiner Gefühle geringer war als ihr Ausdruck. Das heißt, wenn wir zum Beispiel eine Skala von 1 bis 10 nehmen, dann fühlst du beim Anblick deines lang vermissten Freundes eine 5, und dann bist du berechtigt, deine Gefühle mit der Stärke 3 auszudrücken – obwohl deine Gefühlsintensität eine 5 erreicht.

3. Es gibt einen bestimmten objektiven »emotionalen Pegel einer Situation« und der Ausdruck von Gefühlen und das Empfinden von Gefühlen im Allgemeinen sollten diesem objektiven Standard entsprechen. So wird beispielsweise der Anblick von Gewitterwolken der Stufe 2 zugeordnet, und Gefühle der Stufe 4 oder 6 ihnen gegenüber zu empfinden, entspricht nicht der Norm.

Der Begriff der »Überraschung« oder der eher »wissenschaftliche« Begriff der »Überempfindlichkeit« (der glücklicherweise zunehmend durch den von mir bereits erwähnten Begriff der »Hochsensibilität«

ersetzt wird) beruht auf ähnlichen Annahmen. Es gibt einige Regeln dafür, welche Farbe zu welcher anderen Farbe passt, damit sie nicht »überraschen«. Es gibt ein akzeptiertes Maß an Gefühlsäußerungen und Gefühlen, deshalb solltest du nicht über die Normen, die wir angenommen haben, hinausgehen. Es gibt ein durchschnittliches Maß an Empfindlichkeit, das du nicht überschreiten solltest.

Das wilde Mädchen versteht nicht, worum es geht. »Aber so ist es nun mal bei mir! Aber schließlich fühle ich so, wie ich fühle, und nicht so wie du! Schauen wir auf dieselben Wolken? Siehst du auch diese wild aufgewühlten grau-lila Wolken, die wie ein Nashorn aussehen? Siehst du, wie sie sich verschieben, und siehst du, wie toll dieses graue Lila mit dem durchscheinenden Blau des Himmels dahinter aussieht?«

Die Welt stört sich an unserem »Zuviel« und »Zuwenig«. Für dich kann diese Welt das Gesicht einer Mutter, einer Nachbarin, eines Chefs, eines Kollegen sein, den du nicht magst. Obwohl es eigentlich schwierig wäre, ein Erinnerungsporträt anzufertigen – der Druck kommt nicht von einem bestimmten Individuum, sondern von der sogenannten Gesellschaft, der Kultur.

Dieses »Zuviel« oder »Zuwenig« sind wir selbst. Du bist anders als ich, anders als er, anders als sie, du bist du – und niemand sonst ist du. Jeden Tag, immer wieder, stehen wir an einem Scheideweg und entscheiden: Soll ich mich den Erwartungen anpassen oder mich für mich selbst entscheiden? Ersteres ist in gewissem Sinne ein Verrat am wilden Mädchen, Letzteres Ausdruck der Treue zu ihm.

Meiner Erfahrung nach – der Erfahrung einer erwachsenen Frau, die immerhin nicht auf ihre Teilhabe an der Welt verzichtet, bestimmte soziale Normen akzeptiert, ihrer Arbeit nachgeht, Einkommensteuererklärungen macht, Geld verdient und Steuern zahlt – ist es eine Grundvoraussetzung für das Glück, dem wilden Mädchen treu zu bleiben und ihm Raum zu geben.

Wenn ich das Mädchen wütend hinter mir herzerre, weil ich spät dran bin, und es unglücklich über meine Eile ist, dann bin ich in dem Moment auch unglücklich. Ich fühle, dass eine meiner Aufgaben darin besteht, einen sicheren Raum für das zu schaffen, was manche als »Exaltation« bezeichnen. Es ist mein unveräußerliches Recht, beim Anblick blühender Lupinen in der Nähe meines Hauses vor Freude auszuflippen, mich kreischend an den Hals einer lang abwesenden Freundin zu werfen, mit Inbrunst über die Farben von Blusen zu diskutieren, das Gras nach dem Regen zu riechen, beim Anblick einer schönen Teetasse in einen Zustand absoluter Entzückung zu verfallen. Wenn jemand der Meinung ist, dass dies meiner Ernsthaftigkeit oder, pfui, pfui, ich hasse dieses Wort, meiner Professionalität abträglich ist, cool, alles klar. Fremde Seelenglut kann denjenigen verärgern, der in seinem Leben friert. Fremde Freiheit kann denjenigen irritieren, der in seinem Leben eingeengt ist. Aber das wird nichts an der Aufgabe ändern, die ich mir gestellt habe.

Eines der besten Beispiele für diese Aufgabe fand ich in einer Aufnahme[53], in der Meryl Streep, begleitet von einem Orchester, etwas rezitiert, das wie ein Gedicht klingt. Es ist ein Auszug aus einem Brief, den die amerikanische Tänzerin Martha Graham an die Choreografin Agnes de Mille schrieb. Darin wird beschrieben, wie ein jeder Mensch seinen ganz persönlichen Ausdruck in Form von Lebenskraft, Energie und Impuls auf der Erde hinterlässt. Würden wir uns dem verschließen, wäre die Welt um ein Vielfaches ärmer. Wir sind das Medium für diesen Ausdruck, es ist unsere Aufgabe, dafür zu sorgen, dass diese Ausdrucksform unsere eigene ist: »Keep the channel open« – so lautete es im Original.

Eine einzigartige Form des Ausdrucks. Das bedeutet, dass nur eine Person auf dem Planeten Erde diese Form in- und auswendig kennt. Nur du kennst den Ort, an dem dein inneres Kind lebt, mit all seinen »Wundern«, seinem »Hochgefühl«, seinem Bedürfnis nach Spiel, Schaffen und Freude.

Das wilde Mädchen bringt uns Freude.

Ich schreibe dies und habe das Gefühl, dass etwas nicht stimmt, dass ich nicht alles gesagt habe. Ich schließe die Augen, um nachzusehen, und sehe das wilde Mädchen, wie es traurig in der Ecke sitzt. »Mir geht es nicht immer gut«, sagt es, und ich bin überrascht, dass ich das in meinem Hohelied zu seinen Ehren vergessen habe. Das wilde Mädchen bringt Freude, aber manchmal ist es auch einfach nur traurig, böse, ängstlich – und auch dafür lohnt es sich, Raum zu schaffen. Manchmal braucht es die Aufmerksamkeit und den Zuspruch einer erwachsenen Bezugsperson. »Papa, Mama, schaut mal!« So haben wir unsere Eltern gerufen, die früher ihre Eltern auf diese Weise gerufen haben, so rufen unsere Kinder uns, so werden ihre Kinder sie rufen. Ich möchte auch die zaghafte Stimme des wilden Mädchens in mir respektieren, ich möchte ihm sagen: »Hier bin ich. Ich sehe dich.«

Ich wähle die Naivität

Das sagt das wilde Mädchen, aber vielleicht hat es dies nicht aus freien Stücken gewählt? Vielleicht ist es die erwachsene Frau in mir, die beschließt, auf seine Stimme zu hören. Es gibt den Spruch, jemand sei »naiv wie ein Kind«. Ich kaufe dies, ich nehme das, lasse mich auf jenes ein – gemeinsam mit meinem Mädchen. Jedenfalls fange ich so an: Wenn ich jemanden zum ersten Mal sehe, gehe ich davon aus, dass sie oder er freundlich zu mir ist; wenn nicht, gehe ich weiter davon aus, dass sie oder er nicht zu dem einen Prozent Psychopathen gehört, sondern nur mit irgendetwas zu kämpfen hat; erst später, wenn ich immer noch eine kalte Mauer spüre, werde ich mich verteidigen und einen Gegenangriff starten. Zwei Chancen zum Nulltarif. So mache ich das, zumal ich die Macht der sich selbst erfüllenden Prophezeiung kenne und weiß, dass die Voranname feindlicher Absichten die Feindseligkeit verstärkt. Glücklicherweise ist es auch möglich, die Freundlichkeit zu verstärken, indem man einfach an sie glaubt.

VON DER SCHNEEKÖNIGIN ZUR ERWACHSENEN

Was möchte die liebevolle Gefährtin der Schneekönigin sagen? Was und wer wird aus ihr werden, wenn sie auf die Gefährtin hört? Zuerst höre ich die liebevolle Gefährtin sagen: »Das musst du nicht. Die Dinge, von denen du dachtest, dass du sie ständig tun musst, musst du nicht tun.« Die Schneekönigin, die aus Angst gemacht ist und sich im ewigen Konkurrenzkampf befindet und immer Wege beschreitet, die nicht ihre eigenen sind, glaubt, dass sie, wenn sie stehen bleibt – wenn sie das Angebot nicht macht, wenn sie das Budget nicht einhält, wenn sie den Plan nicht ausführt –, wertlos wird, das heißt, dass sie (die psychologische Metaphorik bemühend) sterben wird. Die Frau, die im Schulungsraum nach einem Stück Himmel suchte, war im Besitz der Schneekönigin; ebenso wie die Frau, die mir in einem anderen Raum gegenübersaß, perfekt frisiert, gebügelt, gestriegelt und geschminkt – und die in meiner Vorstellung einsam weinte. Die Schneekönigin treibt die Gefügige vor sich her und lässt ihr keine Ruhe, sie treibt sich selbst vor sich her. »Spule den Schmerz zurück« – war der Werbeslogan für ein bestimmtes Schmerzmittel. Das ist es, was die Schneekönigin mit dem Inneren machen will, mit dem, was sich widersetzt, mit dem, was weich, kindlich, eigen ist.

Die Schneekönigin glaubt nur an Leistung und Erfolg; sie glaubt nicht einmal an das Feiern von Leistung und Erfolg – sie ist zu sehr damit beschäftigt, sich sofort auf das nächste Rennen vorzubereiten. Stelle dir dieses Bild vor: Eine Läuferin läuft ein Rennen, eher einen Marathon als einen Sprint, sie gewinnt, hebt auf den letzten Metern die Hände zu einer Siegesgeste, kurz nach der Ziellinie fällt sie vor Erschöpfung um, keuchend, unfähig, wieder aufzustehen. Stelle dir vor, ihr Trainer oder Betreuer würde dies von der Tribüne aus rufen: »Steh auf! Du bist nicht hier, um dich auszuruhen! Gleich startet das nächste Rennen!« Das ist es, was die Schneekönigin in unserer inneren Welt tut.

Aber wenn sie der liebevollen Gefährtin glauben würde, wenn diese sagt: »Du musst das nicht?«

Ich schreibe dieses Buch, und ich spüre, wie sehr ich darauf achten muss, dass meine Schneekönigin mit mir zusammenarbeitet, als eine Figur, die ich Erwachsene nennen werde. Wenn ich die weniger reife, nicht transformierte Version von ihr hinter dem Steuer meines inneren Fahrzeugs sitzen lasse, kann ich spüren, wie sie mich vor sich hertreibt. »Schnell, schnell!«, schreit sie mich an. »Prüfe, wie viele Zeichen du heute zu Papier gebracht hast! Du schaffst die Norm nicht!«

Gehe in die Tiefe, bevor du vorwärtsgehst

Die liebevolle Gefährtin erzählt der Erwachsenen: »Gehe in die Tiefe, bevor du vorwärtsgehst.« Oder besser gesagt: »Gehe nicht weiter, bevor du nicht geprüft hast, wer du im Kern bist. Beginne in deiner Mitte.« Vor einigen Jahren habe ich mich dabei ertappt, dass ich eine instinktive Abneigung gegen Begriffe wie Entwicklung, Erfolg, Karriere, Weiterkommen hatte. Was hat mich an ihnen gestört? Letztendlich habe ich verstanden, dass es um die Richtung der Bewegung geht. Der Weg zu sich selbst – das heißt, der Weg durch die Welt, denn wir können die Welt nur mit unseren eigenen Füßen durchschreiten, wir können sie nur mit unseren eigenen Augen sehen – führt meiner Meinung nach über das Innen nach außen. In einer spiralförmigen Bewegung zum inneren Zentrum und erst dann nach außen zu den anderen. Die gleiche Bewegung fand ich in einem meiner Lieblingsgedichte, *Diving into the wreck*[54], geschrieben von der amerikanischen Dichterin Adrienne Rich.

Ich kenne dieses Gedicht gut. Ich habe es still gelesen, laut gelesen und Rich selbst auf YouTube zugehört. Warum muss ich jetzt, wo ich darüber schreibe, dieses Gedicht wieder und wieder lesen, viele Male, und nicht im Internet; ich möchte diesen Gedichtband finden und ihn mit meinen Fingern berühren, dieses Gedicht noch einmal durch meinen Magen, mein Herz, meine Stimmbänder laufen lassen – weil ich es nicht nur in Erinnerung behalten, sondern in der Yin-Energie, der Energie meines eigenen Körpers, spüren muss? Es ist nicht in meinem Zimmer, auch nicht im Badezimmer. Schließlich finde ich ein dünnes, vergilbtes Buch, das ich einmal in einem Antiquariat gekauft hatte – jemand, der es vor mir gelesen hatte, hatte einige der Titel und Zeilen mit Bleistift markiert – jemand, der vor mir nach seinem Schiffswrack getaucht war.

Die Protagonistin des Gedichts (so nenne ich sie, denn der kalte Begriff »lyrisches Subjekt« will mir in diesem Zusammenhang nicht über die Lippen kommen) bereitet sich auf eine Unterwasserexpedition vor: Sie zieht einen schwarzen Gummianzug an, »absurde Flossen, eine schwere, unbequeme Maske«. Sie weiß, dass sie sich einer gewissen Notwendigkeit gegenübersieht, allein in die Tiefe hinabzusteigen. Es ist unmöglich, dies anders als allein zu tun: Es ist unmöglich, deinen Kern, den ersten Zapfen deines Baumes, anders als durch eine beharrliche, mutige, hartnäckige und zärtliche Suche zu finden. Niemand wird es für dich tun, und du wirst es auch nicht mechanisch, von außen, tun. Du ergoogelst dich nicht selbst. Kein Buch – nicht dieses und auch kein anderes –, nicht in drei Schritten, nicht in fünf Schritten, nicht in fünfzehn einfachen Schritten, geschrieben von jemand anderem als dir selbst, wird es dir ermöglichen, dich selbst zu finden. Niemand außer dir kann die Frau finden und befreien, die in meiner Vorstellung in der Position eines Embryos in einer zugeschweißten Plastiktüte liegt, niemand außer dir kann die Tür des Zimmers im zweiten Stock oder auf dem Dachboden öffnen, in dem diese Gestalten leben, die nicht ins Wohnzimmer hinabsteigen dürfen. Nur du kannst dich selbst finden.

»Uns selbst zu finden« bedeutet, dass wir uns zuvor verloren haben müssen. Die Heldin, die in das Schiffswrack eintaucht, sucht darin nach sich selbst.

Wozu? Warum sollten wir das tun? Warum sollten wir uns selbst so viel Aufmerksamkeit widmen? Ich weiß nicht, ob du mir diese Frage stellst oder ob ich sie mir selbst stelle. Es gibt so viel in der Welt um uns herum – so viel Schönes, das wir uns ansehen könnten, so viel Leid, das wir lindern könnten –, das größer ist als die Tatsache, kein eigenes Zimmer zu haben oder nicht in der Lage zu sein, eine gute Beziehung aufzubauen oder unsere berufliche Berufung zu finden. Ich glaube, ich kann ehrlich sagen: Ich finde mich und mein Innenleben nicht besonders aufregend; ich halte mich weder für besser noch für schlechter als andere Menschen. Meine inneren Landschaften, Träume, Verwirrungen, Abgründe und Höhenflüge sind vielleicht interessant, aber nicht interessanter als die von anderen. Warum also, warum und wieso habe ich einige Jahre damit zugebracht, eine Therapie zu machen, warum erforsche ich mich selbst mithilfe von Yoga, ausgiebigen Meditationen, Frauenkreisen und so vielen anderen Dingen, die ich tue, um mich selbst zu finden? Warum sollten wir in diesem absurden Outfit, ohne Luft, fast nichts sehend, nach einem Weg ins Innere eines auf dem Meeresgrund liegenden Schiffswracks suchen? Und warum ist das Schiff überhaupt havariert? Warum zieht es uns dort hinab, um den Trümmern und Schätzen auf den Grund zu gehen?

Warum sollten wir das tun? Schließlich gibt es das Leben an der Oberfläche: entweder auf dem »sonnenverwöhnten« Deck oder auf dem Festland, es gibt blitzsaubere Büros, nachts beleuchtete Straßen, Terminkalender voller Meetings zur Besprechung wichtiger Themen, es gibt Stilettos, in denen wir viel besser aussehen als in irgendwelchen lächerlichen Schwimmflossen, es gibt Eyeliner und Mascara, die unter Wasser sicher verschmieren würden … warum zum Teufel sollten wir da runtertauchen, um die »Schäden« und »Schätze« zu sehen? Ging es uns schlecht in unserer warmen, trockenen, hellen Wohnung?

»Sei vorsichtig«, sagt mir die liebevolle Gefährtin. »Auf der Erde gibt es Menschen, Männer und Frauen, die ein glückliches Leben führen und diesen Job nicht brauchen, die nirgendwo tauchen müssen. Sprich nicht für alle.« Ich antworte ihr: »Ja. Aber sie lesen dieses Buch nicht.«

Und ich würde es nicht schreiben, wenn ich eine völlig geerdete Frau wäre. Aber ich weiß, dass ich mich zwischen zwei Welten bewege. Mindestens zwei. Wenn es dir so geht wie mir, dann musst du unbedingt zu dem Schiffswrack tauchen. Du musst die Wahrheit über dein Leben herausfinden, es dir ansehen. »Was ist mir zugestoßen? Wer bin ich wirklich?« Das möchtest du herausfinden. Das Zerstörte, das Zerbrochene, das Verlorene in die Hand zu nehmen, es in den Händen zu wiegen; das zu berühren, was ein Schatz, ein Juwel ist, selbst wenn es ein Kieselstein am Straßenrand ist, der am Rande des Weges liegt, den du als Mädchen mit deiner Mutter an der Hand gegangen bist.

Wenn du sagst, dass du in deinem Schiffswrack nur Leid gefunden hast – ich werde ich es dir nicht glauben.

Suppe aus einem Nagel kochen

Es gibt Menschen, Frauen und Männer, die in ihrem Leben wirklich schreckliche Dinge erlebt haben. Es gibt Menschen, die als Kinder viel Unfreundlichkeit erfahren haben. Wenn ich diese Wahrheit an mich heranlasse, fühle ich Schmerz. Wenn dies dein Schmerz ist – der Schmerz der Frau, der ich schreibe –, erweise ich dir meine Ehrerbietung. Ich schreibe diese Sätze langsam, langsamer als andere, lösche, ändere, versuche es erneut: Ich weiß nicht, wie ich deinem Schmerz begegnen soll. Aber ich habe auch das Gefühl, dass ich nicht will, dass wir hier stehen bleiben. Wenn du zögerst, dass der letzte Satz der Geschichte, die du dir über dein Leben erzählst, von unverheilten Wunden, Verletzungen und Hoffnungslosigkeit handeln sollte, möchte ich dich davon überzeugen, dort keinen Punkt zu setzen – oder wenigstens sollte nach dem Punkt noch etwas anderes geschrieben stehen.

Lasse mich – scheinbar – kurz das Thema wechseln, damit ich bald zu dem zurückkehren kann, was die Fortsetzung dieser Geschichte werden könnte.

Ich habe eine Freundin; sie ist nicht wohlhabend, aber ein Abendessen bei ihr ist immer beeindruckend. Sie zaubert es aus ganz gewöhnlichen Produkten, aber der Effekt ist umwerfend. Reis, getrocknete Champignons, Petersilie. Ich schreibe ihr und frage sie, was ich kochen könnte. Tereska schreibt sofort zurück: »Meine Lieblings-Blitz-Gerichte sind: Nudeln mit klein geschnittenen Erdbeeren und

Sahne. Kartoffelpüree mit gebrühtem Sauerkraut. Tomatensuppe mit gegossenen Klößchen. Oder gebutterte breite Nudeln, gemischt mit geriebenen gefrorenen Trüffeln und überbacken mit geriebenem Käse. Trüffel sind in einigen unserer Geschäfte für 14 Złoty erhältlich, eine ausreichende Portion, wenn auch in der Größe einer Kirsche. Mit der Liebe ist es wie mit den meisten Dingen: Es geht nicht um Quantität, sondern um Qualität. Kaum etwas ist besser als viel giftige, überschwängliche, unwiderstehliche Liebe. Das war's für heute, denn ich gehe jetzt endlich zum Friseur.«

Nagelsuppe. Es ist möglich, wenig Liebe zu haben, aber etwas wirklich Gutes daraus zu machen. Es ist ungerecht, dass manche Leute einen riesigen Vorratsschrank mit Tausenden von Produkten haben, wie die Kandidaten in der Hobby-Kochshow *MasterChef,* während andere Schubladen und den Kühlschrank durchsuchen und nur alte Nudeln und Rapsöl finden. Dies sollte nicht so sein. Aber, wie Gilbert in dem oben zitierten Fragment aus *Achtsames Mitgefühl* schrieb, wählen wir nicht, was wir bekommen – stattdessen können wir zumindest ein wenig mitentscheiden, wie wir mit dem umgehen, was wir bekommen.

Kürzlich fand ich in einem Second-Hand-Geschäft ein unbeschreiblich schönes T-Shirt mit der Aufschrift »Happiness is a choice«. Obwohl es hübsch fuchsiafarben war und zu 100 Prozent aus Baumwolle bestand, habe ich es nicht gekauft. Glück ist nicht einfach eine Frage der Wahl. Eine solche Formel wäre zu simpel, nicht belastbar angesichts des Leidens von Frauen und Männern, die glücklich sein wollen. Ich will keine einfachen Formeln, und ich werde mich sicher nicht mit denen in eine Reihe stellen, die es möglichst einfach haben möchten. Ich kenne viele Menschen, die jeden Tag glücklich sein wollen, und jeden Tag scheitern sie. Sie rollen ihren Stein bergauf und jedes Mal rollt er wieder hinunter. Und am nächsten Tag versuchen sie es erneut, und wieder rollt er bergab. Es ist eine Art von Heldentum, das niemand wahrnimmt: So häufig haben sie nicht die Kraft, aus dem Bett aufzustehen, ihren Kindern das Frühstück zu machen, sie zur Schule zu fahren, Lippenstift aufzutragen, ins Büro zu gehen, einen Vortrag zu halten, und doch tun sie es, mit viel Anstrengung. Jeden Tag so eine Plackerei: Du machst die Augen auf und siehst den Stein, der immer auf dich wartet. Du weißt, dass du ihn bergauf rollen wirst, und du weißt, dass er bergab rollen wird. Am nächsten Tag öffnest du die Augen und er ist wieder da. Jemand anderes, der vielleicht neben dir oder im Nebenzimmer liegt, wacht auf, streckt sich, sieht die Sonne draußen vor dem Fenster. »Warum bist du wieder so unglücklich?«, fragt er süffisant. Er rollt keinen Stein bergauf.

Ich schreibe darüber von innen und außen. Ich fühle mich an den meisten Tagen glücklich. Aber ich erinnere mich daran, wie ich einen Stein bergauf gerollt habe; ich habe ihn berührt, und ich fühle, dass es mir das Recht gibt, dir darüber zu schreiben, nicht von der Kanzel herab, sondern aus der Tiefe der Wahrheit; dass es mir das Recht gibt, dir zu sagen: Wenn du einen Stein bergauf rollst, vielleicht schon seit Jahren, ist es umso lohnender, nach einem Weg zu suchen, dein inneres Haus zu bauen, sicher und bequem. Ich kenne Frauen, die ein solches Haus errichtet haben, obwohl sie nur ein Stück Schnur, ein paar Stöcke und etwas Stroh dafür zur Verfügung hatten.

Wo soll man anfangen, wenn es scheint, dass wir nichts anderes haben als ein quälendes Gefühl des Verlassenseins, der Einsamkeit, des Schmerzes, außer dass wir Mitleid mit denen haben, in denen wir Unterstützung hätten haben sollen, aber diese Unterstützung war nicht da? Das Wichtigste scheint mir zu sein, ein Treffen mit der liebevollen Gefährtin zu arrangieren. Auch wenn du denkst, sie sei nicht da, ist sie da. Ich weiß das für dich, weil ich weiß, dass du zweifelst. Wenn du sie findest, wirst du von ihr das Wort »Ja« hören. Es wird ein »Ja« sein, das zu dir gesprochen wird, in der Form, die du angenommen hast, obwohl du dich vielleicht umdrehst, um zu sehen, ob jemand hinter dir steht – »vielleicht war nicht ich gemeint?«.

»Ja. So, wie du bist, ist es völlig ausreichend. Das, was du in dir trägst, reicht völlig aus.« Und dann wirst du etwas hören, das vielleicht seltsam klingt: »Du liebst dich selbst.« Ich erinnere mich, dass ich mich, als ich diesen Satz in mir selbst hörte, zunächst sehr unwohl dabei fühlte: als ob es eine offensichtliche Wahrheit und eine offensichtliche Unwahrheit zugleich wäre. »Du liebst dich selbst.« Irgendetwas in mir regte sich und sagte: »Tadaaaa, na klar! Ist doch klar, dass ich mich selbst liebe!« Aber ein anderer Teil von mir schien zu weinen. Als ob eine Sehnsucht in mir geweckt worden wäre. Es war, als hätte ich eine Stelle berührt, die normalerweise nicht berührt wird, und dabei Schmerzen verspürt.

»Du liebst dich selbst.«

Suche nach der Liebe, mit der alles begann

Einer meiner liebsten spirituellen Lehrer ist Adyashanti. Er ist einer von denen, bei denen ich immer denke, dass ich versehentlich auf »Pause« gedrückt habe, weil die Sekunden vergehen und das Bild sich nicht bewegt: ein unbewegtes Gesicht, Stille im Hintergrund. Ich drücke auf »Play«, ich drücke auf »Pause«, dann wieder auf »Play« und wieder auf »Pause«, noch immer nichts, wieder auf »Play« – als ob ich einen tollen Ratschlag vergessen hätte, den ich einmal bei einem Coaching von einem IT-Mitarbeiter erhalten habe. Er beobachtete mitfühlend meine Probleme mit der Technik. Dann habe ich ihn gefragt: »Was rätst du mir als Fachmann?« Er antwortete: »Mein professioneller Rat ist: Fasse nichts an.« Und dann erklärte er, dass der Computer, wenn ich etwas drücke, wie zum Beispiel »Play«, eine Sekunde braucht, um meinen Befehl auszuführen, und für diese, aus meiner Sicht, ewig lange Sekunde sollte ich ihm nicht drei weitere aufeinanderfolgende Befehle geben, weil ich damit Verwirrung in das digitale Gewebe bringe.

Also drücke ich abwechselnd auf »Pause« und »Play«, und Adyashanti schweigt, wie er zuvor schon geschwiegen hat. Aber wenn er dann doch einmal spricht, sind es weise und tiefgründige Sätze. Wie zum Beispiel in einem Fragment, in dem Adyashanti das Problem von einem seiner Schüler thematisiert.

Dieser hadert mit der Frage: »Warum ist das ausgerechnet mir passiert?« Laut Adyashanti sehnen wir uns danach, dass sich das Leben uns erklärt, Gott sich uns erklärt. Ihm zufolge haben unsere Wege zur Heilung gemeinsam, dass wir im Allgemeinen mit einer Art von Widerstand begännen. Dieser Widerstand äußere sich in negativen Emotionen wie Traurigkeit, Niedergeschlagenheit, Wut und Groll. Die einen würden ihre Wut nach außen tragen, die anderen ihre Wut nach innen richten und in Depressionen versinken: »Unter dem Gefühl, dass wir unglücklich sind, unter unserem Ärger, unter unserer Wut, unter unserer Scham, unter diesen starken Gefühlen« liege eine gewisse Traurigkeit, eine gewisse Trauer.

An diesem Punkt – ich weiß nicht, wie es dir jetzt geht – fange ich an zu weinen, denn es werden einige Türen im zweiten Stock einen Spaltbreit geöffnet und man kann die Stimme dahinter besser hören.

Oft seien wir in diesen äußeren Emotionen gefangen, sagt Adyashanti, »weil wir, obwohl sie sehr schmerzhaft sein können, nicht bereit sind, der darunterliegenden Trauer zu begegnen. Und unter der Trauer?« Adyashanti fährt fort, taucht in Richtung des oben beschriebenen Schiffswracks. Was mich absolut glücklich macht, ist diese Bewegung, Schicht um Schicht abzukratzen, dem Wesen der Dinge nachzuspüren. Adyashanti sagt sinngemäß, nur wer liebt, trauert, und umgekehrt. Dies sei entscheidend für den Heilungsprozess. Sein Ansatz: »Wenn du etwas bedauerst, das du verloren hast, wenn du das Gefühl hast, etwas verloren zu haben, dann muss darunter Liebe sein.« Da müsse Liebe sein, »unter der Oberfläche von allem«, wiederholt er, jetzt mit echter Begeisterung, und ich, während ich das höre, reagiere mit Begeisterung in meinem Herzen – und während ich jetzt diese Worte für dich schreibe, fühle ich, dass ich auch etwas in dir berühre.

»Liebe für etwas in dir«, Adyashanti lässt nicht locker, er fährt fort. Sorge, Selbstfürsorge, Zärtlichkeit bedeute, dass wir uns selbst liebten, dass wir Mitgefühl für uns selbst empfänden. [...] Nur wenn es uns gelingt, diese Liebe, diese Fürsorge, dieses Mitgefühl zu empfinden, könne Heilung beginnen. »[...] Denn, weißt du – wenn du dich nicht selbst lieben würdest, würden dich die Dinge, die dich in deinem Leben verletzen, nicht verletzen.« Adyashanti erklärt: »Wenn du Wut empfindest, dann deshalb, weil du dir selbst gegenüber nicht gleichgültig bist.« Adyashanti wiederholt sich, und ich wiederhole mich wie er, weil ich an die spiralförmige Energie glaube, die sich immer weiter nach innen bewegt, immer wieder auf dasselbe zurückkommt. Ich glaube, dass das, was wir hören wollen, oft mehrmals an unsere Tür klopft, und wir spielen laut Musik oder gehen auf den Balkon, um nichts zu hören, aber schließlich, wenn wir des unaufhörlichen Klopfens müde sind, öffnen wir sie. Und das ist der Moment, in dem wir, wie Adyashanti sagt, in eine intime Beziehung zu unserer Menschlichkeit treten. Das ist etwas ganz anderes als ein enzyklopädisches Wissen über den Homo sapiens, eine Eins im Biounterricht oder eine gute Note im Psychologieexamen. Eine intime Beziehung zum eigenen Menschsein wird im Körper geboren: im Bauch, im Mutterleib, im Herzen, unter der Haut. Ich bin, ich bin. Ich bin ganz, nicht aufgeteilt wie die Teile aus dem zweiten Stock. Ich bin eine Frau von einem Magazinfoto; unter der Folie, die an meinem Körper klebt, strömt Luft durch; eine kleine Öffnung reicht aus, damit Sauerstoff eindringt.

Man muss einfach nur in der Lage sein, sich an etwas festzuhalten, etwas zu greifen. Ziehe an einem Ende des Fadens, sodass der Kokon beginnt, sich aufzulösen. Dann bist du auf dem richtigen Weg.

»Ich habe nicht viel Gott in mir«, schrieb der polnische Dichter Marcin Świetlicki in einem seiner Gedichte[55], »ich pflege diesen Fetzen, dieses Blutgerinnsel.« Dieser Fetzen, dieses Gerinnsel, etwas, das einmal eine Wunde war – wenn es behandelt wird, wird es uns helfen, zu uns selbst zurückzufinden.

Als ich ein Kind war, fuhren meine Eltern mit mir und meinem Bruder jedes Jahr in einen langen Urlaub nach Białka Tatrzańska, einem Dorf ganz weit unten im Süden Polens am Fuße der Hohen Tatra. Dort verbrachten wir jedes Jahr den ganzen Juli und August bei »unserer« Bergbäuerin. Ein nach Stroh und frischer Milch duftendes Holzhaus unter einer großen Linde, ein steiler Pfad, der entlang wilder Himbeersträucher zum Fluss führt, große, von der Sonne erhitzte Steine am Bachufer. Wir saßen auf ihnen, und manchmal waren wir mutig genug und stiegen in das eiskalte Wasser. Mit dem Fahrrad holte ich frisches Brot, das gerade erst aus dem Ofen kam; ich spürte seine Hitze auf meinen Händen. Es gab dort eine alte Holzkirche, das Holz war altersbedingt sehr dunkel, und eine Bibliothek, in die ich fast jeden Tag ging, um mir ein neues Buch zu besorgen. All diese Bilder leben in mir und werden mich immer begleiten.

Eines Sommers, kurz nach unserer Ankunft, machte ich einen Spaziergang über den Hof unserer Bergbäuerin: etwa ein halber Hektar Land, ein Haus, ein Kuhstall, ein paar Bäume, ein kleiner Gemüsegarten. Hinten in der Scheune hörte ich wütendes Bellen. An einer langen Kette war ein kleiner Hund angebunden, ein schwarzer, haariger Mischling. Im letzten Sommer war er noch nicht hier. (Damals waren fast alle Hunde an Ketten, und niemand wunderte sich darüber.) Der Hund bellte mich hartnäckig und heftig an und stürmte mit einer solchen Entschlossenheit auf mich zu, dass ich nicht daran denken wollte, was passiert wäre, wenn er nicht an der Kette gewesen wäre. Ich weiß nicht mehr genau, wie alt ich damals war oder wie der Hund hieß, aber ich erinnere mich, dass ich, getrieben von einem Instinkt, den ich heute noch in mir erkenne, begann, jeden Tag dorthin zu gehen, viele Male am Tag. Der Hund bellte von Tag zu Tag weniger, mit immer weniger Überzeugung und ohne an der Kette zu reißen. Am Ende gab er noch zwei- oder dreimal Laut von sich, nur so, weil es sich für einen Hund so gehörte. Aber es war keine Wut (das heißt keine Angst) mehr darin. Nach ein paar Tagen nahm ich ein Stück Wurst und ging näher an ihn heran; ich vertraute auf die Kette und konnte mich jederzeit zurückziehen. Ein paarmal habe ich eine Wurst im Gras liegen lassen und bin dann weggegangen. Aber eines Tages hockte ich mich mit einer Wurstscheibe in der Hand ins Gras und der Hund fraß sie mir aus der Hand. Am nächsten Tag fraß er mir ebenfalls aus der Hand, diesmal aber streichelte ich seinen Kopf mit der anderen Hand. Und dann bin ich zur Bäuerin gegangen und habe gefragt, ob ich ihn von der Kette lassen und mit ihm auf der Wiese spielen darf. Sie stimmte zu. Und dann kamen wir zur vorletzten Phase, an die ich mit Rührung zurückdenke. Der Hund fing an, bei meinem Anblick völlig aus dem Häuschen zu geraten, jetzt aber aus einem ganz anderen Grund als am Anfang: Er war einfach total glücklich und wollte spielen. Er wusste, dass mein Erscheinen bedeutete, dass er sich eine Zeit lang frei bewegen, ein Stück Wurst fressen und mit mir spielen würde. Die letzte Etappe war für mich furchtbar schwer: Um Mariä Himmelfahrt herum, als die festlich gekleideten Bäuerinnen Kränze und Sträuße in die Holzkirche trugen, wurde mir wie jedes Jahr bewusst, dass die Ferien zu Ende gingen, dass wir bald abreisen würden. Mir wurde klar, dass ich meinen Hund zurücklassen würde, dass er auf mich warten und ich nicht kommen würde. Bis heute schmerzt es mich, wenn ich daran denke, wie er sich am ersten Montag, Dienstag und Mittwoch nach unserer Abreise gefühlt haben muss. Für ihn war es, als ob ich gestorben wäre.

War es das wert? War es gut für ihn? Ich weiß es nicht. Aber ich erinnere mich, dass der Hund, als ich im folgenden Sommer nach Bialka kam, an der gleichen Kette hinter der Scheune hing und mich sofort erkannt hat. Ein weiteres Jahr später war er verschwunden.

Diese Geschichte – eine Geschichte der Zähmung, der Liebe, des Verlassens, der Rückkehr und des Verlassens – taucht immer dann in meiner Erinnerung auf, wenn ich an die Bewegung zu mir selbst denke. Die Bewegung, über die Adyashanti in seinem Vortrag gesprochen hat. Die Bewegung, zu der uns die liebevolle Gefährtin einlädt. Die Bewegung, um die es im Grunde in diesem ganzen Buch geht. Ich habe das Gefühl, dass dieser Prozess ähnlich abläuft: Wir finden einen angeketteten Mischling, hinter dessen Wut pure Angst steckt. Er will nicht mit uns reden, er will uns beißen, uns angreifen, und wahrscheinlich würde er das auch tun, wenn die Kette nicht wäre. Werde ich die Tatsache, dass er an einer Kette hängt und ich nicht, ausnutzen und über seinen verzweifelten, zum Scheitern verurteilten Angriffsversuch lachen? Werde ich auf dem Absatz kehrtmachen und meinen Weg gehen? Werde ich ihn langsam, geduldig zähmen?

»Willst du damit sagen, dass du einen Mischling in dir hast, den du zähmen willst?«, höre ich plötzlich die spöttische Stimme des kalten Betrachters und spüre, dass wir uns jetzt gegenüberstehen, er und ich, und uns mit den Augen fixieren wie diese Revolverhelden aus den Western. Ich gewinne: Er schaut zuerst weg und ich kann weiterschreiben.

Wie wäre es, wenn ich herausfinden würde, dass dieser Köter eigentlich genauso ist wie andere Lebewesen und nur geliebt werden will? Wie wäre es, zuerst die eigene Traurigkeit und Wut zu durchbrechen, weiter nach unten zu bohren, tiefer zu tauchen, die darunterliegende Angst zu finden, diejenige, die die Schneekönigin und die Gefügige antreibt, es nicht bei dieser Angst zu belassen, sondern noch weiter nach unten zu bohren, die Wendeltreppe in die Tiefe hinabzusteigen, die Geschichten, die wir uns über das Unrecht, das uns immer wieder begegnet, erzählen, aufzugeben, weiterzugehen, tiefer, bis in die Mitte, bis wir schließlich zu jenem empfindlich zarten Ort gelangen, an dem das wilde Kind wartet? Wie wäre es, wenn ich zu ihm sagen würde: »Ich bin hier, ich werde dich füttern, ich werde dich in die Freiheit entlassen und ich werde dich lieben?«

Wie würde es deine Montage, Donnerstage und Sonntage verändern?

»Und das ist der Unterschied zwischen denen, die Heilung erfahren, und denen, die sie nie erfahren werden«, fasst Adyashanti die Sache trocken zusammen. Wer niemals mit seinem inneren Sinn für Liebe und Fürsorge in Berührung komme, der werde auch niemals Heilung erfahren, ganz gleich, was er tue. Stattdessen werde er sich immer weiter im Kreis drehen, ob durch eine Therapie, spirituelle Praktiken oder was auch immer.[56]

Siehst du! *No mercy.*

Frage dich, was du willst

Wenn du es geschafft hast, dich mit Selbstliebe zu befassen – oder besser gesagt, wenn es zu funktionieren beginnt, denn da du diesen Punkt im Buch erreicht hast und ich diesen Punkt im Buch erreicht habe, wissen wir beide, dass solche Dinge nicht einmalig und gut gemacht werden können –, kannst du mit der täglichen Routine beginnen, dich um dich selbst zu kümmern. Das bedeutet – zumindest war und ist es meiner Erfahrung nach so –, jeden Tag an dir selbst zu überprüfen, was du willst, was dir gehört, ob du es bist. Mir geht es nicht darum, Fünfjahrespläne zu schmieden oder eine Mindmap mit meinen Träumen zu erstellen. Ich spreche von den kleinen Dingen oder, besser gesagt – um ihnen den gebührenden Respekt zu erweisen –, von den Kleinen Dingen. »Was möchtest du essen, Liebes?«, frage ich mich. »Was brauchst du? Was würde dir Entspannung verschaffen, auch wenn du im Stau stehst? Findest du dich in diesem Kleid wieder? Oder fühlst du dich darin nicht wohl?« Wenn wir erst einmal zu dem Schiffswrack hinabtauchen und dann an die Oberfläche zurückkehren, mit dem in der Hand, was wir bewahren sollten, dann sind die Antworten auf diese Fragen überraschend einfach zu finden. »Möchtest du für diesen Kunden ein Coaching durchführen? Was willst du deiner Freundin in diesem Gespräch sagen?«

Manchmal lösen die Antworten nur ein unmittelbares Dilemma, aber sie können auch ein Muster bilden. Die Kenntnis dieses Musters kann einen großen Unterschied machen und die Situation erleichtern und Trost spenden. Mir jedenfalls wurde klar, dass ich lieber einen längeren Weg durch die Felder nach Hause nehme als einen kürzeren durch das Dorfzentrum. Dass ich warmes Wasser mit Zitrone trinken möchte, nicht kaltes ohne. Dass ich unter schweren Bettdecken schlafen möchte, sogar im Sommer. An einem Tag, an dem ich einen Workshop leite oder ein Coaching gebe, möchte ich mich am Nachmittag ausruhen, sonst bin ich am Abend wütend und traurig.

Selbstgespräche haben einen schlechten Ruf. Ich persönlich finde Selbstgespräche großartig; außerdem denke ich, dass die Idee, dass wir nicht mit uns selbst reden sollen, auf der nicht sehr intelligenten und schwer zu verteidigenden Annahme beruht, dass wir eine einzige, homogene Person sind, sodass nicht klar ist, wer mit wem reden sollte. Ich habe auf meinem Weg nur sehr wenige Frauen getroffen, die sich selbst als innerlich homogen bezeichnen würden; stattdessen viele, die plötzlich leiser sprachen, wenn sie mir von ihrer inneren Vielfalt berichteten, mir die verschiedenen Bezeichnungen und Spitznamen offenbarten, die sie ihren inneren Charakteren geben. Wie du sehen kannst, basiert die gesamte Struktur dieses Buches auf der Überzeugung, dass wir vielgestaltig sind – es wäre also schwer, nicht zu postulieren, dass ein Teil mit einem anderen Teil sprechen sollte. Andernfalls würden wir uns selbst eine Art inneren Lockdown verordnen. Ich pflege also gerne ein inneres Gespräch, manchmal auch laut, obwohl es Zeiten gibt, in denen ich an öffentlichen Orten aus Höflichkeit und Rücksicht auf die Passanten schweige. Wie auch immer: Ich empfehle dir, dir selbst Fragen zu stellen und ein offenes Ohr für die innere Stimme zu haben, die du hörst. Wenn es sich um die Stimme einer verwandelten Frau handelt, die in der Lage ist, die liebevolle Gefährtin zu hören, bin ich mir ziemlich sicher, dass du nichts Dummes hören wirst. Und, was am wichtigsten ist, es wird eine Übung in der sogenannten Innensteuerung sein. Wenn die Antworten aus deinem Innern kommen, dann hörst du auf, ständig nach Anerkennung zu lechzen und die Erwartungen der sogenannten Gesellschaft zu erfüllen.

Die Sache ist dynamisch. Dies wird gut durch ein Gleichnis veranschaulicht, das in leicht unterschiedlichen Versionen erzählt wird, aber immer zum gleichen Schluss kommt:

Ein alter Cherokee saß mit seinem Enkel am Lagerfeuer und erzählte ihm die folgende Geschichte:

›In jedem von uns wohnen zwei Wölfe, die einen Kampf miteinander ausfechten. Einer dieser Wölfe ist böse, der andere ist gut. Der erste steht für alle negativen Aspekte des Lebens, Gefühle und Eigenschaften, die wir haben, wie Schmerz, Sorgen oder Neid. Der zweite steht für alles Gute in uns wie Freude, Liebe oder die Hoffnung. Wir allen kämpfen mit diesen beiden Seiten in uns – auch du.‹ Als der

Enkel seinen Großvater anschaut und fragt, welcher der beiden Wölfe denn am Ende gewinne, antwortet dieser ihm, dass immer der Wolf als Sieger hervorginge, den er füttere.

Diese zwei Wölfe oder zwei Wölfinnen sind – davon bin ich überzeugt – in jeder von uns. Ständig, jeden Tag, stehen wir am Scheideweg zwischen Innensteuerung und Außensteuerung. Jedes Mal, wenn du nach Anerkennung lechzt, fütterst du den »bösen« Wolf: Du schwächst deinen Kontakt zu der liebevollen Gefährtin und überlässt der Gefügigen, der Schneekönigin und der Märtyrerin das Ruder. Ich muss dir etwas gestehen: Ich habe jetzt selbst Angst vor deiner Missbilligung, und es ist, als hätte meine Gefügige Angst vor deiner Schneekönigin. Es ist also so: Jedes Mal schwächst du dich selbst, wenn du »Beweise« deiner Großartigkeit auf Facebook oder Insta postest. Das spüre ich in jeder Faser meines Körpers: Jedes Mal, wenn du ein Selfie hochlädst, ein Foto durch einen Filter laufen lässt, wenn du deinen »Moment des Friedens« vor dem Hintergrund blühender Sträucher in einem gepflegten Garten teilst, mit dem Zeugnis deines Kindes prahlst, der Welt zeigst, dass dein Mann dir einen Rosenstrauß zum Hochzeitstag geschenkt hat, dann schwächst du dich selbst. Es ist, als ob du bitten würdest: »Liebe mich, Welt! Ich bin cool, Welt, nicht wahr? Nicht wahr, oder?«

Die liebevolle Gefährtin warnt mich erneut: »Sprich nicht für alle. Vielleicht ist es bei jemand anderem anders.« Okay, ist es bei dir, die du das liest, vielleicht einfach anders? Bedenke aber: Wird dieses »Teilen« deiner Freude nicht in gewisser Weise zu einem buchstäblichen Teilen, sodass weniger von der Freude in dir selbst bleibt? Dass du den falschen Wolf fütterst? Wenn du das Gefühl hast, dass du es nicht wegen des Applauses tust, dass du den guten Wolf fütterst, dann vertraue ich dir. Du zeigst gerade, dass du dir selbst vertraust, und in diesem Fall glaube ich dir vorbehaltlos.

Ich versuche, Zärtlichkeit auch gegenüber dem Teil von mir aufzubauen, der sich nach Streicheleinheiten sehnt, der so sehr den Beweis für die außergewöhnliche Intelligenz eines Kindes erbringen will, der bezeugt, dass ich eine schöne Beziehung oder ein schönes Haus habe. Um die Bestätigung zu erhalten, von der Irving D. Yalom träumte. Aber was befindet sich genau darunter? Ich atme tief ein und aus und höre die eindeutige Antwort: »Es ist Angst.« Und ich kenne dieses Gefühl in meinem Körper, ich weiß, dass ich mich, nachdem ich mich der Welt angebiedert habe, fühle, als hätte ich mich verkauft, als hätte ich einen 70-prozentigen Rabatt auf mich selbst gegeben. Ich habe die Erfahrung gemacht, dass es sich für mich mehr lohnt, all meine Nettigkeiten für mich selbst und für die Menschen aufzuheben, die mir am nächsten stehen.

Gestalte dein eigenes Zimmer für dich allein

Als ich nachsehe, welche anderen Tipps die liebevolle Gefährtin der Erwachsenen gibt, höre ich den Tipp mit dem »Zimmer für sich allein«.

Irgendwann im Alter von dreißig Jahren verspürte ich den Wunsch, in die Nähe von Krakau zu ziehen. Eine Reihe sogenannter Zufälle führte mich zu einem alten Obstgarten auf einem Hügel nördlich der Stadt. Ich spürte, dass ich angekommen war. So begann der Heimweg: lang, beschwerlich und derart holprig – hätte ich vorher gewusst, wie anstrengend der Weg werden würden, hätte mir schon allein der Gedanke daran sämtliche Kräfte geraubt. Wer schon einmal ein Haus gebaut hat, kennt das: Es dauert viel länger als geplant, ist viel teurer als gedacht, Streitereien, Rückschläge, Diskussionen mit Behörden und der Bank und Flüche, mit denen großzügig Bauarbeiter, Berater und der Liebe Gott beworfen werden. Das Coolste waren das Durchblättern von Einrichtungsmagazinen, um überhaupt herauszufinden, was mir generell gefällt – und natürlich die Gespräche mit dem Architekten. »Was wünschen Sie sich für das Haus?«, fragte er bei unserem ersten Treffen, als wir noch beim Siezen waren. Ein »Zimmer für mich allein«, rief ich mit einer Ernsthaftigkeit aus, die ihn überraschte. »Natürlich. Was noch?«, fragte er ruhig. Warum musste ich es fast herausschreien? Warum war er von meinem Ausruf überrascht?

Wenn ich mit meinen Freundinnen, Bekannten und Workshop-Teilnehmerinnen spreche, dann sagen sie oft, dass sie kein eigenes Zimmer haben – obwohl sie in der Regel diejenigen waren, die die Entscheidungen getroffen haben, als es um die Planung der Räume in einem im Bau befindlichen Haus ging oder um die Entscheidung, wie viel Platz eine Familie in einer Wohnung braucht, die sie kauft oder mietet. Abgesehen von Alleinstehenden, die zwangsläufig ein eigenes Zimmer haben, gehen Frauen oft davon aus, dass sie in einem gemeinsamen Raum leben. Klar: Es gibt ein Schlafzimmer, ein kleineres oder größeres Wohnzimmer, eine Küche, ein Badezimmer und oft auch ein Kinderzimmer. Wenn ein zusätzliches Zimmer übrig bleibt, wird es manchmal als sogenanntes Arbeitszimmer für den »Hausherrn« genutzt, seltener als Gästezimmer. Frauen annektieren eine »Ecke« der Wohnung: der Tisch in der Küche, der Schreibtisch im Wohnzimmer.

Obwohl ich in meiner vorherigen Wohnung ein eigenes Zimmer hatte (eher ein Zimmerchen, eine Höhle, drei Quadratmeter), war ich absolut scharf auf etwas Größeres. Ich erinnere mich daran, dass ich »Zimmer für sich allein« an die Wand in der Ecke schreiben wollte – es sollte ein Wandtattoo werden –, damit es keine Zweifel gibt, damit sie nicht in mir selbst aufkommen. Schließlich habe ich realisiert, dass dieser Raum mir gehören würde und ich nichts tätowieren müsste.

Mein eigenes Zimmer, links vom Eingang, wurde zuerst mit Umzugskisten vollgestellt, in denen der gesamte Hausrat verpackt war.

Warum standen die Sachen anderer Menschen in meinem Zimmer? Ich denke, dass dies heute oft der Fall ist: Andere parken auf unserem Platz und wir akzeptieren dies als etwas Normales; mehr noch, wir laden sie regelrecht dazu ein: »Parken bei mir, du wirst dich hier wohlfühlen«, rufen wir. Als wir schließlich alle Kartons auspackten, stand mein Zimmer lange Zeit leer. Ich ging hinein, setzte mich auf den Boden und schaute aus dem Fenster. Ich erinnere mich, dass ich sie brauchte – diese Phase, als mein eigenes Zimmer eine Möglichkeit war (ich kann, ich kann es haben!). Dann habe ich ganz langsam angefangen, das Regal mit Büchern zu füllen.

Die Frage scheint mir gleichzeitig grundlegend und sehr praktisch zu sein: Hast du dein eigenes Zimmer? Dasselbe, über das Virginia Woolf vor über hundert Jahren in ihrem Essay sprach[57] – dass eine Frau, die schreiben will, ihr eigenes Zimmer und Geld auf ihrem Konto haben sollte? Schreibst du? Liest du? Oder tust du beides? Dein eigenes Zimmer ist der Raum für Gespräche mit dir selbst, und darauf bestehe ich, die Tochter eines Psychiaters, hier immer wieder. Wenn du in deinem eigenen Haus keinen eigenen Raum hast, dann tauchst du ein in eine gemeinsame Realität wie Fingerfood in Käsefondue. Wenn du introvertiert bist oder – als Kombiversion – eine hochsensible Introvertierte bist, wird der nicht vorhandene persönliche Raum unangenehm spürbar sein. Wenn du ein extravertierter Mensch bist, wird es weniger unangenehm sein, aber dennoch wird deine eigene Stimme nicht zu dir durchdringen, da sie von Zwitschern, Schreien, Geräuschen und Klagen aus den gemeinsam genutzten Räumen übertönt wird. Wenn du denkst, es geht nicht um dich, dann erinnere dich an das Gefühl, das du hast, wenn du allein zu Hause bist. »Alleine zu Hause!«

Für den Fall, dass du finanzielle Bedenken hast: Ich habe im Internet Paravent-Preise recherchiert – sie beginnen bei dreißig Zloty. Es geht sogar noch günstiger: Vorhänge. Du brauchst nicht viele Quadratmeter, um etwas Platz nur für dich zu schaffen, einen Raum, in dem du allein sein kannst. Und wenn jemand dich doch stören will, sollte er vorher anklopfen. Dieser Raum wird zu einer wichtigen Botschaft an die Welt um dich herum: Diese Frau hat Grenzen, du kannst sie nicht einfach so übertreten.

Wenn du ein eigenes Zimmer – ein großes oder ein kleines – gefunden hast, nimm dir die Zeit, es auf deine Weise zu dekorieren, auch wenn du dabei eine solche Fülle an Emotionen erreichen wirst, wie ich es bei dem Stück Wand im Badezimmer erreicht habe. Ich bin mir sicher, dass die Frage der Dekoration – und auch die der Einrichtung – nicht so trivial ist, wie es vielleicht scheint.

Der amerikanische Psychologe Daryl Bem, der die Selbstwahrnehmungstheorie[58] entwickelt hat, geht davon aus, dass wir uns auch eine Meinung über uns selbst bilden, die auf unserem Verhalten beruht – ebenso wie wir aufgrund des Verhaltens anderer Menschen auf diese schließen. Zum Beispiel: Baśka meldet sich bei Teambesprechungen nicht zu Wort, wir interpretieren sie als schüchtern. »Deshalb«, sagt Bem, »gilt man auch als schüchtern, wenn man bei Teamsitzungen nicht selbst das Wort ergreift.«

Stelle dir vor, deine Freundin, nennen wir sie Kaśka, lädt dich in ihre Wohnung ein. Ihr habt viele Themen zum Plaudern. Im Wohnzimmer sitzt ihre Tochter mit einer Freundin. Das Arbeitszimmer wird vom sogenannten Hausherrn okkupiert. Die Küche ist zum Wohnzimmer hin offen, fällt also weg. Schließlich landet ihr im Schlafzimmer. »Verdammt, ich habe keine eigene Ecke in diesem Haus«, beschwert sich deine Freundin und nimmt ihr Nachthemd vom Stuhl, damit du dich setzen kannst; sie selbst hockt auf der Bettkante. Wie wird diese Szene dein Bild von Kaśka beeinflussen? Wie wird sie auf dich wirken? Bem sagt, dass alles, was du über Kaśka schlussfolgerst, du auch über dich selbst schlussfolgern kannst – sei es, dass es um deine eigene Ecke in deinem Haus geht oder um etwas anderes. Obwohl wir in uns selbst stecken, schließen wir auch von außen auf uns. Und das ist in gewisser Weise eine gute Nachricht. Denn es bedeutet auch, dass wir, wenn wir etwas verändern wollen, diese Veränderung nicht nur durch die therapeutisch begleitete Selbstreflexion und das Selbstverstehen initiieren können, sondern auch dadurch, dass wir etwas in der Außenwelt verändern.

An diesem Punkt kommt auch Leon Festingers Theorie der kognitiven Dissonanz[59] ins Spiel. Er wiederum entdeckte, dass wir in einem Dreieck aus Fühlen, Denken und Handeln funktionieren und danach streben, diese drei Dimensionen miteinander in Einklang zu bringen. Ein Beispiel: Du hast Angst vor geschlossenen Räumen, hältst also Aufzüge für gefährlich und nimmst lieber die Treppe. Aber was wäre, wenn du trotz deiner Gefühle und Überzeugungen anfangen würdest, doch den Aufzug zu nehmen? Dann, so Festinger, würdest du dich unwohl fühlen, weil etwas nicht mehr zusammenpassen würde: »Entschuldigung! Schließlich habe ich Angst vor geschlossenen Räumen, und Aufzüge erscheinen mir gefährlich, warum nehme ich also den Aufzug?!« Genau darum geht es bei der kognitiven Dissonanz. Da es sich um einen unangenehmen Zustand handelt, wird deine Psyche versuchen, aus diesem Zustand herauszukommen; es ist wahrscheinlich, dass deine Angst vor geschlossenen Räumen deutlich abnehmen wird. Und damit auch die Überzeugung, dass Aufzüge gefährlich sind. Natürlich kannst du auch auf Experimente verzichten und die Treppe nehmen. Solange die drei Dimensionen in Einklang sind.

Wenn wir Festinger und Bem auffordern, über das »eigene Zimmer« oder sogar die »eigene Ecke« zu sprechen, dann werden sie uns sagen: Wenn du in deinem Haus keine eigene Ecke hast, dann kannst du daraus schließen, dass du ein zweitklassiger Mensch bist, der seinen eigenen Raum im Vergleich zu anderen Haushaltsmitgliedern, die ihn haben, nicht verdient. Oder anders ausgedrückt: Wenn du dich nach den neuesten Modetrends kleidest, kannst du dich als eine Person betrachten, die die Außenwelt fragt, was sie diesen Winter oder Sommer anziehen soll.

Aber wenn du dein Zimmer für dich allein selbst gestaltest? Oder wenn du anfängst, dich so zu kleiden, wie es dich glücklich macht, anstatt das zu tragen, was anderen gefällt und den Nachbarn anerkennende Blicke entlockt? Wer wird eine Frau – auch für sich selbst –, die sich für etwas entscheidet, was gut für sie ist? Die sich selbst erlaubt, nachzudenken, und dann eine Nachttischlampe oder eine Hose für sich kauft und dabei einem einfachen Prinzip folgt: »Passt das zu mir, bin ich das?« Marie Kondo rät in ihrem Buch *Das große Magic-Cleaning-Buch: Über das Glück des Aufräumens*[60], beim Aufräumen des Kleiderschranks ein Kleidungsstück in die Hand zu nehmen und sich selbst zu fragen: »Macht mich diese Sache glücklich?« Mithilfe dieser Frage habe ich einen halben Kleiderschrank ausgemistet, aber die Sachen, die übrig geblieben sind, die verdienen das Etikett: »Das bin ich.«

Ich gehe nicht davon aus, dass du dich unbedingt mit Klamotten, Lampen oder Wandfarben beschäftigen musst. Es mag sein, dass dir das völlig gleichgültig ist, und ich respektiere das total. Wenn ich schreibe, greife ich auf Beispiele zurück, die zu mir passen. Du kannst alles Mögliche nehmen: Computerzubehör, Bücher, Schallplatten, Gewürzdosen, Tischlerwerkzeuge, Topfpflanzen, Lidschatten oder was immer du magst. Der Grundgedanke dahinter bleibt derselbe.

Unsere Makroperspektive setzt sich aus unseren Mikroperspektiven zusammen. Wenn wir lernen, jeden Tag gute Entscheidungen zu treffen und uns dabei von einem inneren Kompass leiten zu lassen, werden wir auch unsere Erwachsenenstruktur dabei unterstützen, bei grundlegenden Entscheidungen im Einklang mit unserem inneren Selbst zu entscheiden, anstatt dem äußeren Druck nachzugeben. Jedes Mal, wenn wir uns für etwas entscheiden, das mit uns selbst in Einklang steht, füttern wir den guten Wolf: Wir erlernen die intrinsische Kontrolle und erinnern uns daran, dass wir intrinsisch geleitet sind. Die Erwachsene sucht im Innern nach Antworten.

Auf diese Weise baut die Erwachsene mithilfe des kreativen wilden Mädchens ihre Welt auf, so wie ein Vogel sein Nest baut. Es geht nicht darum, hübsch auszusehen. Es geht nicht darum, eine fette Hütte zu haben. Es geht darum, sein eigenes Leben zu leben. Die Erwachsene richtet sich ihre Welt ein: Sie hört ihre Musik, sie kleidet sich so, dass sie sich in ihrer eigenen Haut wohlfühlt, sie richtet ihr Zimmer oder ihre Ecke so ein, dass sie, wenn sie dort hineingeht, tief aus dem Bauch wahrnimmt: »Ich bin zu Hause.«

Nach Koras Tod habe ich ein Interview mit einer ihrer Freundinnen gelesen. Sie erzählte, dass Kora die Krankenhauszimmer, in denen sie die letzten Jahre ihres Lebens verbrachte, liebevoll dekorierte. Oh Gott! Kora und Krankenhaus! Kora und der Gestank im Warteraum, das eiskalte Licht, die hässliche gelbe, abblätternde Wandfarbe, die Metallbetten, das Rascheln der Filzpantoffeln in den Gängen – und mitten drin Kora? Aber in ihrem Zimmer hingen bunte Tücher an den Wänden, frische Blumen standen in Vasen.

Die Erwachsene trainiert täglich ihren Muskel zur Innensteuerung und hört sein »Ja, ja, nein, nein« immer deutlicher. Sie ist versucht, eine Affäre zu beginnen, entscheidet sich aber für die Treue, weil sie ein »Nein« gehört hat. Sie beendet eine langjährige Beziehung, weil sie ein wahrhaftes »Ja« gehört hat. »Nein, ich werde dieses Jobangebot nicht annehmen. Ja, ich werde dieses Projekt in Angriff nehmen. Ja, ich werde diesen verdammten Agrartourismus in den Bieszczaden aufgeben, weil ich nun das Gefühl habe, dass ich in einer großen Stadt arbeiten möchte. Ja, ich werde diesen blöden Job in der Großstadt aufgeben, weil ich in den Bieszczaden leben will.«

»Was ist Freiheit?«, fragt mich die Erwachsene und diktiert mir die Antwort: »Freiheit bedeutet, das zu tun, was man wirklich will – also das, was uns guttut.« Es geht nicht darum, worauf wir Lust haben – sondern darum, was wir nach unserer inneren Erkundung brauchen. Wenn wir Jahre später auf diese Entscheidung zurückblicken, nicken wir ihr zustimmend zu, weil sie zu diesem Zeitpunkt in unserem Leben die richtige Entscheidung war.

In der ausgezeichneten Fernsehserie *Transparent* gibt es eine solche Handlung: Eine Tochter kommt mit einer Freundin aus Kindertagen in das Haus ihrer Eltern. Der Vater möchte das gemeinsame Haus renovieren, und weil die gute Freundin der Tochter Innenarchitektin ist, möchte die Tochter sich von ihr beraten lassen. Die Tochter und ihre Freundin kommen ins Haus und gehen davon aus, dass niemand zu Hause ist, sehen aber, dass die hintere Schiebetür zum Schlafzimmer ihres Vaters offen steht. Diese Schiebetür steht aber immer einen Spalt offen. Die Freundinnen kommen herein, wechseln ein paar Sätze, beginnen zu flirten (es ist offensichtlich, dass sie irgendwann eine Affäre hatten), und kurz darauf küssen sie sich. Und dann steht in der Tür der Vater – nur trägt er sein langes Haar nicht wie gewöhnlich zu einem Pferdeschwanz zusammengebunden, sondern offen. Er trägt eine Bluse mit einem Blumenmuster, blaue Perlen und einen kirschroten Lippenstift auf seinen Lippen. Nach ein paar Sekunden der Verwirrung sagt die Freundin der Tochter: »Mister Pfefferman! Sie sehen toll aus.« Aber die Tochter stimmt nicht in das Lob mit ein. »Papa, was hast du da an?«, fragt sie verwirrt und missbilligend. »Ich muss dir etwas sagen«, antwortet der Vater mit deutlicher Mühe und berichtet ihr davon, dass er von klein auf gespürt hat, dass mit ihm etwas nicht stimme, er aber niemandem von seiner weiblichen Seite erzählen konnte. Zu jener Zeit habe man ein Doppelleben geführt. Die Tochter fragt ihn irritiert, ob er sich ab jetzt immer als Frau kleiden werde, worauf der Vater halb weinend, halb lachend antwortet, er verkleide sich nicht als Frau, sondern er habe sich seit jeher als Mann verkleidet.

Die meisten von uns werden selten mit einer so dramatischen Situation konfrontiert werden. Man selbst zu sein und abgelehnt zu werden, lächerlich gemacht und Gewalt ausgesetzt zu werden, weil manche Menschen nicht akzeptieren können, dass andere anders sind als sie? Sein Leben im Verborgenen, hinter einer Täuschung, einer Maske leben? Die meisten von uns haben es viel einfacher, da sie nicht zwischen den Erwartungen einer heteronormativen Welt und der Loyalität zu sich selbst wählen müssen. Unsere »Exzentrizitäten« und »Rebellionen« werden bei anderen bestenfalls eine hochgezogene Augenbraue und ein Achselzucken hervorrufen. Geh aus dem Haus ohne einen BH. Färbe dein Haar blau. Nicht weil es angesagt ist, sondern weil du es willst. Denn die Verkleidung, die wir zuvor trugen, beginnt uns zu stören. Denn wir beginnen zu verstehen, dass es nicht glücklich macht, das Leben als fremdes Leben zu leben.

»Sprich deine Wahrheit klar und deutlich aus.«

Die erwachsene Frau zitiert die *Desiderata*[61]. Dieser Text, der angeblich aus dem Jahr 1692 stammt und in der Kirche Old St. Paul's in Baltimore gefunden wurde, wurde in Wahrheit von dem Dichter Max Ehrmann im 20. Jahrhundert geschrieben. Wenn er von Künstlern auf der legendären Kleinkunstbühne am Hauptmarkt in Krakau Piwnica pod Baranami vorgetragen wird, dann harmoniert der Text mit dem, was die Erwachsene bereits weiß. Wenn wir in unserem eigenen Leben Wurzeln schlagen, wenn wir anfangen, auf die Stimme der liebevollen

Gefährtin zu hören, wenn wir der Angst machenden Schneekönigin die Zügel entreißen und sie selbst in die Hand nehmen, werden wir ruhiger und zuversichtlicher.

Es geht nicht darum, dass wir uns plötzlich großartig fühlen, besser als andere, *special, more special* als all die anderen (die auch Kaffeetassen mit dem Spruch *»you are special«* in den Händen halten). Wir sehen einfach, dass wir etwas zur Welt beitragen und dass wir cool sind. Es geht nicht darum, unserem Spiegelbild jeden Morgen zu sagen, wie großartig wir sind. Meiner Meinung nach ist dies nur das Negativbild des Gefühls, dass wir im Grunde miserabel sind. Manchmal schwanken wir zwischen diesen beiden Polen. Wenn du dich an einem Tag »miserabel« und am nächsten Tag »großartig« fühlst – in beiden Zuständen steckt die gleiche Angst und Unsicherheit: ob du geliebt wirst.

Ich habe früher Workshops für weibliche Bibliotheksleiterinnen geleitet. Bestandteil dieser Workshops waren Elemente der Selbstpräsentation. Die erste der Übungen bestand darin, dass jede Teilnehmerin sich in die Mitte stellte, ihren Namen, woher sie kam und einen Satz über sich selbst sagen sollte. Mehr nicht. Es waren tolle, kluge erwachsene Frauen. Doch für neunzig Prozent von ihnen war diese Aufgabe so schwierig, dass sie fast unmöglich zu bewältigen war.

»Es gibt keinen anderen Weg, mutig zu sein, als mutig zu sein«, sagte Brené Brown (oder Aristoteles – die Quellen sind nicht eindeutig). Wie auch immer, ich mag dieses Wort im Englischen: *encouraging*. Mutig sein ist eine Handlung, es ist kein Geisteszustand, keine Emotion. Wir werden nicht an einem Donnerstag mutig aufwachen, obwohl wir am Mittwoch verängstigt ins Bett gegangen sind.

Ich bin inzwischen so weit, dass ich beim Sprechen in der Öffentlichkeit überhaupt nicht mehr nervös bin; ich habe keine Angst, vor Gruppen aufzutreten oder etwas zu sagen. Warum? Sicherlich nicht, weil ich mehr zu sagen habe als meine viel schüchterneren Kolleginnen. Die einfache Wahrheit ist, dass ich seit über zwanzig Jahren vor Menschen stehe, zu ihnen spreche und ihnen zuhöre. Daran bin ich gewöhnt. Ich erinnere mich, dass ich, als ich meinen ersten Workshop für Manager leiten sollte, noch während meines Studiums, morgens aufgewacht bin und feststellte, dass ich meine Stimme verloren hatte. Ich war nicht heiser, ich konnte einfach überhaupt nicht sprechen (genau wie damals in Gaza, wenn auch aus anderen Gründen). Ryszard Stocki, mein Professor, der mich damals als Mitarbeiterin zu diesen Workshops eingeladen hatte, gab mir einen klugen Rat: Ich solle meinen Workshop im Flüsterton abhalten. In der zweiten Hälfte des Tages, als sich der anfängliche Stress gelegt hatte, kam meine Stimme wieder. Seit diesem Tag sind viele Jahre vergangen und ich trage die Erfahrung Hunderter Workshops in mir. Ganz nebenbei habe ich diesen Muskel Woche für Woche trainiert, deshalb ist er heute so stark. Die Sache ist einfach, wenn auch nicht unbedingt leicht.

Ich bin keine Angsthäsin, Schwester. Hab Angst und tu es. Übe, deine Meinung zu sagen. Übe, gute Dinge über dich selbst zu sagen. Nach einer Weile wirst du feststellen, dass du weniger Angst hast. Daryl Bem beschreibt es so: Unsere Meinung über uns selbst werde erst dann mit dem übereinstimmen, was wir in uns sehen, wenn wir anfangen würden, uns anders zu verhalten: »Eine Frau, die selbstbewusst und ruhig ihre Meinung sagt – nicht ein Mädchen, das in der Ecke hockt.«[62] Wir sind erwachsen. Wir haben unsere Fehler und unsere Erfolge. Etwas Wesentliches verwandelt sich in uns, wenn wir den Mut finden, uns unserer Angst zu stellen und etwas zu tun, das gut für uns ist – auch wenn die Angst immer bleibt. Man hat Angst und tut es trotzdem: Ergreife das Wort bei einer Sitzung, setze dich während einer Winternacht hinter das Steuer eines Autos, schreibe die ersten Buchstaben auf die weiße Seite eines Textverarbeitungsprogramms. Jedes dieser kleinen Dinge stärkt die Erwachsene in dir. Mutig, mutig, summt die liebevolle Gefährtin in meinem Kopf, zu den Klängen von »Hot 16 Challenge« von Dawid Podsiadło, einem polnischen Popsänger.

Arbeite in deinem eigenen Tempo

Das sagte die Erwachsene, als ich sie fragte, ob es generell darum ginge, langsamer zu werden. Und als ich anfing, darüber nachzudenken, wurde mir klar, dass dies nicht immer der Fall ist (wenn auch sehr häufig). Unsere Hastigkeit ist manchmal von Angst befeuert, von dem Gefühl, dass ich das Gleichgewicht verliere und umkippe, wenn ich langsamer werde, wie jemand, der aufgehört hat, seine Beine auf einem Laufband zu bewegen. Unser tägliches »Schnell, schnell«, das wir unseren Kindern beim Anziehen oder beim Essen zurufen, das wir uns selbst sagen, wenn wir uns anziehen oder essen, unser inneres und äußeres GPS, das immer nach dem schnellstmöglichen Weg sucht – dient uns das alles? Ich weiß, dass mein inneres wildes Mädchen es hasst, wenn man es hetzt, und doch hetze ich es oft. Oftmals völlig unnötig. Seitdem ich das beherzigt habe und darauf achte, bin ich deutlich langsamer geworden. Was mich selbst überrascht hat: dass ich auch mit weniger Tempo effektiv arbeiten kann. Das war überraschend. Es hat sich herausgestellt, dass ich keine Zeit verliere, wenn ich einen Moment stehen bleibe und ein paarmal tief durchatme, wenn ich einen etwas längeren Weg durch den Park nehme, wenn ich stehen bleibe, um die Farbe des Himmels oder die am Wegesrand wachsende Gemeine Wegwarte zu betrachten. Meine Produktivität nimmt nicht ab, stattdessen gewinne ich ein Gefühl des Menschseins. Ich bin keine batteriebetriebene Maschine, die wie die Häschen in einem bestimmten Werbespot so schnell und so lange wie möglich laufen soll. Ich bin eine erwachsene Frau, die ihrem inneren Rhythmus treu bleibt, der sich manchmal beschleunigt und manchmal verlangsamt.

VON DER MÄRTYRERIN ZUR HERZLICHEN

Unter dem liebevollen Blick der Gefährtin verwandelt sich die Märtyrerin in die Herzliche. Ich höre auf das, was sie zu mir sagt. Und ich bin überrascht, wenn sie damit anfängt:

Nimm!

Zur Hochzeit der Pandemie – jedenfalls bis zum Frühjahr 2020, denn jetzt schreibe ich diese Zeilen (du, die du diese Zeilen später lesen wirst, weißt mehr über die Pandemie als ich jetzt) – durften die Lebenspartner die Kreißsäle nicht betreten. Niemand wird jemals wissen oder zählen, welche Gräben deswegen entstanden sind.

Aber es gab eine Frau, die beschloss, sich für etwas einzusetzen, das ihr am Herzen lag. »Mein großer Wunsch ist es, unseren Sohn zu Hause zu gebären«, schrieb Martyna Kempa, inzwischen zweifache Mutter, auf ihrer Facebook-Seite. »Wir dachten, dass wir uns diesen ›Luxus‹ in aller Ruhe leisten könnten, aber Mr. Coronavirus hat unsere

Pläne durchkreuzt. Im Moment können wir gerade mal die Lebenshaltungskosten decken, sodass es an ein Wunder grenzt, wenn wir 3 000 Złoty für die Geburt beiseitelegen können. Aber es ist großartig, gute Seelen an meiner Seite zu haben, die einfach mit einer Idee um die Ecke kamen, auf die ich nie gekommen wäre [...]. Allerdings höre ich auch Sätze in meinem Kopf wie ›Was denkst du dir eigentlich dabei?! Wer wird dir Geld für ein so egoistisches Bedürfnis geben? Es gehört sich überhaupt nicht, nach so was zu fragen! Schäm dich!‹ Und trotzdem werde ich es versuchen!« Nach fünf Stunden bekam Martyna den Wunschbetrag auf ihr Konto, und weniger als drei Monate später wurde Marcel geboren – zu Hause.

Ist es in Ordnung, die Hand auszustrecken? »Gehört es sich? Kann sie damit durchkommen? Ist das nicht peinlich?«, zischt die Märtyrerin in mein Ohr. Die Märtyrerin kann nicht um Hilfe bitten, das wäre ein Eigentor; es würde das Gleichgewicht aus Unrecht, ihrem Grundkapital, zerstören. Denn wenn ich der Welt zeigen will, dass ich total verschuldet bin, werde ich diese Schulden nicht dadurch verringern, dass ich von jemandem Geld oder Ähnliches annehme! Die Märtyrerin würde eher tot umfallen (und zwar so, dass alle es sehen können), als um Hilfe zu bitten.

Ganz anders hingegen die Herzliche. Sie sagt zu mir: »Nimm«, denn ihre Welt ist eine Welt der Ressourcen. In dieser Welt sitzt man an einem üppig gedeckten Tisch und es ist genug für alle da. Diejenigen, die links und rechts von uns sitzen, sind freundlich: Sie möchten geben. Sie geben uns Geld für eine Hausgeburt, Essen, wenn wir hungrig sind, ihre Aufmerksamkeit, wenn wir spät in der Nacht anrufen, um zu plaudern. Aber wenn einer gibt, dann nimmt ein anderer. Die Herzliche nimmt es an. Sie verzichtet auf das Lieblingsspiel der Märtyrerin: das Spiel des Aushaltens. »Ich halte durch«, sagt eine Frau, deren Schwiegermutter unangekündigt vor der Tür steht und sagt, sie werde »nur ein paar Tage bleiben«. »Ich halte durch«, sagt eine andere und presst die Zähne zusammen, als man ihr ein weiteres Projekt übertragen hat, ohne sie vorher zu fragen. »Und dann habe ich es doch nicht ausgehalten …«, sagte meine Coaching-Kundin mit großem Bedauern. Sie fuhr zu ihrer Mutter, die sie zuvor mehrere Stunden lang mit verschiedenen Variationen ein und derselben Botschaft überschwemmt hatte: dass sie anders sein sollte, als sie es war.

Wozu ist dieses Aushalten gut, meine Lieben? Für wen oder was sollen wir immer aushalten?

In meinem Traum von den Frauen unter Wasser, den ich eingangs beschrieben habe, durfte man nicht auftauchen, um Luft zu holen. Ich verstehe dieses Auftauchen als die Bitte um Hilfe. Warum haben wir gelernt zu geben – oft mehr, als wir selbst haben –, aber nicht zu nehmen?

Wenn ich meinen Gründen dafür nachspüre, dann denke ich mir, dass einer dieser Gründe auch ein Eingeständnis eines Mangels ist. Wenn ich etwas brauche, bedeutet das, dass ich es nicht habe – und dann verliere ich Imagepunkte. Was Rumi das »offene Geheimnis« nannte, ist die schreckliche Fassade, dass wir alles im Griff haben müssen, die uns zum Schweigen bringt, wenn wir um Hilfe bitten sollten. Bis heute bedeutet es für mich eine gewisse Überwindung, zum Telefon zu greifen und eine Freundin anzurufen, wenn es mir wirklich schlecht geht. »Kannst du sprechen? Ich brauche dich. Ich bin heute echt am Arsch.« Ich überwinde diese Hemmschwelle im Namen der Herzlichkeit zu mir selbst.

Meiner Erfahrung nach wurde es zu einer sehr wichtigen Quelle der Macht, von anderen Frauen zu nehmen. Wenn ich darüber nachdenke, warum ich bewusst danach gegriffen habe, dann fallen mir zwei Umstände ein. Der erste: Seit vielen Jahren biete ich in Zusammenarbeit mit der Firma House of Skills Coachings für Unternehmen in den Bereichen Kommunikation, Zusammenarbeit oder Leadership. Wenn ich den Schulungsraum betrete, erwartet mich dort eine Kiste mit den Schulungsunterlagen – unter anderem eine rote Mappe und darin eine Liste der Teilnehmer und Teilnehmerinnen. Eines Tages ertappte ich mich dabei, wie ich diese Liste aus meiner Aktentasche holte und reflexartig überprüfte, wie viele Frauen auf der Liste standen. Da wurde mir klar, dass ich das schon seit einer ziemlich langen Zeit mache und dass ich an den wenigen Tagen, an denen nur Frauen auf der Liste standen, große Freude beim Coaching empfand. Worum ging es mir? Die meisten Menschen, die mir am nächsten stehen, sind Männer. Ich fühle mich unter Männern wohl und habe sicher nichts gegen männliche Coaching-Teilnehmer. Dennoch sehnte ich mich nach der Gesellschaft von Frauen.

Der zweite Hinweis war Erstaunen. Ich traf mich mit einer Frau in Warschau; es war quasi eine therapeutische Sitzung. Ich schreibe quasi, weil Tatiana, bei der ich meinen Termin hatte, an der Grenze zwischen Therapie, Körperarbeit und einer Art besonderer Magie arbeitet. Ihre Praxis befand sich im Erdgeschoss eines Warschauer Stadthauses. An den Wänden hingen große bunte Kelims. Als sie hereinkam, wurde die Atmosphäre ganz anders: Sie trug Jeans und ein T-Shirt mit einem Wildvogeldruck, hatte wildes, fuchsrotes Haar und trug Sandalen – oder hatte sie die Schuhe ausgezogen? Heute weiß ich es nicht mehr: Sie kam herein, begann etwas zu summen und zündete ein Dufthölzchen an, das den seltsamen Raum mit einem würzigen und harzigen Geruch erfüllte. Ich schaute eine Frau an, die sich anders bewegte, anders sprach und anders lachte als ich. Es war, als wäre sie an einem Ort, an den ich mich sehnte, obwohl ich keine Worte fand, um ihn zu beschreiben. Tatiana hatte etwas überwunden, was ich, zumindest zu diesem Zeitpunkt, noch nicht zu überwinden imstande war: Es war, als würde sie sich in einem anderen Äther bewegen, wo es mehr Freiheit gab.

Die Sitzung war sehr gut, aber das Wichtigste geschah in dem Moment, als ich das Stadthaus verließ: Es war Staunen. Ich spürte, wie es jede Zelle meines Körpers verschlang. Nach zwei Stunden in diesem außergewöhnlichen Raum ging ich auf eine Warschauer Straße hinaus und hörte, wie etwas oder jemand in mir diese Fragen stellte: »Oh Gott, aber warum habe ich überhaupt Schuhe an und laufe nicht barfuß? Warum gibt es hier Wohnblocks und keinen Wald? Warum gehe ich und tanze nicht?« Ich habe diese Stimme nicht verstanden und weiß bis heute nicht genau, woher sie kam. Sie klang wie die Stimme eines Menschen, der in einer völlig anderen Welt aufgewacht ist als der, in der er eingeschlafen war – und nicht versteht, was eigentlich passiert ist. Ich wusste, ich spürte, dass dies eine wichtige Stimme war und dass ich mir dieses Gefühl merken sollte, weil es mein Wegweiser war.

In ihrem Gedicht *Staunen* beschreibt Wisława Szymborska das unbefriedigende Gefühl, nur immer eine Facette des eigenen Wesens zeigen zu können, obwohl der Mensch unendlich vielschichtiger ist.

Es war ein ähnliches Gefühl. Als ich begann, diesem Gefühl zu folgen, wurde mir das Ausmaß des täglichen Kompromisses bewusst, den ich einging – oder besser gesagt, den ich meinem inneren Charakter aufzwang, den Clarissa Pinkola Estés[63] das wilde Mädchen nannte. Es wollte barfuß laufen, tanzen, singen, mit anderen Frauen unter dem Mond sitzen. Ich habe in den Schulungsräumen Dias gezeigt und trug Hose und Blazer. Und jetzt hat das Mädchen mit mir gesprochen: »Wie? Was tust du überhaupt? Was machen wir überhaupt hier – in einer Welt der Personenidentifikationsnummern und Umsatzsteuernummern, der Steueridentifikationsnummern und Pins, der Excels, der Targets, der Tiefgaragen und Einkaufszentren, der sterilen Hotelzimmer mit Blick auf graue Siedlungen?«

Dieses Erstaunen und die Erinnerung an den Reflex, die Frauen auf der Teilnehmerliste zu zählen, brachten mich zu einem Entschluss: Ich werde die Energie, die von Tatiana ausging, bewusst anzapfen, denn ich spüre, dass ich sie sehr vermisse. Ich werde sie füttern, ich werde sie nehmen. So bin ich in Frauenkreisen gelandet: ein paar Stunden dauernde regelmäßige Treffen, bei denen oft Frauen, die sich vorher nicht kannten, auf eine Art und Weise miteinander reden, die meiner Erfahrung nach sehr anregend ist. »Im Kreis wird jede Stimme gehört. Die Stimme einer jeden ist wichtig und jede wird im Kreis respektiert«, lautet eine der Regeln. »Im Kreis ist niemand oben oder unten. In diesem Kreis sind alle gleich. Der Kreis ist ein Ort der ruhigen Kraft.« Wenn du jemals an einem Kreis teilgenommen hast, der von einer klugen Frau geleitet wurde, dann hast du die Kraft dieser Prinzipien erfahren. Wie groß und schmerzhaft ist der Unterschied zwischen ihnen und der Art und Weise, wie Gespräche in unseren Büros und sogar in unseren Wohnungen geführt werden! Die Herzlichkeit, die diesen Kreis durchströmt, gibt viel Kraft. Außerhalb dieses Kreises kann ich meine eigene Herzlichkeit anderen Menschen zugutekommen lassen.

Ich begann, diese Kreise regelmäßig zu besuchen, und einige Monate später kam mir dieser verwegene Gedanke: »Wenn es mich so sehr nach dieser Art von Gemeinschaft dürstet, warum schaffe ich sie dann nicht selbst?« Ein paar Wochen später kam eine Frau in den Schulungsraum und wollte am Fenster sitzen – und in mir keimte das »Zimmer für sich allein«, ein Workshop, den ich nun jeden Monat gebe; jedes Mal erlebe ich, wie unglaublich energetisierend die Güte, Wärme, Einsicht und Liebe ist, die Frauen in der Lage und bereit sind, sich selbst zu geben.

Die gleiche Energie gibt es bei Freundinnentreffen, sogenannten Mädchenabenden, Mädchenausflügen, Treffen nach Jahren. Aber ich finde es besonders bewegend, dass Frauen, die sich noch nie zuvor getroffen haben, in wenigen Minuten ein solches Netz spannen, ein solches Gewebe weben können.

Und jetzt habe ich einen Fall für dich, die du das gerade liest – wenn meine Worte auch nur ein bisschen in dir nachhallen, dann folge ihnen. Es gibt mit Sicherheit einen Frauenkreis in deiner Nähe – in Polen gibt es mehrere Hundert. Und wenn die Schwingungen solcher Kreise nichts für dich sind (zum Beispiel wegen der Vorstellung, dass du dich mit weißem Salbei ausräuchern sollst), dann suche nach einer anderen Möglichkeit, um dein Gleichgewicht zu finden, um dieses Ungleichgewicht in einer Welt, in der die männliche Energie dominiert, auszugleichen. Nähre dich, wenn du hungrig bist. Nimm, wenn du etwas haben willst, das du an andere weitergeben kannst.

Erkenne und kommuniziere deine Grenzen

Wenn wir unseren Kern finden und unsere eigene Selbstliebe berühren, wenn wir uns das Recht auf unseren eigenen Raum geben und in diesem Raum lernen, uns zu fragen, was wir brauchen, was uns nährt, was uns erschöpft, dann stehen wir immer noch vor der Aufgabe, täglich für unsere Energiereserven zu sorgen. Im Gegensatz zu dem, was wir manchmal zu glauben scheinen, ist unser Energiereservoir nicht unerschöpflich. Es ist – um eine nicht ganz so romantische Metapher zu gebrauchen – wie ein Tank, in dem eine bestimmte Menge Treibstoff ist. Viele Frauen scheinen sich in der Kunst des Autofahrens zu üben, aber die Wahrheit ist, dass man nicht aus einem Vakuum schöpfen kann.

Eine Märtyrerin respektiert ihre eigenen Grenzen nicht. Die Herzliche, der die Qualität ihrer Beziehungen am Herzen liegt, fühlt sich innerlich ruhig genug, um zu wissen, dass die Welt auf sie warten wird, während sie sich erholt. Dobrochna Grott-Korzeniowska, eine großartige Masseurin aus Krakau, die nach der Methode des deutschen Arztes Dr. Simeon Pressel arbeitet, erzählte mir einmal, dass Pressel behauptete, Gesundheit sei eine Frage der Moral. Ich mochte diese Einstellung. Sich um die Gesundheit zu kümmern – darunter versteht man natürlich nicht nur den richtigen Blutdruck oder einen angemessenen Blutzuckerspiegel, sondern auch das, was man Wohlbefinden nennt – ist eine Frage der Moral.

Wenn du dich um deine Gesundheit kümmern willst, musst du dich zunächst darin üben, deine Grenzen zu erkennen. Wir verwenden häufig den Begriff »Grenzen setzen«, aber ich finde ihn irreführend. Unsere Grenzen – das heißt nach Brené Browns Definition[64] das, was für uns in Ordnung ist, im Gegensatz zu dem, was für uns nicht in Ordnung ist – existieren bereits. Das ist keine Mauer, die ich zuerst noch errichten und dann der Welt mitteilen muss: »Siehst du, hier ist eine Mauer, versuche nicht, sie zu überwinden.« Deine Grenzen sind bereits da, auch wenn du dir ihrer selbst nicht ganz bewusst bist. Wenn wir nebeneinander an einem Cafétisch säßen und ich irgendwann mein Gesicht bis auf zwei Zentimeter an dein Gesicht heranbrächte, dann hätte ich (es sei denn, wir hätten eine sogenannte romantische Beziehung) deine Grenze übertreten. Wenn dein Chef oder deine Chefin dich um 22 Uhr wegen einer falschen Schriftart in einer Präsentation, die dem Vorstand vorgelegt werden soll, anruft, dann hat er oder sie eine Grenze missachtet. Einige Dinge sind universell, aber viele Grenzen sind individuell – ich kann nicht wissen, dass etwas für dich nicht in Ordnung ist, und du kannst nicht wissen, dass etwas für mich nicht in Ordnung ist.

Um der Welt mitzuteilen, wo meine Grenze liegt, muss ich sie erst einmal selbst kennen, nicht wahr?

Ich bin ein absoluter Serienfreak. Schmerzhaft bewusst macht mir dies eine App, die ich mir heruntergeladen habe, um die komplexe Realität wiederkehrender Serien, abgeschlossener Serien, Erstausstrahlungsterminen von Staffeln usw. zu überblicken. Nach dieser App habe ich drei Monate und zehn Stunden damit verbracht, Serien zu schauen (wenn du dies liest, sind es sicherlich mehr). Schlimmer noch, ich habe dieser App nicht die ganze Wahrheit erzählt, denn ich habe nicht alle Serien abgehakt, die ich gesehen habe. Auf meiner Favoritenliste (die App fordert dich auf, deine Lieblingsserien zu markieren, und sie tut es geschickt mit einem empathischen Kommentar: »Wir wissen, dass es schwierig ist«) findet sich die Serie *Big Little Lies.* Eine der ergreifendsten Szenen aus dieser Serie ist die, in der die von Nicole Kidman gespielte Figur, die in ihrer Beziehung Gewalt erfährt, während einer Therapiesitzung dramatisch mit einer inneren Entscheidung ringt und sich fragt, ob sie die Kraft habe, dem in die Augen zu sehen, was mit ihr geschehe, und dies als Gewalt zu bezeichnen.

Weil *Big Little Lies* eine großartige Serie ist, ist die Realität, die sie darstellt, »unverzeihlich kompliziert« – um hier Susan Scott, Autorin von *Fierce Conversations*, zu zitieren[65], weil ihre Formulierung so gut dazu passt. Die von Kidman gespielte Figur hat eine Fülle von Argumenten zur Hand, die ihre Verteidigungsmechanismen unterstützen. Und diese halten in ihr die Illusion aufrecht, dass nichts Schreckliches passiert; jedenfalls nichts »so Schreckliches«, als dass sie ihren gewalttätigen Mann verlassen müsste. »Er ist ein großartiger Vater«, erklärt sie ihrer Therapeutin inbrünstig, gibt aber auch zu, dass es Gewalt gebe. Celeste verwendet diese Formulierung, als ob Gewalt ein Regen wäre, der einfach so vom Himmel fällt. In dieser Formulierung gibt es keinen Täter, keinen Agens: Gewalt ist einfach etwas, das manchmal passiert.

In der folgenden Staffel spricht dieselbe Therapeutin mit Celeste und bittet sie sich gedanklich in eine von Gewalt geprägte Situation mit ihrem Ehemann zu begeben. Celesete weigert sich zunächst, taucht aber dann in die Erinnerung ein, die den Zuschauenden gezeigt wird. Das wütende, aggressive Gesicht ihres Mannes, nur wenige

Zentimeter von ihrem Gesicht entfernt, eine seiner Hände hält sie von hinten am Nacken, die andere drückt ihr gleich den Mund zu. Er reißt sie herum und stößt sie um. Celeste öffnet die Augen, schüttelt erneut den Kopf und putzt sich die Nase mit einem Taschentuch. Sie glaubt, dass dies das Ende der »Übung« sei. Aber die Therapeutin ist noch nicht fertig. Jetzt solle sich Celeste ihre Freundin Madeleine (Reese Witherspoon) an ihrer statt vorstellen. Vor ihrem geistigen Auge sieht sie das Gesicht ihrer Freundin und schreit. Es ist die Art Schrei, der in der Lage ist, einen Angriff zu unterbrechen. »Nein!!!«, schreit sie wiederholt. Und in diesem Schrei gibt es kein Flehen, keine Entschuldigung, keine Schwäche, nur immense Stärke. »Nein!!!« Ihre Augen sind noch immer geschlossen, sie schlägt mit der Faust auf den Tisch, an dem sie sitzt. Sie öffnet ihre Augen, wischt sich die Tränen weg und steht auf. »Hat Madelaine es verdient?«, fragt die Therapeutin leise. »Sollte sie diese Beziehung fortführen?«

Aus irgendeinem sehr traurigen Grund – und es ist definitiv nicht angeborener Edelmut – müssen wir oft erst jemand anderen in einer ähnlichen Situation sehen, um über das, was wir selbst erfahren haben, zu weinen; um uns selbst sagen zu können: Das ist nicht in Ordnung, ich bin damit nicht einverstanden. Eine Frau, die sexuellen Missbrauch erlebt hat, schweigt jahrelang, bis ihre eigene Tochter auf der Schwelle derselben Kirche steht, in deren Sakristei der Priester seine Hand in ihr Höschen gesteckt hat. Eine Schauspielerin, die jahrelang von einem Theaterdirektor schikaniert wurde, erträgt die Gewalt schweigend, bis sie sieht, dass dasselbe auch ihren Freundinnen widerfährt. Alina Kamińska, eine der Schauspielerinnen, die ihr jahrelanges Schweigen über Belästigungen am Krakauer Bagatela-Theater brach, sagte in einem Interview[66] mit der polnischen Tageszeitung *Dziennik Polski,* dass der Wendepunkt, an dem sie sich entschloss, die jahrelange sexuelle Gewalt aufzudecken, die SMS einer Kollegin war, die sie zu einem Treffen einlud. Bei dem Treffen fiel der Satz: »Wenn nicht du, dann kann uns keiner helfen.« Obwohl sie so viele Jahre lang Schikanen ertragen musste, war es ein Appell, anderen zu helfen, der sie zu dieser Entscheidung brachte.

In einer Gewaltsituation das Schweigen zu brechen, ist immer heroisch; zu schweigen ist tragisch. Menschen, die Gewalt erleben, stehen vor einer solchen Wahl. Es gibt keinen Mittelweg. Und obwohl du und ich uns eine Welt wünschen, in der unsere Grenzen nicht der Invasion der Gewalt ausgesetzt sind, stehen viele von uns in der Welt, in der wir leben, genau an einem solchen Scheideweg. Aber selbst wenn wir Glück haben und nicht an einen solchen Scheideweg kommen, kommen wir nicht drumherum, unsere Grenzen zu erkennen und sie auch zu kommunizieren.

Sag: Nein!

Leider endet unsere Arbeit nicht in dem Moment, wenn wir feststellen, dass jemand etwas tut, das für uns nicht in Ordnung ist (obwohl dieser Moment eine Voraussetzung ist). Die herzliche Frau gibt, wenn sie geben will – und ist mit dem einverstanden, was für sie in Ordnung ist –, aber sie gibt nicht, wenn sie nichts hat, und sie kennt ihre Grenzen in- und auswendig und sie kommuniziert sie auch. »Hier kannst du rein. Hier nicht. Ich kann jetzt nicht sprechen, ich rufe in einer Stunde zurück. Ich werde diese Präsentation nicht machen, weil ich an Wochenenden nicht arbeite. Dies – ja, aber das – nein.«

Die Märtyrerin sagt nicht »Nein«, weil sie erstens fürchtet, durch ihre Weigerung die Akzeptanz zu verlieren, zweitens fürchtet sie, die Macht zu verlieren, die sich aus der Verschuldung derer ergibt, für die sie sich aufopfert. Alle Herzlichen, die von einer liebevollen Gefährtin unterstützt werden, haben den Mut, »Nein« zu sagen.

Und selbst wenn sie diesen Mut nicht haben, so zumindest die Entschlossenheit, dies zu trainieren.

Sage: »Nein.« Wende jetzt deinen Blick vom Buch ab, schaue geradeaus und sage laut: »Nein.« Beobachte, was dabei in deinem Körper passiert. Achte auf den Tonfall, mit dem du »Nein« sagst. Häufig tendieren wir zu zwei Extremen: Entweder sagen wir »Nein«, wie es die Gefügige aussprechen würde – flehend, entschuldigend, in jedem einzelnen der vier Buchstaben; oder ganz anders: Wir lassen zum Schluss eine Herde Ausrufezeichen los, als wollten wir all die Male wiedergutmachen, in denen wir »Nein« sagen wollten, aber nicht dazu bereit waren. Es lohnt sich, die dritte Richtung zu suchen – erlaube mir, dass ich es jetzt feierlich ausdrücke: den Dritten Ort; diesen erwachsenen, ruhigen, nicht unterwürfigen, nicht aggressiven Ort, den Ort, an dem ich das Recht habe, zu sagen: »Nein«, und die andere Person verpflichtet ist, dies zu respektieren. Diese andere Person hat auch das Recht zu sagen: »Nein«, und ich bin ebenso angehalten, dies zu akzeptieren.

Es gibt verschiedene Möglichkeiten, diesen Muskel in sich zu stärken. Der Schlüssel dazu liegt meines Erachtens darin, in uns selbst eine Bereitschaft zu etablieren, die uns mit Zuversicht voranschreiten lässt. »Ich koche heute nicht, ich gehe aus. Ich werde nicht an diesem Treffen teilnehmen, da ich andere Pläne habe. Ich werde keinen Keks essen, weil ich keine Kekse esse.« Um dies mit Ruhe sagen zu können, ist es hilfreich, sich zu vergegenwärtigen, dass nichts Schreckliches passieren wird, die Welt nicht untergehen wird, die Sonne wieder aufgehen wird. Jemand stellt eine Frage und du beantwortest sie. Deine Absage oder jede andere Mitteilung, mit der du eine Grenze ziehen willst, ist nicht das Letzte, was zwischen euch geschieht. Die Welt wird dein »Nein« besser verkraften, als deine Angst dir weismachen will.

Ich erinnere mich an meine Übungen zur Festlegung von Grenzen. Ich habe viele davon erlebt, aber diejenige, die mir besonders im

Gedächtnis geblieben ist, war, als ich während meiner Studienzeit ein Praktikum im Parlamentsbüro der polnischen Partei Unia Demokratyczna (dt.: »Demokratische Union«) absolvierte. Einige Monate zuvor hatte ich auf Drängen meiner geliebten Russischlehrerin (die Sprache meiner Seele!) gelernt, blind auf der Schreibmaschine zu schreiben. Ja, meine Liebe! Auf einer Schreibmaschine, mit Fingern, die über Reihen von Tasten springen, wie man sie in Museen oder Antiquitätenläden findet. Bald jedoch wechselte ich auf einen Computer; dort war es einfacher, meine Finger mussten keine Tastenstufen mehr überwinden, ich ordnete sie so an, wie ich es jetzt tue, Zeigefinger auf dem ›f‹ und auf dem ›j‹, kleine Finger auf dem ›a‹ und dem ›ö‹. Ich hatte ein dickes Buch mit Übungen: Zuerst lernte man die mittlere Reihe, dann Wortkombinationen, die man aus den Buchstaben dieser Reihe bilden konnte. K k k k a a a a ka ka ka ka kaf kaf kaf kaff und so weiter. Dann waren die Buchstaben der obersten Reihe dran, dann die Buchstaben der untersten Reihe und schließlich die Zahlen, zu denen ich nicht gekommen bin. Ich genoss diese Arbeit. Der Ehrgeiz genoss die Fortschritte, und ein anderer Teil von mir genoss es, mit dem Körper zu kommunizieren, Finger für Finger, den Fingern diese Bewegungen beizubringen und sie dabei zu beobachten, wie gewissenhaft sie dem folgten, was ich von ihnen verlangte – wie fleißige Schüler waren sie. Es reicht zu sagen, dass ich nach ein paar Wochen intensiver Übungen so weit war, dass ich schreiben konnte, ohne auf die Tastatur schauen zu müssen. Im Büro des Parlaments, in jenen vergangenen Tagen, als noch nicht jeder wusste, wie man einen Computer benutzt, und diejenigen, die es konnten, einen Brief nach dem anderen überflogen und vor jedem weiteren intensiv auf die Tastatur starrten, war ich einfach ein Schatz. Ein paar Wochen lang sah es so aus, als würde immer mal wieder jemand mit einer sehr höflichen Bitte auf mich zukommen: »Natalia, Sonnenschein, du kannst für mich sicherlich schnell dieses Seitchen hier abtippen, nicht wahr?« (Ja, Menschen haben früher mit der Hand geschrieben!) Achte darauf, wie viel subtiler Manipulation in einem solchen Satz steckt. Erstens, ich bin ein »Sonnenschein« (jemand, der gut, freundlich, rücksichtsvoll und fröhlich ist – in Robert Cialdinis Klassifizierung in seinem Buch *Die Psychologie des Überzeugens*[67] wird dies als Regel der Beständigkeit und des Engagements bezeichnet; wenn du jemanden als »großzügig« bezeichnest, ist es wahrscheinlicher, dass er dir Geld gibt; wenn du ihn als »nett« bezeichnest, fällt es ihm schwerer, Nein zu sagen, und so weiter). Zweitens soll ich ein »Seitchen« abtippen und nicht eine »Seite« – »Seitchen« klingt irgendwie kürzer als »Seite«, na ja, und dann ist da noch die ausgefuchste Kommunikationsblockade, die in der Form einer Frage eine Bestätigung fordert: »Nicht wahr?« Dann ist es schwieriger, Nein zu sagen, nicht wahr? Vielleicht kennst du die Szene, in der ein Verkäufer, der einem potenziellen Kunden gegenübersitzt, etwas Gutes über ein Produkt sagt und nickt, als wolle er die andere Seite zur Zustimmung bewegen. Das Gleiche wurde wahrscheinlich mit dir gemacht, wenn du das hörtest: »Schätzchen, du machst uns doch gern einen Kaffee, oder?« oder »Marysiu, ich weiß, es ist spät, aber ich nehme nicht an, dass du uns deine köstlichen überbackenen Baguettes mit Käse verweigerst?«. Früher hörte ich ständig diese pseudoliebevollen Sätze über das Abtippen – und am Anfang nahm ich weitere »Seitchen« und schrieb sie »hopp, hopp« ab. Obwohl ich angeblich so schnell wie ein Elefant war. Aber da ich kein Elefant war – ich bin bis heute kein Elefant –, habe ich mich schnell besonnen und rasch mit Guerilla-Übungen zur Selbstbehauptung begonnen, obwohl meine Lektüre der Bücher von Maria Król-Fijewska, die mir diese Themen dann gut erklärt hat (*Stanowczo, łagodnie, bez lęku*[68]; dt.: Standhaft, sanft, furchtlos), noch in weiter Zukunft lag. Damals habe ich jedoch selbst herausgefunden, dass ich zwei Sätze verwenden kann – einen ablehnenden und einen, der auf der Ablehnung besteht. Wie sich später herausstellte, war ich der klassischen Verweigerungstechnik sehr nahe. Es beginnt mit dem soeben »entschlossen, sanft und furchtlos« gesprochenem Wort: »Nein.« Dann kommt der Punkt, an dem die Leute, wie ich es schon Hunderte Male in Schulungsräumen gesehen habe, kneifen: Die Empfehlung lautet, zu formulieren, was man »nicht tun wird«, ohne aber die Formulierung »Ich kann nicht« zu verwenden – also nicht: »Ich kann Ihre (verdammten) Seitchen nicht abtippen«, sondern: »Ich werde sie nicht für Sie abtippen.« Der Unterschied ist gewaltig, denn der Satz »Ich kann nicht« katapultiert uns in die Welt der Gefügigen, die sich gerne gefügig machen und das Seitchen abtippen, einen Kaffee kochen und Mitschriften anfertigen würde (weil sie so eine schöne Handschrift hat) – aber leider »kann sie nicht«. Diese Formulierung lädt den Bittsteller auch zum Verhandeln ein; der Bittsteller ist gerne bereit, für dich andere äußere Bedingungen zu schaffen, solange du seiner Bitte nachkommst. »Kannst du nicht etwas länger bleiben?« »Und was müsste passieren, damit du es kannst?« Das fragen die ganz Schlauen, die diese Frage bei einer halbtägigen, von der Geschäftsleitung organisierten Fortbildung gelernt haben. Entscheidend ist es indessen, eine Formulierung zu finden, die nicht das anfällige »Ich kann nicht« enthält. »Ich werde es nicht abtippen. Ich werde keine Überstunden machen. Ich werde mich am Wochenende nicht um deine Basieńka kümmern.« Darauf folgt nach dem Muster eine kurze »Begründung«. Kein Argument, sondern eine Begründung. Das Argument lässt dich in eine Verhandlungssituation eintreten und du musst dann versuchen, die andere Partei davon zu überzeugen, von ihren Forderungen abzusehen. Eine Begründung ist etwas anderes. Man muss sie nur aussprechen, am besten kurz und knapp. »Ich bleibe heute nicht nach Feierabend. Ich habe andere wichtige Pläne. Ich werde Basieńka nicht übers Wochenende nehmen. Ich fahre weg. Ich werde es für dich nicht abtippen. Ich habe andere Aufgaben. Ich koche heute nicht. Ich habe mich mit meinen Freundinnen verabredet.«

Aber das ist alles nur Technik, ein Haus ohne Fundament. Die Grundlage ist das Gefühl, dass man das Recht hat, überhaupt etwas zu sagen: »Nein.« Die Herzliche sagt: »Nein«, und sagt: »Ja«, wobei sie jedes Mal entscheidet, was sie will. »Möchte ich für die Familie Rührei machen? Werde ich am Freitagnachmittag den Bericht fertigstellen? Werde ich dieses Wochenende zu meinen Schwiegereltern fahren?« Die Herzliche sucht die Antwort in sich selbst und gibt sie übereinstimmend mit ihrer inneren Wahrheit. Sie hat keine Angst, dass sie wegen ihres »Nein« nicht mehr geliebt und respektiert wird. Es ist die Märtyrerin, die aus Angst allen wirklichen oder auch nur vermeintlichen Bitten nachkommt – nur um der Welt zuliebe im Spiel zu bleiben und dem Damoklesschwert einer möglichen Missbilligung zu entkommen. Die Herzliche lässt sich auf dieses Spiel nicht ein.

»Ich werde es nicht abtippen. Ich habe andere Aufgaben zu erledigen.« Und dann, als ich selbstbewusst wurde: »Ich werde es nicht abtippen. Ich tippe sehr ungern ab.« Das war natürlich schon Hardcore. Einige waren erstaunt, dass sie mir früher unerwünschte Aufgaben aufgetragen haben, und haben es nicht wieder versucht. Andere gaben nach einem weiteren Versuch auf. Aber es gab auch diejenigen, die behaupteten, dass die Sonne nie mehr aufgehen und der Himmel auf die Erde stürzen werde, wenn ich dieses »Seitchen« nicht abtippe. So, hopp, hopp.

Es war eine tolle Übung – herausfordernd genug, um den »Muskel« der Grenzziehung zu stärken, und leicht genug, um problemlos umsetzbar zu sein. Das hat mir später in schwierigeren Situationen geholfen. Ich bin mir nicht sicher, aber ich habe den Eindruck, dass die wichtigsten Übungen, sofern man sie täglich trainiert, zu einer Art täglicher Routine werden.

Die Herzliche sagt ihr »Nein« mit Ruhe, ohne Aggression; sie nimmt sich das Recht, ihre Grenze zu kommunizieren. Natürlich gibt es diejenigen, die ihr dieses Recht hartnäckig absprechen. Wie es unter denjenigen, denen ich verweigerte, ein »Seitchen« abzutippen, sowohl solche gab, die gelassen auf die Weigerung reagierten, als auch solche, die sagten: »Das wollen wir ja mal sehen.« Dieses »Das wollen wir ja mal sehen« impliziert eine Missbilligung. Die Augenbrauen wandern nach oben, der Herr Kollege Institutsleiter hält beim Sprechen bedeutungsvoll inne, ein Kind knallt mit der Tür, deine Mutter fertigt dich mit ihrem üblichen Satz ab, der dir ein schlechtes Gewissen machen soll.

Und genau dieser Moment ist entscheidend.

Meine Großtante Magdalena teilte mir einmal eine nützliche Beobachtung mit: »Wenn du dir vorgenommen hast, zehn Sit-ups zu machen, wirst du nach neun müde werden. Wenn du dir zwanzig vorgenommen hast, wirst du erst gegen achtzehn müde werden.« Auch wenn diese speziellen Berechnungen etwas zu optimistisch sind, glaube ich an diese Regel. Es lohnt sich, die für eine bestimmte Situation benötigten Energieressourcen gut einzuschätzen. Wenn wir uns darauf vorbereiten, eine schwierige Entscheidung zu treffen (zum Beispiel die unmenschliche Weigerung, unsere Tochter von ihrem Robotikkurs abzuholen), sammeln wir oft Kraft für nur eine »Runde«, obwohl normalerweise zwei oder drei nötig sind. Und wenn wir sagen, dass wir etwas nicht mögen, und die andere Seite Druck macht – ein Beweis dafür, dass jemand unser »Nein« nicht respektieren will –, verlieren wir unsere Kraft und ziehen uns zurück. Die hochgezogene Augenbraue, der tadelnde Satz, der strafende Blick: Sie bringen die

Märtyrerin dazu, sich vor die Herzliche zu drängeln. »Nein, nein, natürlich, wenn das so ist, dann werde ich es tun …«, sagt die Märtyrerin. Und wir haben das Gefühl, dass wir gerade wieder geschrumpft, in uns selbst versunken sind, weil wir einem Teil von uns, der sich überhaupt nicht um unser Wohlergehen kümmert, erlaubt haben, die Führung zu übernehmen.

Die Verteilung der Kräfte ist also entscheidend. Gehe davon aus, dass es Protest geben wird, wenn du dein »Nein« aussprichst. Wenn du dann unter dem Einfluss der Protestler deine Meinung nicht änderst, wiederhole dein »Nein«. Und wenn nötig, wirst du es ein drittes Mal sagen. Wenn du es mit Gelassenheit tust, wird kein vierter Anlauf nötig sein. Die härtesten Sportler versuchen es dreimal. Auf technischer Ebene bedeutet dies für dich, dass du eine großartige Durchsetzungsmethode anwendest, die man als »kaputte Schallplatte« bezeichnet: Du wiederholst einfach einen simplen Satz, den du bereits ausgesprochen hast, den aber jemand nicht gehört hat. »Wie ich schon sagte: Ich leihe dir keine Kohle. Wie ich schon sagte: Ich finde es nicht in Ordnung, dass du von mir erwartest, dass ich spätnachts noch E-Mails beantworte.« Entscheidend ist es, den Inhalt nicht zu ändern, keine neuen Elemente hinzuzufügen und sich nicht auf Diskussionen einzulassen. Drücke einfach auf »Play« und dann auf »Replay«. Deine Märtyrerin, die bereits zusammen mit der Gefügigen ihr gemeinsames Liedchen singt, jammert im Hintergrund: »Aber warum soll ich mich wie ein Papagei wiederholen? Es ist nicht nett, Fragen nicht zu beantworten«, und viele andere Dinge. Aber das passiert hinter den Kulissen. Auf der Bühne sagst du in aller Ruhe, was deine Herzliche sagen möchte. »Erinnere dich daran, dass du durch ein Nein Platz für ein aufrichtiges Ja schaffst«, wiederholt die liebevolle Gefährtin.

Es funktioniert. Überprüfe es.

Sag: Ja!

Brené Brown[69] hat einmal gesagt, dass sie, seit sie ihre Grenzen klar kommuniziert, vielleicht nicht mehr so »nett« sei wie früher, aber sie sei viel liebevoller. »Far more loving«, wie sie es formulierte. Unser »Nein« steht natürlich im Dienst von uns selbst, um – damit ich es ganz offen sage – gut im Leben zu stehen, aber es steht auch im Dienst der anderen. Mir scheint, dass dies ein zentraler Punkt ist, so etwas wie ein tiefer Atemzug, um die Herzliche zu stärken. Die Herzliche gibt, weil sie etwas zu geben hat, und sie gibt, weil sie geben möchte. Sie »opfert sich nicht auf«, deswegen hat sie die Energie, aus vollem Herzen zu geben. Derjenige, der davon profitiert, fühlt sich beschenkt und nicht durch Pseudogeschenke erpresst. Unser »Nein« und unser »Ja« sind miteinander verbunden, es gibt das eine nicht ohne das andere; und selbst wenn es möglich scheint, unbegrenzt »Ja« zur Welt zu sagen, geht dies auf Kosten eines gewissen »Nein«, das man zu sich selbst sagt. Oder, genauer gesagt: dem wilden Mädchen, das wir müde und traurig hinter uns herziehen. Unser »Nein« dient unserem »Ja« (ich erkläre der liebevollen Gefährtin, dass ich dies bereits geschrieben habe, aber sie besteht darauf, es zu wiederholen). Nur dann können wir liebevoll ein Abendessen für Freunde vorbereiten, unserer Mutter einen auf der Wiese gepflückten Blumenstrauß überreichen und unserem Partner oder unserer Partnerin Aufmerksamkeit und Zärtlichkeit schenken.

Die Beziehung zwischen »Nein« und »Ja« wird durch das Konzept des emotionalen Bankkontos veranschaulicht, das Stephen Covey in seinen berühmten *Die 7 Wege zur Effektivität*[70] eingeführt hat. Dieses Konzept ist so treffend, dass andere Kommunikationspsychologen es später in ihren Theorien aufgriffen und es in »emotionales Konto« umbenannt haben. Diese wenig romantische Metapher verdeutlicht etwas

Wichtiges. Die Idee ist, dass jeder, den du kennst, ein emotionales Konto bei dir hat: deine Mutter, dein Mann oder deine Frau, dein Kind, dein Freund, dein Automechaniker. Es liegt auf der Hand, dass einige dieser Konten wichtiger sind als andere und dass die Transaktionen auf diesen wichtigeren Konten häufiger und komplexer sind. Aber wie bei einem Konto hängt sein Saldo vom Verhältnis zwischen Einzahlungen und Abhebungen ab. Wenn deine Mutter dich anruft und dir vorwirft, dass du sie völlig vergessen hast, und du dich schuldig fühlst, dann hebt sie eine bestimmte Summe ab. Wenn sie kommt, um sich um deinen Sohn zu kümmern, weil du plötzlich ins Büro musstest, dann zahlt sie eine bestimmte Summe ein. Wenn deine Chefin bei einer Besprechung deinen Ideen aufmerksam zuhört und sagt, dass sie sie weiterverfolgen wird; wenn dein Partner dir die Einkaufstüten abnimmt; wenn ein Bekannter, den du auf der Straße triffst, dich fragt, wie es dir geht, und sich aufrichtig für die Antwort zu interessieren scheint – das alles sind Einzahlungen auf dein Bankkonto. Wenn jemand mehr Abhebungen als Einzahlungen getätigt hat, befindet er sich im emotionalen Minus – so einfach ist das.

Was eine Einzahlung und was eine Abhebung ist, hängt von der »Bank« und nicht von den Absichten des Kontoinhabers ab. Mit anderen Worten: Wenn deine Mutter anruft, um dir Vorwürfe zu machen, sie dabei aber die Absicht hatte, dir einen guten Rat zu geben, und den Anruf selbst als Einzahlung ansieht, du aber der Meinung bist, dass es sich um eine Abhebung handelt, dann gilt, was es für dich bedeutet. Was für den einen eine Einzahlung ist, kann für den anderen eine Abhebung sein.

Und natürlich hast auch du deine Konten – bei den »Banken« der Menschen, mit denen du in einer Beziehung stehst. Man gewinnt oder man plündert; manchmal plündert man auch, wenn man denkt, dass man gewinnt. Und hier kommen die gute Nachricht und der Grund, warum ich darüber im Kontext der Herzlichen überhaupt schreibe: Du kannst deinen Kontostand bewusst regulieren. Abgesehen von einmaligen Situationen, in denen ein wütender Autofahrer hinter dir herhupt, weil du, als die Ampel auf Grün sprang, eine Viertelsekunde zu spät losgefahren bist, haben wir in den allermeisten Fällen reichlich Gelegenheiten, um unseren Kontostand bei unseren Lieben in Ordnung zu bringen.

Die Herzliche beobachtet mithilfe der liebevollen Gefährtin, was sie anderen Menschen antut. »Übernimm die Verantwortung für den emotionalen Fußabdruck, den du hinterlässt«, schreibt Susan Scott in dem bereits zitierten Buch *Fierce Conversations.*[71] Wir hinterlassen Spuren in den Menschen, gute und schlechte Spuren. Dies zu sehen – ohne Flunkerei, mit Mut – ist für die Herzliche sehr wichtig. Wenn du dein Kind anschreist (Hand hoch, wer von uns das noch nie getan hat!), dann hebst du dadurch etwas von deinem emotionalen Konto auf seiner Bank ab. Wenn du in einer Sitzung die Frage von irgendjemandem mit einem abschätzigen Schulterzucken abtust, dann hebst du etwas ab. Aber es gibt unzählige Gelegenheiten für »Deals« innerhalb wichtiger Beziehungen, und wir können sie gestalten. Das Konto bleibt offen.

Entscheidend scheint mir zu sein, dies nicht aus einer zynisch-manipulativen Position heraus zu tun. Es geht nicht darum, jemanden mit raffinierten Tricks davon zu überzeugen, dass wir ihn mögen, obwohl das nicht der Fall ist; es geht auch nicht darum, jemandem ein künstlich aufgepumptes Wohlwollen uns gegenüber einzureden. Es geht darum, die Beziehung zu pflegen. Diese abgedroschene Phrase bedeutet aus Sicht der Herzlichen genau das: Ich schaue mir an, was mein Verhalten mit dir macht. Ich vergewissere mich, dass ich mein Ohr »am Puls« habe – wenn mir etwas an dir liegt. Ich versuche, herzlich zu sein. Nicht nett, nicht höflich, sondern herzlich. Und das bedeutet, auf ein emotionales Konto einzuzahlen.

Zugegeben, wir sind alle unterschiedlich, und die Qualifikation von Einzahlungen und Abhebungen ist Sache des »Bankbesitzers«, aber einige Dinge sind dennoch recht universell. Zum Beispiel Aufmerksamkeit, Achtsamkeit: Dies scheint eine allgemein geschätzte Einzahlung zu sein. Ich erinnere mich, dass, als mein Sohn – damals noch ein Kleinkind – in den Kindergarten ging, an der Korkwand, an der die wöchentlichen Speisepläne und die Termine für die Theaterbesuche angepinnt waren, eine Karte hing – ein Zitat, an dessen Verfasser ich mich leider nicht mehr erinnern kann. Aber ich erinnere mich an diesen Satz: »Die Währung, mit der du deinem Kind Liebe zeigst, ist Zeit.« Weiter heißt es, dass alles andere zweitrangig sei. Dieser Satz ist mir im Gedächtnis geblieben. Ich füge hinzu, dass diese Zeit – die Währung der Liebe – mit echter Aufmerksamkeit gefüllt werden sollte. Was Coaches und Therapeuten beruflich tun – tiefe, nicht wertende Aufmerksamkeit –, scheint mir der universellste und wichtigste Beitrag zu sein, den die Herzliche leisten kann. Ein gemeinsames Essen (von mir aus vom Pizzalieferservice), zwanzig Minuten lang, bei dem wir unsere Tischgenossen fragen, wie es ihnen geht, ihren Antworten aufmerksam zuhören. Das erscheint mir um ein Vielfaches wertvoller als ein Drei-Gänge-Menü, das von überarbeiteten Händen zubereitet wurde und mit Seitenhieben, Zurechtweisungen und Anspielungen darauf, wie zeitaufwendig die Zubereitung war, gewürzt wird. Unsere Kinder, unsere Partner, unsere Freunde, unsere Mitarbeiter wollen unsere Aufmerksamkeit – auch dann, wenn wir uns gegenseitig so sehr verschuldet haben, dass es auf den ersten Blick nicht danach ausschaut. Die Herzliche schenkt Aufmerksamkeit, das heißt, sie leistet eine Einzahlung aufs emotionale Konto, wenn sie das alles verzehrende Bedürfnis aufgibt, andere Menschen zurechtzuweisen, zu korrigieren, zu tadeln, zu erziehen und überhaupt jeden Kontakt zu pädagogisieren. »Warum ist es immer noch nicht erledigt? Wie oft soll ich das noch wiederholen? Nimm die Ellbogen vom Tisch! Warum flippst du schon wieder aus und willst ein einfaches Kotelett nicht essen?« Und so verlieren wir, Auszahlung für Auszahlung, die Zuneigung der Menschen, die wir lieben. Ja, wir haben ihre Liebe. Sie lieben uns, es kommt auch vor, dass sie keinen anderen Ausweg haben. Aber manchmal sorgen wir einfach dafür, dass sie uns nicht mögen.

Ich schreibe darüber im Kontext der Kommunikation von Grenzen und dem »Nein«-Sagen auch deswegen, um uns allen Mut zu machen. Man kann sich ein wenig verschulden, indem man »Nein« sagt, aber in einem Moment wird sich eine Gelegenheit ergeben, um wieder etwas aufs Bankkonto einzuzahlen. Jetzt hast du nicht gegeben, weil du das Gefühl hattest, nichts geben zu können (oder du willst einfach nicht genau das geben, worum du gebeten wurdest), aber bald wirst du deine Energie zurückgewinnen und etwas anderes geben: Du rufst an, um dich zu erkundigen, was los ist, du gibst einen Tipp, wie man einen Zuschussantrag schreibt, du stellst eine wichtige Frage und hörst dir die Antwort an, du bringst einen Kaffee mit (du denkst daran, dass es ein doppelter Espresso sein muss, mit warmer Mandelmilch, einem Tropfen Karamell und in einer mittelgroßen Tasse). Es gibt Tausende von Möglichkeiten, zu jemandem »Ja« zu sagen. Wenn man dieses »Ja« von Herzen sagt und nicht aus Angst, aus Liebe heraus und nicht aus Zwang, dann kommt es auch bei demjenigen, der es hört, entsprechend an.

Der Begriff des emotionalen Kontos kam mir bei häuslichen Streitigkeiten sehr gelegen, genauer gesagt bei den Gesprächen, die ich nicht in Streitereien ausarten lassen wollte; denn manchmal – und sage jetzt nicht, du wüsstest nicht, was ich meine – bricht der Damm und wir wollen die Fluten dann einfach nicht mehr aufhalten. Aber in den Fällen, in denen ich sie aufhalten will und kann, habe ich für mich eine Methode entwickelt, die ich die »Methode der drei Einzahlungen« nenne (mein Mann, der verspricht, dieses Buch zu lesen, wenn es so weit ist, erfährt es gerade erst). Wenn das Gespräch auf Konfrontation hinausläuft, sage ich mir: »Okay, jetzt zahle ich dreimal hintereinander ein.« Ich tue das nicht aus Zynismus, sondern weil ich glaube, dass es dem Diskussionsverlauf guttut. Was ist also eine Einzahlung in einem Gespräch, das sich mit Schneeballgeschwindigkeit auf einen Streit zubewegt? Wenn du regelmäßig an sogenannten Soft-Trainingskursen teilnimmst, wurdest du sicher schon mehr als einmal mit Folien über offene Fragen, vertiefende Fragen und Paraphrasierung beglückt. Vielleicht hast du die Augen verdreht, als die Schulungsleiterin oder der Schulungsleiter – vielleicht war das sogar ich! – dich aufgefordert hat, in Paaren zu üben. Aber die wirkliche Paarübung kommt, wenn die Person, mit der man sein Leben verbringt, einem gegenübersitzt. Es ist die wichtigste Person für dich, die gleichzeitig die geheimnisvolle Fähigkeit besitzt, dich so zu verärgern wie niemand sonst. Die Luft im Raum wird auf diese unverwechselbare Art und Weise dicker, bevor der Sturm kommt. Und nun macht diese Übung zu zweit! Schreibe jetzt eine Paraphrase, und dann bist du eine Meisterin. Eine ehrliche Umschreibung – also eine, bei der man mit eigenen Worten wiederholt, was der andere gesagt hat, aber dennoch die Tür für Richtigstellungen offen lässt. Dies löst bei manchen Menschen eine Abwehrreaktion aus: Es ist, als hätten sie Angst, dass sie durch die Wiedergabe ihrer Worte durch einen anderen, ohne Gegenargumente hinzuzufügen, zu negieren, zu karikieren, in wichtigen Spielen Punkte verlieren oder sich von der Haltung der anderen Seite anstecken lassen. Dabei bedeutet, wie ich am eigenen Leib erfahren habe, das Anhören der anderen Seite nicht, dass wir unsere Meinung ändern müssen: Man kann zuhören, wiederholen und dann bei seiner eigenen Meinung bleiben. Die Stärke des Paraphrasierens besteht darin, dass man damit zeigen kann, dass man zuhört; darüber löst es oft die sogenannte Reziprozität, eine Wechselbezüglichkeit, aus: Die Chance, selbst gehört zu werden, steigt. Die berühmten offenen Fragen funktionieren auf ähnliche Weise, vorausgesetzt, du stellst sie, weil du wirklich mehr erfahren willst, und nicht, um auf eine Unstimmigkeit hinzuweisen oder um die Worte des Befragten falsch wiederzugeben. Diese Einzahlungen auf das emotionale Konto, insbesondere während eines schwierigen Gesprächs, sind völlig unintuitiv und erfordern, dass du deine Kampfes- und Angriffslust überwindest.

Stell dir zum Beispiel vor, dass deine Tochter im Teenageralter von der Schule nach Hause kommt und es so ist, als ob ein Tornado durch die Wohnung fegen würde. »Ich werde noch durchdrehen in dieser Schule!«, schreit sie und schleudert ihren Rucksack in die Zimmermitte. »Chiob!« (Du hast es deutlich gehört, dass sie »Hiob« mit »Ch« gesagt hat.) »Bis morgen soll ich Chiob lesen. Ich soll irgendwas lesen über irgendeinen Looser! Und überhaupt sollte der gar nicht auf der Leseliste stehen! Jizas! Warum hast du so eine blöde Schule für mich ausgesucht, meine Freundinnen aus der anderen Schule lesen das doch gar nicht!« Du atmest den Duft deines eigenen Parfüms ein, das du deiner Tochter nicht erlaubt hast, vermischt mit dem Hormon der Wut, und krempelst die Ärmel hoch, um dich ins Getümmel zu stürzen – was bestenfalls darin besteht, die Bedeutung der Bibel als literarisches Werk zu erklären, die Überlegenheit der Schule deiner Tochter gegenüber der des Bildungszentrums Siódemka zu erläutern und die schlechte Angewohnheit zu kommentieren, seinen Rucksack mitten in den Raum zu werfen. Nicht, dass du nicht recht hast! Du hast recht, aber was hast du davon, wenn du zwei Minuten später eine Tür zuschlagen hörst, an der zahlreiche Zutrittsverbote angebracht sind? Drei Einzahlungen in dieser Situation könnten eine völlige Veränderung dieser Dynamik bedeuten. »Hiob musst du bis morgen lesen, ja?« (erste Einzahlung). »Ja, bis morgen, kannst du dir das vorstellen!?«, knurrt deine Tochter. »Und Baśka und Zośka haben es nicht aufbekommen?«, fragst du noch etwas weiter nach (zweite Einzahlung). »Ja, genau!«, wird deine Tochter triumphierend bestätigen, was bedeutet, dass du ihr zugehört hast und sie es zur Kenntnis genommen hat; das heißt, ihr beide entfernt euch von dem, was bei einem eher reflexgeleiteten Verlauf der Ereignisse unweigerlich bereits in einen Streit ausgeartet wäre. »Hat dich heute noch etwas anderes in der Schule genervt?«, fragst du (Einzahlung Nummer drei) und versetzt dem Gespenst des Streits den Todesstoß. Und dann wirst du aufmerksam zuhören – und damit eine schwierige spirituelle Übung durchführen, die durch ein buddhistisches Gleichnis veranschaulicht werden kann. Also: Zu einem Kloster, in dem der berühmte Zen-Meister lebte, kamen Schüler. Sie gingen gerade durch den Hof, als der dort eingesperrte Hund, der bekanntermaßen nicht zu den freundlichsten gehörte, sich von seiner Kette losriss. Die Schüler erstarrten. Der Meister hingegen lief auf den bellenden Hund zu, und der Hund begann, wie du dir leicht vorstellen kannst, vor ihm wegzulaufen. An diese Geschichte werde ich immer dann erinnert, wenn ich das Gefühl habe, dass es sich lohnt, etwas zu tun, woran man gewöhnt ist. Wenn ich zum Beispiel während eines Streits spüre, wie sich mein Körper anspannt – dann atme ich tief aus dem Bauch heraus, um den verlorenen Raum wiederzugewinnen. Oder wenn ich eine Frage stelle, obwohl ich mir am liebsten die Ohren zuhalten würde.

Wenn wir auf diesen Hund zugehen und damit die Dynamik des Gesprächs verändern, stellen wir vielleicht fest, dass in dem Gespräch mehr Platz geschaffen wurde – auch für uns.

Finde die Leichtigkeit

In Brené Browns Buch *Führung wagen*[72] gab es eine Übung wie diese: Aus einer langen Liste von Werten musste man die beiden auswählen, die einem am wichtigsten waren. Ich habe diese Übung zuerst selbst gemacht und dann meinen Mann und meinen Sohn gebeten, es auch zu tun, und ich bin glücklicherweise zu dem Schluss gekommen, dass wir uns auf der wahrscheinlich grundlegendsten Ebene sehr nahe sind. Ich habe mich für »Liebe« und »Freiheit« entschieden, mein Mann und mein Sohn haben sehr ähnliche Werte gewählt. Ein Tanz auf dem Seil – zwischen Geben und Nehmen, zwischen eigenem Raum und gemeinsamem Raum, zwischen sich selbst und dem anderen Menschen. Allein zu sein, wäre einsam; die ganze Zeit mit und für andere da zu sein, wäre erdrückend.

Als die Pandemie ausbrach, erschütterte sie meine Welt, die zweifellos der deinen gleicht. Von heute auf morgen wurden sämtliche Schulungstermine aus meinem Kalender gestrichen. Mein Teenagersohn kam von der Schule nach Hause und sagte, dass er am nächsten Tag nicht mehr in die Schule gehen würde, weil er in einen sogenannten Fernunterricht wechseln würde. Nachdem er das erklärt hatte, schlug er die Tür seines Zimmers, das dunkelgrün gestrichen war (er wollte schwarz, aber ich war damit nicht einverstanden), zu. Wir haben uns in einer angstbesetzten Welt des »Ich weiß es nicht« eingerichtet. Und dann träumte ich von einem ganz konkreten Wort. Der ganze Traum bestand darin, dass dieses Wort auf einer Leuchtreklame stand, ähnlich den vielen, die gerade in unseren Städten erloschen sind.

Dieses Wort war: LEICHTIGKEIT. Es leuchtete auf und erlosch, wie ein Hinweis. Ich wachte auf, nahm das Buch von Brené und ihre Werteliste zur Hand. »Learning. Legacy. Leisure. Love. Loyalty[73].« Auf ihrer Liste habe ich aber das Wort »Lightness[74]« nicht gefunden. Ich nahm einen grünen Buntstift in die Hand und fügte den Begriff der Liste hinzu. »Leichtigkeit«; das Gegenteil von Abdriften, Schwere, Besorgnis, krampfhaftem Festhalten, Kampf um sich selbst, Atemlosigkeit. Ich folgte dem Hinweis, den mir die liebevolle Gefährtin im Traum gegeben hatte. Leichtigkeit, neben Liebe und Freiheit, als Wert, den ich in meinem Alltag kultivieren möchte. In der Praxis bedeutet dies, loszulassen – zumindest einige der Dinge, für die wir so erbittert kämpfen, als hinge unser Leben davon ab. All die Kriege, Kämpfe, das Kräftemessen, das wir zu Hause austragen, die Kämpfe um das Herunterklappen des Toilettensitzes; um den Sohn dazu zu bringen, dieses und nicht ein anderes Hemd für den Besuch bei der Oma zu tragen; um das Mehl, das ein Regal höher oder niedriger stehen soll – wie viele dieser Scharmützel bringen uns tatsächlich etwas? Wenn jeder »seinen eigenen großen Kampf« kämpft, lohnt es sich dann nicht, von ein paar kleinen Schlachten abzusehen, deren Ausgang ohnehin unsere Würde nicht beeinträchtigen würde? Ich fing an, an der eigenen – nomen est omen – Front nachzuschauen. Es stellte sich heraus, dass ich eine Menge Dinge loslassen konnte und dass ich dadurch mehr Luft bekam. Die Zeit der Pandemie war sehr zuträglich für die Übung im »Ich weiß es nicht«: Aus diesem »Ich weiß es nicht« wurde und wird nach wie vor deutlich, dass nur wenige Dinge wirklich wichtig sind: Liebe, Freiheit und Leichtigkeit.

Wenn schließlich Platz für die Leichtigkeit geschaffen wird, kann die Herzliche einfach glücklich sein, unter Menschen sein, die sie liebt.

Und hier enden meine Ausflüge – komm zurück, was schreibe ich! Ausflüge hören nie auf; ich habe die Illusion verloren, dass ich jemals die Ziellinie erreichen werde. Die in diesem Buch beschriebenen Ausflüge enden.

Diese drei Verwandlungen, von denen keine ein für alle Mal abgeschlossen wird – von der Gefügigen zum wilden Mädchen, von der Schneekönigin zur Erwachsenen, von der Märtyrerin zur Herzlichen –, sind wichtige, praktische Metaphern in meinem Leben. »Ist das die Gefügige oder das wilde Mädchen? Hallo, hat nicht die Märtyrerin gerade das Wort ergriffen?«, frage ich mich und versuche, meine Beweggründe genau zu erkennen und ein gutes Gespräch mit mir selbst zu führen; jeden einzelnen Tag. Es ist unmöglich, unsere Arbeit an uns selbst – oder besser gesagt, unsere Arbeit hin zu uns selbst – in ein Excel-Sheet zu übertragen; es ist unmöglich, einen Plan für auch nur eine Woche, geschweige denn für ein ganzes Leben zu erstellen. Aber wenn ein Weg zu sehen ist, dann ist das schon etwas. Stimmt's?

VERBEUGUNG

Vor ein paar Monaten führte ich ein ungewöhnliches Gespräch. Ich habe mit einem weisen Mann über Selbstliebe gesprochen und darüber, wie der Weg dorthin unser Leben bestimmt. »Es geht nicht darum, sich seine Liebe und Freundlichkeit zu verdienen«, sagte er, »es geht darum zu wissen, wie man sich wirklich vor sich selbst verbeugt.« Er sagte dies, legte dann seine Hand auf seine Brust, schloss die Augen und senkte ganz langsam und konzentriert den Kopf. Ich sah, dass es sich nicht um ein DEMO, nicht um ein Zitat seiner selbst handelte; es gab keine Anführungszeichen. Der Mann verbeugte sich tatsächlich vor sich selbst, und ich hatte das Privileg, das zu beobachten. Ich war bewegt: Ein Akt der Selbstliebe geschah vor meinen Augen. Es hatte etwas von der Scham Befreites, also Furchtloses an sich.

Von diesem Tag an begann ich, mich abends ans offene Fenster zu stellen und diese Verbeugung zu vollführen. Ich verneige mich vor den alten Apfelbäumen meines Nachbarn, die karge Früchte tragen, vor den Feldern, vor den Wolken am dunklen Himmel – und ich verneige mich vor mir selbst. Ich verneige mich vor dem Wesen, das ich bin, in der Form, die ich angenommen habe. Ich verbeuge mich vor der

Tatsache, dass ich heute auf dieser Welt bin und nicht weiß, wie lange ich bleiben werde; ich verbeuge mich vor der Tatsache, dass ich nicht weiß, was noch geschehen wird. An manchen Tagen lehne ich mich hinaus und verbeuge mich vor dem Haus meiner Eltern, die auf dem anderen Hügel wohnen. Ich verbeuge mich an guten und an schlechten Tagen, manchmal mit Wut darüber, warum zum Teufel ich mich verbeuge, manchmal schnell, damit die Mücken nicht hereinfliegen, manchmal während ich tanze.

Manchmal fühle ich Liebe.

QUELLEN

1 Anmerkung der Redaktion.

2 George Orwell, *Farm der Tiere* (Originaltitel: *Animal Farm*), übersetzt von Heike Holtsch. Anaconda Verlag 2021.

3 Eine psychologische Theorie, die davon ausgeht, dass das ICH einer Person gebildet wird durch drei innere Narrative, die repräsentiert werden von den Stimmen der Eltern, des Kindes und des Erwachsenen (alle Fußnoten stammen von den Herausgebern). Eric Berne, *Die Transaktions-Analyse in der Psychotherapie: Eine systematische Individual- und Sozialpsychiatrie* (Originaltitel: *Transactional Analysis in Psychotherapy: A Systematic Individual and Social Psychiatry*), 1961, übersetzt von Ulrike Müller, Junfermann, Paderborn 2006.

4 Mansplaining – eine Situation, in der eine Person (in der Regel ein Mann) eine andere (in der Regel eine Frau) in herablassender Weise belehrt und dabei davon ausgeht, dass er oder sie über mehr Wissen, Orientierung und das Recht verfügt, sich zu einem Thema zu äußern.

5 Arlie Russell Hochschild, *Das gekaufte Herz: Die Kommerzialisierung der Gefühle* (Originaltitel: *The Managed Heart: Commercialization of Human Feeling*), übersetzt von Ernst von Kardorff, Campus Verlag 2006.

6 Wütend lächle ich weiter. Leonard Cohen, »In my Secret Life« aus dem Album *Ten New Songs*, 2001.

7 Gemma Hartley, *Es reicht. Warum Familien- und Beziehungsarbeit nicht nur Sache der Frau ist* (Originaltitel: *Fed Up: Emotional Labor, Women, and the Way Forward),* übersetzt von Judith Elze und Katrin Harlaß, Goldmann 2019.

8 Clarissa Pinkola Estés, *Die Wolfsfrau: Die Kraft der weiblichen Urinstinkte* (Originaltitel: *Women Who Run With the Wolves: Myths and Stories of the Wild Woman Archetype*), übersetzt von Mascha Rabben, Heyne Verlag 2022.

9 »Der Marsch der tausend Li beginnt mit dem ersten Schritt.« Ein Sprichwort und Zitat aus dem Daodejing, einem der wichtigsten Bücher des Daoismus.
10 Für Menschen mit gebrochenem Herzen ist es nicht wichtig, wie die Geschichte endet, sondern wie sie beginnt.
11 Leslie Feist, kanadische Pop-Sängerin und Gitarristin, singt das in »Let It Die«, Zitat stammt ursprünglich von dem US-Fantasyautor Raymond E. Feist.
12 Marion Woodman, *Addiction to Perfection: The Still Unravished Bride: A Psychological Study* (Studies in Jungian Psychology, Band 12), Inner City Books 1982.
13 Keine Gnade.
14 Suzanne Vega, »Suzanne Vega«, A&M Records, 1996.
15 Jesper Juul, *Pubertät. Wenn Erziehen nicht mehr geht: Gelassen durch stürmische Zeiten*, Kösel, München 2010.
16 Marion Woodman, *Addiction to Perfection: The Still Unravished Bride: A Psychological Study*, (Studies in Jungian Psychology, Band 12), Inner City Books, 1982.
17 Stephen Karpman (1968): »Fairy tales and script drama analysis.« In: *Transactional Analysis Bulletin 7* (26), S. 39–43.
18 Brené Brown, *The Gifts of Imperfection: Let Go of Who You Think You're Supposed to Be and Embrace Who You Are*, Hazelden Publishing 2010.
19 Brené Brown, *Daring Greatly: How the Courage to Be Vulnerable Transforms the Way We Live, Love, Parent, and Lead,* Avery 2012.
20 Erschien im April 2019 im *Parabola*-Magazin *Worshipping Illusions: An Interview with Marion Woodman*, ursprünglich aus *Parabola* Volume 12, No. 2, »Addiction«, Sommer 1987.
21 Andrzej Leder, *Prześniona rewolucja: Ćwiczenia z logiki historycznej,* Wydawnictwo Krytyki Politycznej, 2014.
22 Braves Mädchen. Ich bin ein braves Mädchen.
23 Ira Levin, *The Stepford Wives*, Random House 19722
24 Brené Brown, *Die Gaben der Unvollkommenheit: Leben aus vollem Herzen - Lass los, was du glaubst sein zu müssen und umarme, was du bist* (Originaltitel: *The Gifts of Imperfection*), übersetzt von Ute Weber, Kamphausen Media GmbH.
25 Jon Frederickson, *Die Lügen, die wir uns selbst erzählen: Wie man sich der Wahrheit stellt, sich selbst akzeptiert und ein besseres Leben führt* (Original: *The Lies We Tell Ourselves: How to Face the Truth, Accept Yourself, and Create a Better Life*), übersetzt von Eik Niederlohmann, Kohlhammer 2023.
26 Robert Stiller, *Listy do kochanki*, Czytelnik 1987.
27 Adyashanti, *The End of Your World: Uncensored Straight Talk on the Nature of Enlightenment*, Sounds True, 2008.
28 Agnieszka Kuciak, *Retardacja*, Wydawnictwo Zielona Sowa, Kraków 2001.
29 Erschien im Januar 2016 im *Parabola*-Magazin, »Marion Woodman and the Search for the Conscious Feminine«, von Patty de Llosa, ursprünglich aus *The Common Boundary,* Volume 7, No. 2, March / April 1989.
30 Natalia, willst du eine Heilige werden?

31 *Fierce Conversations: Achieving Success at Work and in Life One Conversation at a Time*, Penguin Publishing Group 2004.
32 Elizabeth Lesser, *Broken Open*, Vintage Publishing 2021.
33 Rumi, perischer Sufi-Dichter, spiritueller Lehrer, islamischer Mystiker und Theologe, Gründer der Sekte der »Wirbelnden Derwische« (1207 – 1273).
34 *Worshipping Illusions: An Interview with Marion Woodman*, vgl. Anmerkung 20.
35 Paul Gilbert & Choden, *Achtsames Mitgefühl: Ein kraftvoller Weg, das Leben zu verwandeln* (Originaltitel: *The Compassionate Mind: A New Approach to Life's Challenges*) übersetzt von Christine Bendner, Arbor 2020.
36 Jon Frederickson, *Die Lügen, die wir uns selbst erzählen: Wie man sich der Wahrheit stellt, sich selbst akzeptiert und ein besseres Leben führt* (Original: *The Lies We Tell Ourselves: How to Face the Truth, Accept Yourself, and Create a Better Life*), übersetzt von Eik Niederlohmann, Kohlhammer 2023.
37 Harry F. Harlow, »The development of affectional patterns in infant monkeys.« In: Brian M. Foss (Hrsg.): *Determinants of infant behaviour*. Methuen and Co Ltd., London 1961.
38 Gabor Maté – in Ungarn geborener kanadischer Arzt, Spezialist für Sucht, Stress und kindliche Entwicklung; Buchautor und Redner.
39 Gabor Maté, »Trauma as disconnection from the self«, Keynote ACES to Assets 2019.
40 Chögyam Trungpa, *Das Buch vom meditativen Leben: Shambhala und der Pfad des inneren Kriegers* (Originaltitel: *Shambhala: The Sacred Path of the Warrior*), Knaur MensSana TB 2012.
41 Robert Hayden, Those Winter Sundays. In: Robert Hayden: Collected Poems of Robert Hayden. Edited by Frederick Glaysher, Liveright Publishing, New York, 2013.
42 Fleabag (dt.: Ekelpaket) ist eine britische Dramedyserie von 2016.
43 Haare sind alles.
44 Rainer Maria Rilke, *Die Gedichte,* Nach der von Ernst Zinn besorgten Edition »Sämtliche Werke«, Insel Verlag 1998.
45 Sigmund Freud, *Jenseits des Lustprinzips.* nternationaler Psychoanalytischer Verlag, Leipzig, Wien und Zürich 1920.
46 Ich kann sehen, wie du schwindelst.
47 Eigentlich Olga Sipowicz, eine polnische Sängerin und Songwriterin. Sie gilt weithin als eine der charismatischsten und herausragendsten Persönlichkeiten in der Geschichte des polnischen Rocks und als Ikone.
48 Elaine N. Aron, *Sind Sie hochsensibel? Wie Sie Ihre Empfindsamkeit erkennen, verstehen und nutzen* (Originaltitel: *The Highly Sensitive Person: How to Thrive When the World Overwhelms You*), übersetzt von Cornelia Preuß, mvg Verlag 2005.
49 Aus einem persönlichen Gespräch mit der Autorin.
50 Marion Woodman, *Addiction to Perfection: The Still Unravished Bride: A Psychological Study*, (Studies in Jungian Psychology, Band 12), Inner City Books 1982.
51 Ich verurteile dich in aller Stille.

52 Hier bin ich, New York!
53 Youtube: Meryl Streep mit Yo-Yo Ma in Peking, 2011 im National Center for the Performing Arts of China, https://www.youtube.com/watch?v=R7IXfiop6_0
54 Adrienne Rich, *Diving into the Wreck: Poems 1971–1972,* WW Norton & Co 2013.
55 Marcin Świetlicki, *Schizma*, Wydawnictwo Czarne 1999.
56 Adyashanti, *The End of Your World: Uncensored Straight Talk on the Nature of Enlightenment*, Sounds True 2008.
57 Virginia Woolf, *Ein Zimmer für sich allein*, Frankfurt, Fischer Taschenbuch 2023.
58 Daryl Bem, »Self-Perception Theory«. In: L. Berkowitz (Hrsg..), »Advances in Experimental Social Psychology« (Volume 6, S. 1–62) 1972. New York: Academic Press.
59 Leon Festinger, *Theorie der kognitiven Dissonanz*, Hogrefe 2019.
60 Marie Kondo, *Das große Magic-Cleaning-Buch: Über das Glück des Aufräumens* (Originaltitel: *The Life-Changing Magic of Tidying Up: The Japanese Art of Decluttering and Organizing*), übersetzt von Dr. Monika Lubitz und Ana González y Fandiño, Rowohlt Taschenbuch 2019.
61 Max Ehrmann, *Desiderata*, Crown 1972.
62 Daryl Bem, »Self-Perception: An Alternative Interpretation of Cognitive Dissonance Phenomena«,*Psychological Review* 1967, Volume 74.
63 Clarissa Pinkola Estés, *Women Who Run with the Wolves: Myths and Stories of the Wild Woman Archetype*, Ballantine Books 1992.
64 Brené Brown, *The Gifts of Imperfection: Let Go of Who You Think You're Supposed to Be and Embrace Who You Are*, Hazelden Publishing 2010.
65 Susan Scott, *Fierce Conversations: Achieving Success at Work and in Life One Conversation at a Time*, Penguin Publishing Group 2004.
66 *Dziennik Polski*, 22/11/19, »I was lonely and needed the job. Director knew how to pick his victims«: Interview mit Alina Kamińska von Katarzyna Kachel.
67 Robert B. Cialdini, *Die Psychologie des Überzeugens: Wie Sie sich selbst und Ihren Mitmenschen auf die Schliche kommen* (Originaltitel: *Influence: The Psychology of Persuasion*), Hogrefe 2017.
68 Maria Król-Fijewska, *Stanowczo łagodnie bez lęku dziś*, Bookolika 2023.
69 Brené Brown, *Daring Greatly: How the Courage to Be Vulnerable Transforms the Way We Live, Love, Parent, and Lead*, Avery 2012.
70 Stephen Covey, *Die 7 Wege zur Effektivität: Prinzipien für persönlichen und beruflichen Erfolg* (Originaltitel: *The 7 Habits of Highly Effective People),* GABAL 2018.
71 Susan Scott, *Fierce Conversations: Achieving Success at Work and in Life One Conversation at a Time,* Penguin Publishing Group 2004.
72 Brené Brown, *Führung wagen: Mutig arbeiten. Überzeugend kommunizieren. Mit ganzem Herzen dabei sein* (Originaltitel: *Dare to lead*), Redline 2023.
73 Lernen. Vermächtnis. Erholung. Liebe. Loyalität.
74 Leichtigkeit.

ÜBER DIE AUTORIN

Natalia de Barbaro ist Psychologin, Coach, Kolumnistin und Schriftstellerin. Seit vielen Jahren leitet sie Workshops und arbeitet individuell mit Frauen, die erschöpft sind von den Erwartungen und Ansprüchen, die ihnen von anderen – der Familie, der Gesellschaft oder von Traditionen – aufgezwungen werden. Ihre Workshops wurden für viele Frauen zu einem Wendepunkt und halfen ihnen dabei, ihr Leben nachhaltig zu verändern.